아시리아 제국의 역사

일러두기

한국 독자들을 위해 통용되는 영어식 표기와 아카드어를 혼용해 번역했습니다.

약숙한 이름
새로운 시각
더숲히스토리

아시리아 제국의 역사

야마다 시게오 지음 | 박재영 옮김 | 이희철 감수

더숲

◇◇◇◇◇◇◇◇◇◇◇◇◇◇◇◇◇◇◇◇◇◇◇◇◇◇◇◇◇◇◇

최근 영상문화나 대중문화 분야에서 한국과 일본 사이의 교류가 활발해졌고 일본어 저작물 가운데 소설이나 평론 등은 한국어로 꽤 번역되어 많은 사람이 읽고 있다. 하지만 고대 서아시아 역사를 다룬 이 책이 번역되어 한국 독자에게 전해지리라고는 예상치 못했다. 서구 학계가 이끌어 온 '아시리아' 연구에 대해 일본 연구자가 쓴 책을 선택해 한국어로 번역하고, 이를 통해 새로운 독자를 만나게 된 것은 큰 기쁨이자 영광이다.

아시리아는 구약성경이나 헤로도토스의《역사》에 등장하기도 해서 기독교 문화권인 서구에서는 어느 정도 알려져 있지만, 동아시아에서는 인지도가 그리 높지 않다. 한국은 일본보다 기독교 인구가 훨씬 더 많기 때문에 구약성경에 등장하는 아시리아 관련 기사를 실제로 읽어 본 사람도 적지 않을 것이다. 그러나 서아시아에서 탄생한 가장 오래된 제국 아시리아에 관한 지식은 19세기 중반부터 진행된 발굴 조사와 점토판 문서 연구에 의한 것이다. 따라서 이미 그 이전에 성경이나 서구 고전 작품을 통해 알려진 것과는 큰 차이가 있다. 이 책은 땅속에 묻힌 수많은 도시 유구遺構를 조사해 얻은 고고학적 데이터와 점토판이나 석제 기념비에 남겨진 방대한 문헌 사료를 바탕으로 아시리아의 역사와 문화를 정리한 것이다. 최신 학술 정보를 반영하면서도 일반 지식인이나 학생이 충분히 읽을 수 있도록 쓰고자 노력을 기울였다. 한국어 독자 여러분도 즐겁게 읽었으면 좋겠다.

학창 시절 이어령 교수의 저서를 읽고 한국과 일본의 정신 풍토가 예상보다 크게 다르다는 사실에 적잖이 놀랐다. 그래도 두 나라는 동아시아 문화권에 속해 불교와 유교의 영향을 받아 왔고, 조상 숭배나 계절별 전통 행사 등에서도 비슷한 점이 꽤 많다. 이 책은 서구 문화권 바깥에서, 고대 서아시아 세계와 시간적·공간적으로 떨어진 일본 독자를 위해 쓰였지만, 한국 독자들도 '동아시아에서 바라본 아시리아 연구서'로 읽어 주기를 바란다.

나는 한국이라고 하면 예루살렘 히브리대학교에서 아시리아학을 공부했을 때 만난 조철수 씨가 생각난다. 메소포타미아에서 사용된 주요 언어로는 아카드어와 수메르어가 유명하며 아시리아학을 전공하는 학생이라면 반드시 이 언어들을 배우게 되는데, 내 첫 수메르어 선생님이자 선배가 조철수 씨였다. 그는 당시 예루살렘 히브리대학교에 박사 논문을 막 제출한 신진 언어학자였다. 1980년대 중반 예루살렘에는 동양인이 드물어서 동아시아 출신끼리 서로 쉽게 친근해졌고, 공부 외에도 함께 바둑을 두거나 우동을 만들어 먹던 시간이 지금도 그리운 추억으로 남아 있다. 조철수 씨는 예루살렘에서 한국인과 결혼한 후 귀국했고 그 이후로는 서로 연락이 끊어지고 말았다. 한국의 대학교에서 유대인학 등을 가르쳤는데 안타깝게도 일찍 영면했다는 소식을 들었다. 이웃 나라에 살면서도 다시 만나지 못한 것이 새삼 아쉽다. 나는 아직 서아시아와 서구권에만 가 봤는데 이 책이 한국어로 번역되는 것을 기회로 한국을 방문하고자 한다.

마지막으로 번역을 기획해 준 도서출판 더숲과 치쿠마쇼보筑摩書房의 관계자들, 그리고 역자 박재영 씨의 노고에 진심으로 감사의 말을 전한다.

✦

아시리아는 멸망했다.
그러나 기록은 사라지지 않는다

2015년 3월 초, 한 무장단체가 망치와 폭약으로 고대 도시를 파괴하는 영상이 전 세계에 대대적으로 공개되었다. 글로벌 주요 매체들이 이라크·시리아 일대에서 이슬람국가ISIS가 고대 제국의 유적과 문화유산을 훼손하는 장면을 몇 달에 걸쳐 보도하자, 인류는 놀라움과 충격에 빠졌다. 유네스코는 즉각 이를 전쟁 범죄이자 문화적 청소cultural cleansing로 규정했으며, 세계 언론은 인류의 보물이 붕괴하고 고대 제국에 대한 인류의 기억이 파괴되고 있다고 전했다.

ISIS의 유적 파괴에 대한 유엔 안전보장이사회(안보리)의 대응도 긴박하게 전개되었다. 유엔 안보리는 2015년 불법 반출 문화재의 거래를 금지하는 결의안을 채택한 데 이어, 2017년 1월에는 국제 협력을 강조하는 규탄 성명을 발표했고, 같은 해 3월에는 문화유산

보호를 체계화한 역사적인 단독 결의안을 채택하며 점차 강력한 대응 체계를 구축해 나갔다. 국제사회는 "파괴된 것은 돌덩이가 아니라 우리 모두의 역사와 기억"이라는 인식 아래, 전례 없는 강도의 공조 체제를 갖추었다.

이러한 흐름 속에서 유네스코와 국제 고고학계는 "기억은 파괴될 수 없다Memory cannot be destroyed"라는 슬로건을 내걸고, 첨단 기술을 동원한 복원 프로젝트를 범지구적 협력과 지원 속에 시행했다. 그렇다면 파괴된 것은 어떤 제국의 유산이었기에 국제사회는 이처럼 강도 높은 반응과 집단적 결의를 보였던 것일까? 그 제국의 이름은 바로 메소포타미아의 아시리아였다.

ISIS의 문화재 파괴에 대해 인류가 진정으로 분노한 이유는 단순한 물질적 문화재 손실을 넘어, 아시리아의 기억이 사라지는 데 대한 두려움 때문이었다. ISIS는 2014~2015년 아시리아 제국의 중심지였던 님루드Nimrud, 니네베Nineveh, 코르사바드Khorsabad, 그리고 모술 박물관에서 고대 문명의 실체를 파괴하거나 약탈하며 인류 공동의 기억을 지우려 했다.

ISIS의 파괴 행위와 그 이후 이어진 국제적 복원 프로젝트를 통해 아시리아 제국은 '인류 공동체의 기억'을 상징하는 존재로 다시 소환되었다. 그렇다면 실제로 아시리아는 어떤 나라였을까? 아시리아는 철기 문명과 조직적인 상비군, 정교한 행정 체계와 예술혼을 바탕으로 근동 세계를 연결하며 고대 세계 질서에 커다란 발자취를 남긴 제국이었다. 한마디로, 인류 최초로 조직화된 대제국을 건설하며 이후 제국의 모델이 된 아시리아는 인류 역사의 거대한 뿌리 중 하나를 이룬 문명이었다.

ISIS의 참극 이후 국제사회가 처절할 정도로 고대 제국 아시리아의 흔적을 복원하려 나선 것은, 아시리아가 남긴 방대한 기록의 공간이 곧 인류가 함께 써 내려온 공통의 유산이라는 믿음 때문이었다. 역사는 사실과 기억의 기록이며, 기억은 다시 기록으로 이어져 남는다. 아시리아 제국은 '기록의 제국'이라 불릴 만큼 방대한 양의 쐐기문자 점토판을 남겼다. '기록'이라는 점에서 아시리아는 진심이었다. 고대 메소포타미아 문명 가운데서도 비교할 수 없을 정도로 압도적인 양의 점토판 기록을 남긴 존재였다.

아시리아의 마지막 대왕 아슈르바니팔은 전 세계의 지식을 한곳에 모으겠다는 야심 아래 니네베(고대 히브리어 니느웨)의 궁전에 거대한 왕립도서관을 세웠다. 이곳에서는 메소포타미아 전역에서 수집하고 필사한 3만여 점이 넘는 쐐기문자 점토판과 파편이 발굴되었다. 인류에서 가장 오래된 서사시로 꼽히는 《길가메시 서사시》가 오늘날까지 전해질 수 있었던 것도 아시리아의 집요한 기록 정신 덕분이었다. 《길가메시 서사시》의 원형은 수메르 문명에서 탄생했지만, 이를 오늘날 우리가 읽을 수 있는 완성된 형태의 기록으로 남긴 것은 바로 아시리아 제국이었다.

아시리아의 기록은 글, 즉 점토판에만 그치지 않았다. 그들은 물체, 곧 석조물에도 생생한 기록을 남겼다. 아시리아인들은 전쟁의 승리와 일상을 궁전의 벽면에 정교하게 새겨 넣었다. 이는 후대에 전해질 시각적 역사 기록이었다. 사자의 근육 하나, 화살의 깃 하나까지 놓치지 않는 묘사는 그들의 기록이 얼마나 집요했는지를 보여 준다. 폭력과 잔혹한 행위 또한 숨기지 않고 구체적으로 묘사되었다. 폭력의 증거가 오늘날까지 이토록 생생하게 남은 제국은 드물다.

아시리아의 참모습은 압도적인 무력 그 자체가 아니라, 무엇이든 영원한 기록으로 남기려 했던 치열한 기록 정신에 있었다.

아시리아는 메소포타미아에서 시작되었다. 메소포타미아는 티그리스강과 유프라테스강 사이의 비옥한 초승달 지대에서 여러 문명과 제국이 이어져 번성했던 지역이다. 이곳에서 수메르, 아카드, 바빌로니아, 아시리아 등이 차례로 등장하며 메소포타미아의 문명적 전통을 이어 나갔다. 문자(쐐기문자)의 발명, 도시의 탄생, 법전과 행정 체계, 문학과 신화의 형성 등 이곳에서 축적된 유산은 진정 혁명적이었다.

아시리아는 이러한 메소포타미아의 전통을 계승했지만, 군사 조직과 기술, 중앙집권적 관리와 초광역 제국 운영, 기록 문화의 보존이라는 세 가지 측면에서 다른 메소포타미아 제국들과 뚜렷하게 차별화되었다. 무엇보다 아시리아는 철기 기술과 공성전 기술을 광범위하게 도입하여 전쟁과 정복을 일시적 사건이 아니라 일상적인 국가 시스템으로 전환했다. 대규모 정복을 통해 로마보다 앞선

고속도로망과 역참제 우편 시스템 같은 영토 관리 기술을 발전시켰고, 정복 지역을 행정적으로 촘촘히 조직해 통제하는 관료제도 도입했다.

특히 아시리아의 총독 제도는 아시리아를 본격적인 관료제 국가로 발전시키는 기초를 놓았다. 정복지인 '속주'에 파견된 총독은 조세, 군역, 이주 정책을 현장에서 통제하고 관리했다. 이 관료제가 철저한 기록을 바탕으로 운영되었다는 점은 우리의 눈길을 사로잡는다. 아시리아 왕은 총독의 정기 보고서, 군사 보고, 세금 장부 등을 통해 속주의 상황을 실시간에 가깝게 파악할 수 있었다. 이러한 관료제와 기록 정책은 페르시아만에서부터 지중해 연안, 이집트에 이르는 초광역 네트워크를 연결하는 기반이 되었다.

이후 등장한 페르시아 제국은 아시리아가 닦아놓은 물리적 도로망과 행정·기록 체계를 상당 부분 그대로 활용했다. 그래서 "아시리아가 없었다면 페르시아도 없었다"라는 말이 회자된다. 아시리아는 도시 국가 단계인 고아시리아에서 출발해, 중견 국가인 중아시리아를 거쳐, 대제국인 신아시리아에 이르기까지 세 단계를 거치며 약 2,000년에 걸쳐 아수르, 니네베, 님루드 등 오늘날 이라크 북부 지역의 지배적 세력으로 존재했다.

아시리아는 중기 아시리아 시기에 바빌로니아와 미탄니의 지배를 받는 위기를 겪기도 했지만, 기원전 9~7세기에 전성기를 맞았고 기원전 7세기 바빌로니아와 메디아 연합군에 의해 함락되며 멸망했다. 비록 신흥 세력에 의해 역사의 무대에서 사라졌지만, 아시리아의 유산은 바빌로니아와 페르시아 제국을 거쳐 로마에 이르기까지 이어졌다. 아시리아를 이해하지 않고서는 고대 근동의 역사를 완성할 수 없으며, 오늘날 우리가 사는 세계의 행정·군사·문화적 원류 역시 온전히 이해하기 어렵다.

이렇게 '훌륭한 국가'였던 아시리아는 어떻게 이전까지 우리에게 부정적인 이미지로 각인되었을까? 성경은 아시리아를 잔혹하고 호전적인 국가로 묘사했다. 그 배경에는 기원전 722년, 아시리아가 막강한 군사력을 바탕으로 팔레스타인 지역을 침공해 북이스라엘 왕국을 멸망시키고 수도 사마리아를 함락시킨 사건이 자리하고 있다. 아시리아는 북이스라엘 사람들을 제국 곳곳으로 강제 이주시켰고, 반대로 다른 이방 민족들을 사마리아 지역으로 이주시켰다. 유대인에게 아시리아는 북이스라엘 멸망의 원수였다.

그리고 약 20년 후, 아시리아는 유다 왕국의 수도 예루살렘을 공격했다. 이 공격으로 예루살렘은 멸망 직전까지 몰렸으나, 전염병 등의 이유로 아시리아군이 물러나며 기적적으로 구출되었다고 전해진다. 이러한 경험 때문에 성경 곳곳에는 아시리아에 대한 강한 적개심이 남게 되었다. 유대인의 관점에서 기록된 성경은 이후 서구 문명과 기독교 세계관 형성에 지대한 영향을 끼쳤고, 그 결과 아시리아는 오랫동안 잔혹한 제국의 상징으로 굳어졌다.

아시리아에 대한 부정적 인식이 너무 강했던 탓에, 19세기 중반

고고학적 발굴을 통해 그 찬란한 예술과 문명이 드러나기 전까지 아시리아는 오직 성경 속의 괴물로만 기억되었다. 다시 말해, 19세기 이전까지 아시리아는 사실상 잊힌 제국이었다.

1840년대 영국과 프랑스의 고고학자들은 성경에 등장하는 도시를 찾기 위해 이라크 지역의 거대한 흙더미 언덕, 이른바 '텔'Tell을 파헤치기 시작했다. 그 결과 궁전 벽면에서 포로의 살가죽을 벗기거나 말뚝에 박는 장면 등 아시리아인들의 잔혹한 행위를 묘사한 부조가 발견되었다. 서구인들은 성경 속의 잔인한 아시리아가 허구가 아니라 실제 역사였음을 확인했다고 여겼고, 이로써 아시리아에 대한 부정적 인식은 더욱 고착되었다.

그러나 1850년대 니네베에서 수만 점의 쐐기문자 점토판이 쏟아져 나오면서 상황은 달라졌다. 점토판이 해독되자 충격적인 사실들이 밝혀졌다. 아시리아의 재발견이었다. 해독 결과, 아시리아는 성경 속의 일방적인 악당이 아니라 문명의 설계자로 재평가되기 시작했다. 20세기에 들어 사학자들은 아시리아의 잔혹성 또한 새롭게 조명했다. 강제 이주 정책과 처형 방식은 무분별한 폭력이 아니라, 광활한 제국을 유지하기 위한 체계적인 행정 시스템의 일부로 해석되었다. 더 나아가 아시리아의 잔인함은 본능적 광기가 아니라 적을 위협하고 질서를 유지하기 위해 고도로 설계된 심리전이었다는 결론에 이르렀다.

유홍준 교수의 "사랑하면 알게 되고, 알게 되면 보이나니, 그때

보이는 것은 전과 같지 않으리라"라는 말은 아시리아를 두고 한 말이 아닌가 싶을 정도로 이보다 더 잘 들어맞을 수 없을 듯하다.

이쯤에서 아시리아가 상업 국가, 더 정확히 말하면 상업 제국이었다는 사실은 아무리 강조해도 지나치지 않다. 아시리아는 초기 도시 국가 시기부터 상업 국가의 면모를 갖추고 있었으며, 광범위한 무역 활동을 통해 제국의 기반을 다져 나갔다.

상업은 아시리아가 약소한 도시국가에서 강대국으로 도약하기 위한 생존 전략이었다. 남부 메소포타미아, 즉 바빌로니아에 비해 농업 기반이 취약했던 아시리아는 상업을 통해 생존과 발전을 도모했다. 아시리아는 아수르를 중심으로 아나톨리아(현 튀르키예) 방면으로 약 1,000km 이상을 연결하는 방대한 육상 무역로를 확보했다. 아시리아 상인들은 아나톨리아의 퀼테페Kültepe(옛 이름 카네시)와 같은 주요 도시에 무역 거점인 카룸Karum을 설치하고, 현지 도시 국가의 통치자들과 무역 협정을 체결해 안전한 거래 환경을 조성하며 적극적으로 교류했다.

상업을 통해 축적된 부는 이후 강력한 상비군을 유지하고 철제 무기를 대량으로 생산하는 데 투입되었고, 이는 아시리아가 제국으로 성장하는 토대가 되었다. 상인 네트워크는 병참망으로, 교역로는 군사 도로로 전환되었으며, 무역 거점은 요새이자 행정 중심지로 기능했다. 아시리아 상인들의 교역 네트워크는 퀼테페에서 발견된 2만 3,000점 이상의 쐐기문자 점토판이 생생하게 증언하고 있다. 이 점토판들은 장거리 무역 기록은 물론, 아시리아의 무역망이 얼마나 조직적이고 방대했는지를 보여주는 귀중한 사료이며, 유네스코 세계기록유산으로 등재되어 있다.

쿨테페에서는 1948년 이래 현재까지 발굴 작업이 활발히 진행되고 있으나, 전체 유적 면적 약 360만㎡ 가운데 실제로 발굴된 비율은 약 5%에 불과한 것으로 알려져 있다. 다시 말해, 고대 도시의 대부분은 아직 지하에 남아 있다. 2025년 10월 필자가 쿨테페를 답사했을 당시, 한국 국립문화유산연구원이 튀르키예 앙카라대학교와 공동으로 쿨테페 유적지에서 발굴 조사를 수행하고 있었다. 앞서 2024년에는 대한민국 문화재청(현 국가유산청)과 튀르키예 문화관광부가 쿨테페 유적 발굴 및 문화유산 협력에 관한 양해각서MOU를 체결했으며, 양국의 공동 작업은 2029년까지 이어질 전망이다. 앞으로 진행될 국제적 발굴과 연구 성과에 따라 아시리아에 대한 이해는 더욱 확장될 것으로 보인다. 아시리아의 역사는 여전히 현재진행형의 연구 과제로 남아 있다.

쿨테페는 인류 최초의 국제 상업 시스템이 문서로 남아 있는 현장이다. 지금까지 밝혀진 쿨테페 문서들은 왕의 연대기나 전쟁 기록이 아니라, 평범한 사람들, 즉 상인들의 계약서와 영수증, 채무 문서, 소송 기록들이다. 상인들은 거래를 증명하고 신뢰를 유지하며 분쟁을 피하기 위해 기록을 남기고 이를 축적했다. 이렇게 쌓인 기록은 행정으로 발전했고, 행정은 제국을 가능하게 했다. 아시리아는 국가 권력이 아니라 민간 상인 네트워크를 통해, 문서와 계약을 무기로 국경을 넘어 '상업 제국'으로 확장해 나갔다.

아시리아 기록 문화의 절정은 니네베의 아슈르바니팔 도서관에서 확인된다. 오늘날 아시리아의 이야기가 다시 소환되는 이유는, 이 제국이 무엇을 정복했는가보다 무엇을 기억하려 했는가라는 질문에 있다. 아슈르바니팔 대왕은 메소포타미아 전역의 학문과 지식을 수집하고, 복제하며, 체계적으로 정리하도록 명령했다. 이는 지식과 기록이 통치 능력의 핵심적인 '힘'이 될 수 있음을 인식한 최초의 시도였다. 궁전 벽면의 부조 또한 과거를 그대로 남기기 위한 기록이 아니라, 제국이 기억되기를 원하는 방식으로 역사를 고정하는 장치였다.

아시리아는 무력만이 아니라 기억을 관리함으로써 제국이 되고자 했다. 오늘날 우리가 마주한 질문 역시 다르지 않다. 누가 기억을 수집하고, 누가 그것을 편집하며, 무엇이 역사로 남게 되는가라는 문제다. 기억은 축적되는 순간 권력이 된다는 사실을, 아시리아는 이미 보여주고 있었다.

마지막으로, 좋은 역사서란 정확한 근거를 바탕으로 과거를 서술하면서도 현대적 관점에서 의미 있는 통찰을 제공하는 책일 것이다. 그런 점에서 우리말로 번역·소개한《아시리아 제국의 역사》는 매우 반가운 책이다. 한국어로 된 아시리아 관련 문헌이 드문 현실에서는 더욱 의미가 크다.

이 책의 출간은 일반 독자와 연구자 모두에게 아시리아 역사에 관한 1차 사료로의 접근 가능성을 넓혀 준다는 점에서 중요한 성과라 할 수 있다. 서양 고대사와 오리엔트학 전문가인 저자는 최신 쐐기문자 사료와 고고학적 조사 성과를 토대로 아시리아의 역사와 문화를 깊이 있게 조명한다. 특히 아시리아를 군사 대국이자 잔혹한 지배자로만 인식해 온 기존의 부정적 이미지를 넘어, 제국이 어떻게 체계적으로 운영되었는지를 형성기부터 멸망에 이르기까지 균형 잡힌 시각으로 서술하고 있다.

또한 저자는 이야기를 풀어가듯 서술함으로써 독자가 역사적 맥락에 자연스럽게 공감하도록 돕는데, 이는 이 책의 또 다른 장점이다. 고대 근동학은 한국 독자에게 여전히 낯선 분야인 만큼, 근동 세계의 역사와 문헌을 제대로 이해하기 위해서는 단편적인 정보가 아니라 이러한 학술적 기반을 갖춘 저작을 읽을 필요가 있다. 모쪼록 이 책이 역사학·고고학 연구자뿐 아니라 신학 및 성서학 연구자, 대학생, 역사 교육자, 그리고 인문학적 소양을 넓히고자 하는 일반 독자에 이르기까지 폭넓은 독자들에게 유용한 길잡이가 되기를 기대한다.

감수자 이희철

차 례

제3부 제국으로 향하는 서곡

흑해

•하투샤

카네시•

타우루스 산맥

하훔•

타베투

카르케미시•

얌하드

에마르•

우가리트•

•알레포

키프로스섬

오론테스강

•콰트나

비블로스•

테르카•

마리•

지중해

두르 카툴

•하조르

•가자

•멤피스

나일강

······· 아시리아 상인들의
          주요 교역로

•텔 엘 아마르나

0   300km

홍해

지도 1   기원전 2000년대의 서아시아

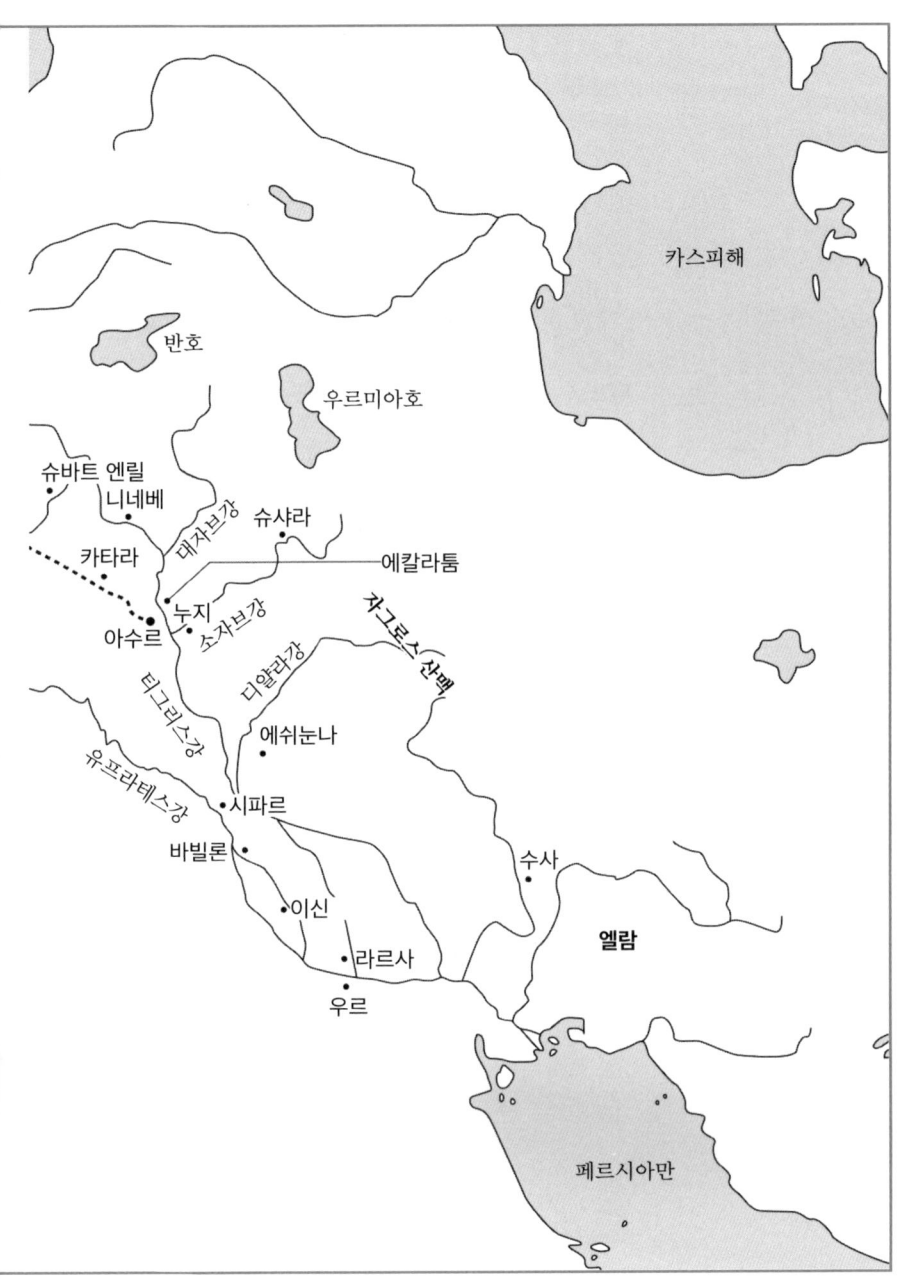

카스피해

반호

우르미아호

슈바트 엔릴
니네베

슈샤라

대자브강

에칼라툼

카타라

자그로스산맥

아수르

누지
소자브강

디얄라강

티그리스강

에쉬눈나

유프라테스강

시파르

바빌론

수사

이신

엘람

라르사

우르

페르시아만

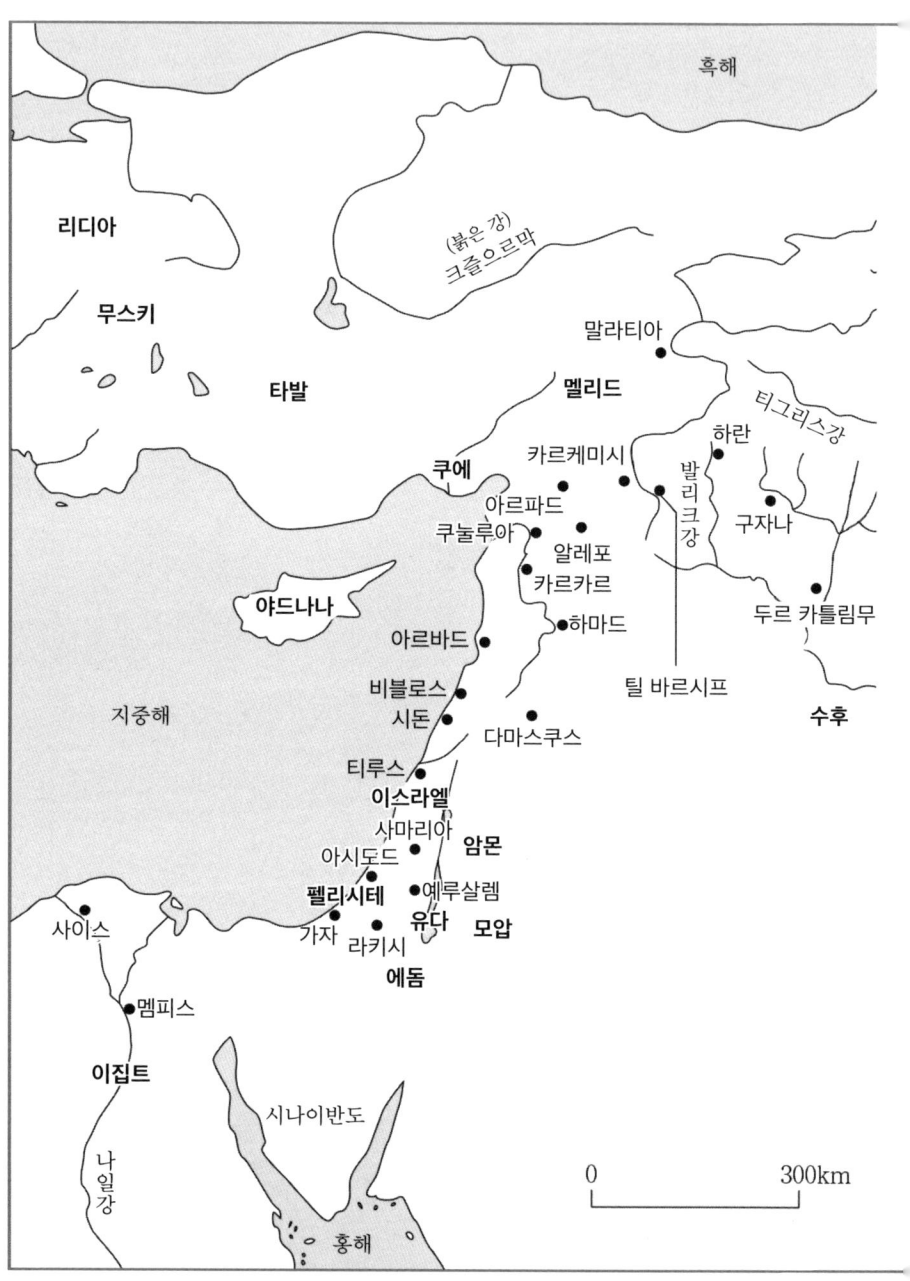

리디아

무스키

타발

흑해

리디아

(붉은 강)
크즐으르막

말라티아

멜리드

티그리스강

카르케미시

하란

발리크강

구자나

쿠에

아르파드

쿠눌루아

알레포

카르카르

하마드

두르 카틀림무

야드나나

아르바드

비블로스

시돈

틸 바르시프

수후

지중해

다마스쿠스

티루스

이스라엘

사마리아

암몬

아시도드

예루살렘

펠리시테

유다

모압

사이스

가자

라키시

에돔

멤피스

이집트

시나이반도

나일강

0   300km

홍해

지도 2   기원전 1000년대의 서아시아

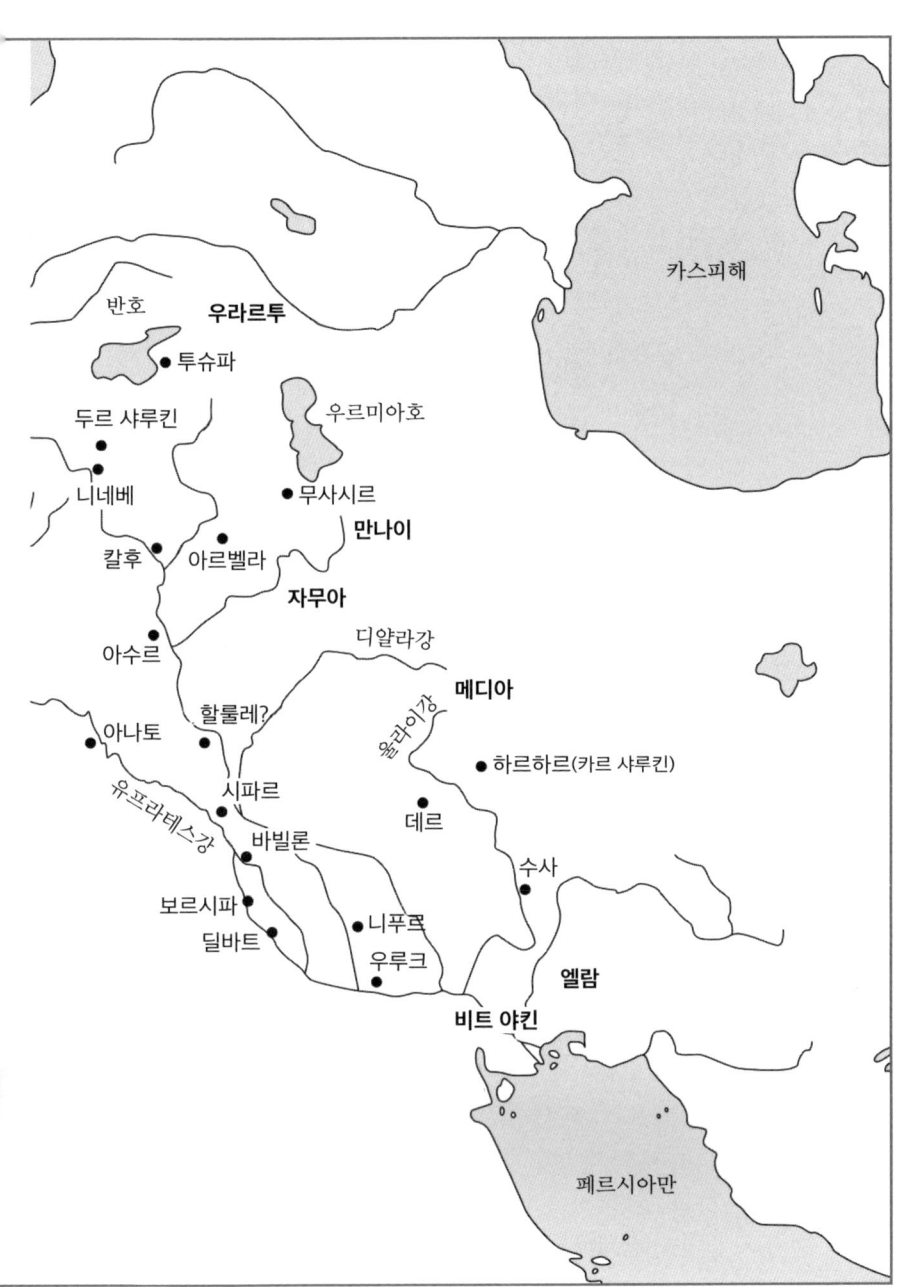

카스피해

반호 우라르투

투슈파

두르 샤루킨

우르미아호

니네베

무사시르

만나이

칼후 아르벨라

자무아

아수르 디얄라강

메디아

할룰레?

하르하르(카르 샤루킨)

아나토

시파르

데르

유프라테스강 바빌론

수사

보르시파 니푸르

딜바트 우루크

엘람

비트 야킨

페르시아만

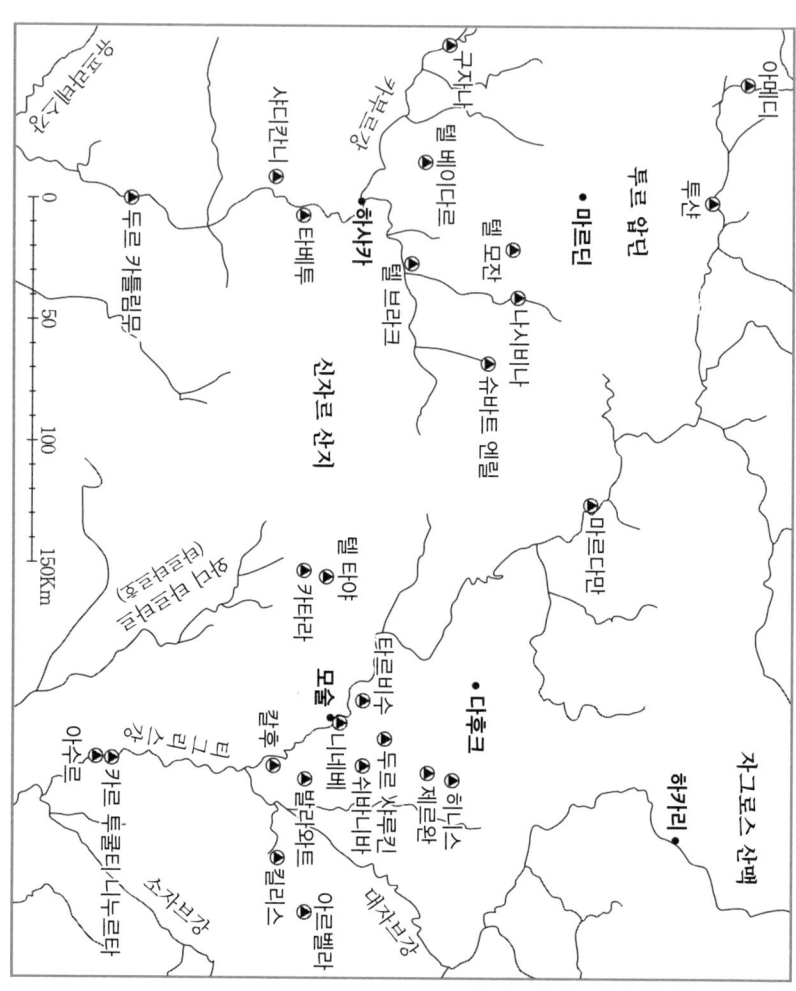

지도 3 　 아시리아 중심부

메소포타미아(바빌로니아)력의 월명		오늘날 달력의 시기
1월	니산누Nisannu	3~4월
2월	아야루Ayyaru	4~5월
3월	시마누Simanu	5~6월
4월	두무지Du'ūzu	6~7월
5월	아부Abu	7~8월
6월	울룰루Elūlu	8~9월
7월	타슈리투Tašrītu	9~10월
8월	아라흐삼나Araḫsamna	10~11월
9월	키스리무Kislīmu	11~12월
10월	테베투Ṭebētu	12~1월
11월	샤바투Šabāṭu	1~2월
12월	아다루Addaru	2~3월

표1   메소포타미아(바빌로니아)력의 월명과 오늘날 달력의 시기

들어가며

아시리아와
그에 관한 역사 자료

❖

메소포타미아의 도시 문명과 쐐기문자 문서

고대 서아시아에는 티그리스강과 유프라테스강 유역을 중심으로 점토판에 문자 기록을 남기는 도시 문명이 번성했다. 이른바 메소포타미아 문명이다. 메소포타미아 남부(현재의 이라크 남부)에서는 세계 여러 지역보다 앞선 시기인 기원전 3500~3000년 무렵 많은 인구를 수용하며 지역 정치경제의 중심 역할을 하는 복잡한 사회로서의 도시가 탄생했다.

그곳에서는 행정 기록을 점토판에 문자로 기록하는 표기 시스템이 발명되어 도시의 행정 집행과 경제 발전을 도왔다(그림 0-1). 각지에서 모인 수많은 농업 생산물과 물품을 분배하는 도시의 엘리트들에게 매우 편리했던 이 표기 기술은 순식간에 서아시아 각지로

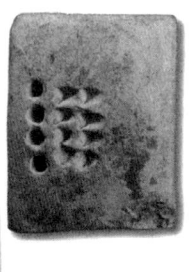

그림 0-1　우루크에서 출토된 초기 쐐기문자 점토판

퍼져 나갔다. 표기 시스템은 점점 정교해져 그림문자(초기 쐐기문자)를 사용해 물품의 출납을 관리하던 초기의 전신電信 같은 형태에서 소리내어 말하는 언어를 정확하게 기술하는 정교한 쐐기문자 시스템으로 바뀌어 갔다(그림 0-2). 결국 표기 기술은 처음에 기록된 수메르어뿐만 아니라 아카드어, 엘람어, 히타이트어 등 고대 서아시아에서 사용된 각기 다른 수많은 언어를 기록하는 데 응용되었으며 행정이나 경제는 물론 계약, 법, 서신, 기도, 의례, 문학, 과학, 건축, 역사 등 온갖 주제의 문서가 쐐기문자로 기록되었다.

종이나 양피지처럼 썩지 않고 화재가 발생해도 재가 되어 사라지지 않는 점토판 문서는 서아시아의 땅속에 대량으로 남아 있게 되었다. 19세기 이후 현재에 이르기까지 서아시아 전역에서 발견된 쐐기문자 문서는 이미 오래전에 그 수가 약 50만 점에 이르는 것으로 알려져 있다. 고대 서아시아는 지구상의 다른 수많은 지역이 아직 문자를 갖추지 못한 선사시대에 해당하는 시기에 고고학적 자료뿐만 아니라 문자 기록을 남겨 그것을 통해 역사와 문화를 상세히 파악할 수 있는 드문 지역이다. 아시리아라는 국가도 이러한 고대

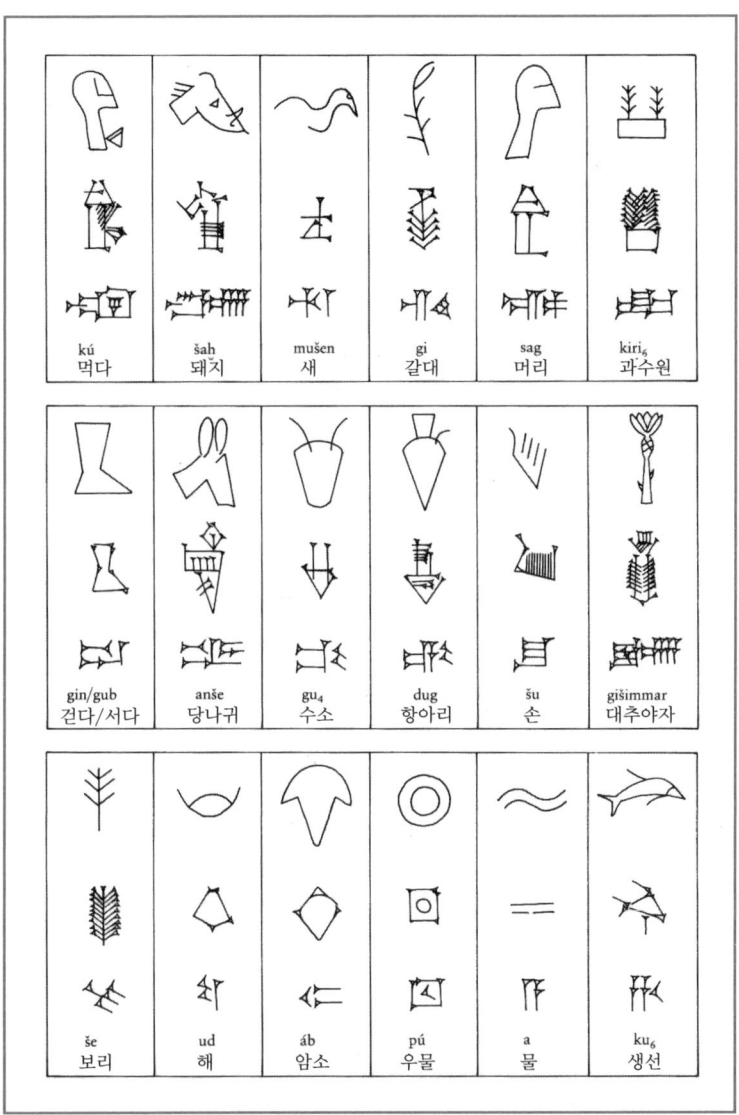

그림 0-2　쐐기문자 형태의 변천. 위에서부터 순서대로 기원전 3000년 무렵의 초기 쐐기문자,
기원전 2400년 무렵의 쐐기문자, 기원전 650년 무렵의 문자(아시리아 서체)

서아시아 문명 속에서 탄생하여 번성하고 쇠퇴했다.

✤

아시리아란?

아시리아는 도시 아수르Assur(현 칼라트 샤르카트Qal'at Sherqat−감수자)를 기원으로 발전했는데 기원전 8~7세기에는 서아시아의 넓은 지역에 제국으로 군림한 나라를 가리키는 그리스어 명칭이며 아카드어의 마트 아수르mât Aššur('아수르의 땅'이라는 의미)에 해당한다. 아시리아는 기원전 2000년대 초에는 아수르시와 그 주변의 영지로 이루어진 작은 도시 국가였다. 그러나 기원전 14세기에는 주변 지역을 지배하에 두어 영역 국가가 되었고 그 왕은 '아수르 땅(아시리아)의 왕'šar mât Aššur이라고 부르게 되었다. 이것이 훗날 그리스인이 '아시리아'라고 부른 국가다. 이 책에서는 도시 국가 시대를 포함하여 국가로서의 아수르/아시리아를 '아시리아'로 통칭해 서술하겠다.

아수르시 주변에서는 아카드어의 북방 방언인 아시리아 방언으로 말했다. 아카드어는 서아시아 지역을 중심으로 사용되는 수많은 셈어파의 일종이었다. 셈어파에는 현재 쓰이는 언어인 아라비아어, 히브리어, 에티오피아어, 아람어 등에 더하여 사어가 된 여러 언어(아카드어, 아모리어, 페니키아어, 우가리트어 등)가 포함된다. 아시리아의 언어인 아카드어는 이 커다란 셈어족의 동방 일파(동셈어)이며 기원전 2000년대에는 지금의 이라크, 시리아 북동부, 튀르키예 남동부에 해당하는 메소포타미아와 그 주변의 '공통어'(링구아 프랑카Lingua franca)가 되어 헬레니즘 시대까지 각지에서 사용되었다.

아수르시에서는 모어로 사용한 아카드어 아시리아 방언을 쐐기문자로 점토판에 적었는데 기원전 2000년대 중반부터는 아시리아의 영역 안에서 아시리아 방언 외 아카드어 바빌로니아Babylonia 방언으로 비문이나 문학작품을 기록하기 시작했다. 또한 기원전 3000년대 말까지 메소포타미아 남부에서 사용했으나 훗날 음성 언어로는 사어가 된 수메르어는 기원전 1000년대에도 아시리아를 포함한 메소포타미아 각지에서 문화 언어로 종교·문학 문서를 적기 위해 계속 사용되었다. 게다가 기원전 1000년대에는 아카드어와 함께 아람어를 행정 언어와 일상어로 사용하며 그림문자 알파벳으로 파피루스나 양피지에 기록했다. 이러한 여러 언어에 따른 문서 사료(특히 쐐기문자 문서)와 고고학적 자료가 이 책에서 다루는 아시리아의 역사와 문화를 밝히기 위한 주요 역사 자료다.

✦

쐐기문자로 쓰인 각종 문서 사료

문서 사료의 양과 종류는 시대에 따라 불균형한데 다음은 이 책에 자주 등장하는 것을 중심으로 간단히 정리하여 독자의 편의를 돕고자 한다. 아시리아 역사를 밝히는 대부분의 문서 사료는 점토판, 석제 기념비 등에 쐐기문자로 쓰인 각종 문서가 차지한다. 다양한 시대에 쓰인 아시리아에서 유래한 문서는 아수르, 칼후Kalhu(현 님루드Nimrud), 두르 샤루킨Dūr Šarru-kīn('사르곤의 요새'라는 뜻), 니네베Nineveh(현 이라크 모술Mosul 인근 도시—감수자)와 같은 역대 수도를 포함한 아시리아 중심의 도시는 물론 그 영토에 포함되거나 영향권에 놓인 수많은 도시 유구에서도 출토되었다. 또한 유프라테스강 중류 지역의 마리Mari(기원전 18세기), 이집트 나일강 중류 지역의 아마르나Amarna(기원전 14세기), 아나톨리아Anatolia(튀르키예 중앙부)에 형성된 히타이트Hittites 왕국의 수도 하투샤Hattusha(기원전 14~13세기), 그리고 바빌론Babylon, 보르시파Borsippa, 니푸르Nippur, 우루크Uruk와 같은 바빌로니아의 주요 도시 등 아시리아 주변 국가의 유적에서 출토된 다양한 시대의 점토판 문서에도 아시리아에 대한 정보가 포함되어 있다.

편년 사료로는 점토판에 기록된 '왕명표', '연대기', '림무표', '림무 연대기'를 들 수 있다. '왕명표'는 왕의 이름, 계보, 치세 기간 등을 연대순으로 나열한 목록이다. 메소포타미아 각지에서 여러 도시의 주권이 있는 왕들의 왕명표가 다양한 시대에 작성되었는데 아수르/아시리아의 통치자에 대해서는 기원전 14세기 이후의 아시리아에서 제작된 〈아리시아 왕명표〉가 유명하다. 이는 기원전 2000년대부터 기원전 8세기까지 아시리아 왕조사의 개요를 보여주는 중요한 자료이지만, 후대에 재편집이 반복된 문서이기에 엄격한 사료적 비판이 필요하다.

‘림무표’는 아시리아에서 해마다 그해의 시조로 뽑힌 인물(림무 Limmu)의 이름을 연대순으로 배열한 목록이다. 아시리아에서는 기원전 2000년대 초부터 그러한 목록을 작성, 편집, 재편집해 왔다. 그 후에도 림무의 이름은 계약서나 행정 문서와 같은 대량으로 남은 실무 문서 말미의 날짜에 기록되기 때문에 ‘림무표’ 데이터는 많은 문서에 나타나는 사건을 연대적으로 특정하는 데 도움을 준다. 바빌로니아에서는 림무 대신 ‘왕 제○년’과 치세 연도로 날짜를 표시한 덕분에 날짜가 기록된 문서의 출토지가 누가 언제 통치했는지를 복원하는 단서를 제공하는 등 역사의 재구성에 기여한다.

‘림무 연대기’는 ‘림무표’에 왕의 군대 원정지 등의 정보를 한층 더 간결하게 덧붙인 문서로 기원전 9세기 이후에 편집되었다. 아시리아의 군사 활동 역사를 재구성하는 데 유효한 사료다.

사건 발생 순서대로 구성한 서사적 기록인 ‘연대기’chronicle는 특히 아시리아 남쪽의 인접 국가 바빌로니아에서 기원전 8세기 이후에 활발하게 편집된 삼인칭으로 쓰인 편년사다. 왕의 치세 기간으로 연대를 명시하고 중요한 사건을 담담한 문체로 기록해 놓았으며 기원전 1000년대 역사를 재구성하는 데 가장 중요한 문서다. 아시리아에도 수는 적지만 유사한 장르의 단편 연대기가 기원전 2000년대 말부터 간헐적으로 남아 있다.

아시리아의 왕들은 건설 사업과 군사 활동을 기념하는 ‘왕 비문’을 점토판, 석판, 점토 원통·각기둥, 석제 기념비, 마애비 등 많은 재료에 기록했다. 왕의 공적을 찬양하는 경향이 뚜렷한 이러한 비문은 왕의 업적에 관한 자세한 내용을 알기 위한 가장 큰 정보원이다. 특히 아시리아의 왕 비문은 기원전 2000년대 중반 이후 군사 업적을 상세하게 보고하는 경향이 있어서 이를 토대로 왕국의 영토 확대 및 축소를 비교적 자세히 파악할 수 있다. 그중에서도 사건을 연대순으로 나열하는 유형의 왕 비문 '연대기'annals가 중요한데 역사 재구성에 중심적인 역할을 한다.

그다음 왕실 관련 문서로는 왕과 관리나 학자들 사이에서 주고받은 대량의 점토판 '서신'이 유용하다. 왕 비문은 은폐된 궁정에서 일어난 불상사를 포함해 아시리아 중심과 왕국 각지에서 일어난 사건의 실태에 대해 다양한 정보를 제공한다. 왕실 서신 외에도 고아시리아 시대에는 아수르시와 아나톨리아의 상업 식민지 사이에서 원격지 교역을 담당했던 상인들과 그 가족의 편지가 대량으로 남아 있어서 고대의 상업 비즈니스와 가정생활에 대한 상세한 데이터를 얻을 수 있다.

그 밖에도 왕들을 주인공으로 한 서사시와 같은 '역사문학 문서', 역사 정보를 포함하는 여러 가지 '점', '예언' 등의 신탁 문서나 '기도문', 왕의 관리 임명이나 토지 하사 등을 기록하는 '칙령', 왕위 계승이나 국가 간의 협정 등과 같은 '조약 · 서약', '법규집'이나 '궁정 칙령집' 등이 적힌 점토판이 유명하다. 또한 왕궁이나 고급 관리의 저택 등에서 출토되어 곡물, 가축, 음료, 수공업 제품과 원료, 교역품 등의 출납 등을 기록한 '행정 문서', 그리고 부동산, 곡물, 노예 매매와 대출 등에 관한 '계약 문서'도 대량으로 확인되었다. 이런 사료들은 왕궁과 국가의 행정 및 재정과 시민 생활에 관련해 종종 정확한 날짜 정보를 제공한다.

쐐기문자 문서 외에는 선문자 알파벳을 사용해 주로 파피루스와 양피지에 적은 아람어 문서가 있다. 대부분은 소실되거나 부패되어 사라졌지만, 오스트라카ostraca(도기 조각)나 점토판에 잉크로 적거나 금속기에 새긴 약간의 비문과 문서가 유명하다.

위 기록과 동시대 또는 거의 같은 시기에 작성된 문서들, 즉 후대의 편저자들이 히브리어로 작성한 구약성경의 역사서('열왕기', '역대기' 등) 및 예언서('이사야서' 외)와 헤로도토스가 쓴 《역사》(그리스어) 등 고전과 고대의 여러 저서에서 아시리아가 언급된다.

또한 이 책에서 언급하는 아시리아 왕의 이름 중 샬마네세르Shalmaneser(샬만에세르, 성경에는 살만에셀로 표기−역자), 티글라트 필레세르Tiglath Pileser, 사르곤Sargon, 센나케리브Sennacherib(센나케립, 성경에는 산헤립으로 표기−역자), 에사르하돈Esarhaddon(성경에는 에살핫돈으로 표기−역자), 아슈르바니팔Ashurbanipal은 구약성경의 히브리어 원문에 언급되는 읽기를 기초로 하여 서구에서 널리 유포된 통칭이다(그 외 아카드어 원음에서 약간 벗어난 관용적인 명칭으로 아슈르나시르팔Ashurnasirpal이 있다). 이러한 왕명에 관하여 이 책에서는 관용을 존중하여 원어(아카드어) 음을 적절히 표시하기로 하겠다.

✥
고고학적 자료

다음으로 고고학적 자료를 살펴보자. 19세기 이후 아시리아와 그 영향권에 있던 각지에서 실시한 수많은 고고학 조사는 쐐기문자 문서를 발견하며 문헌 사료를 제공했다. 뿐만 아니라 건축학적 정보와 물질문화에 관한 방대한 데이터를 더해서 성벽, 성문, 왕궁, 신전과 같은 대규모 건축물, 시가지, 그리고 토기, 금속기, 석기, 사람과 동물의 뼈, 곡물·식물 보존물 등에 관한 사료 확보에도 기여했다. 최근에는 위성 영상 분석과 현장 연구를 연계한 환경고고학적 기법을 이용해 도시 주변에 퍼져 있던 취락 분포 정형settlement pattern (마을의 규모와 분포 양상), 운하, 수로, 도로 시스템 등도 분석하고 있다.

또한 출토 유물에 포함된 대규모 건축물의 석제 패널에서 볼 수 있는 얕은 돋을새김 조각(릴리프)과 조각상이나 기념비 등에서 볼 수 있는 도상 자료에서는 각국 사람들의 복장, 공납품, 왕의 전투와 사냥, 군사장비와 기술, 의례, 신과 초자연적 동물의 모습, 건축물과 건축 작업의 상세한 내용 등 여러 자료가 추출되어 연구되었다 (그림 0-3).

✥
시대 구분과 왕의 통치 기간

기원전 3000년대의 경우 아시리아의 중심 지역인 티그리스강 중

그림 0-3 님루드Nimrud에서 출토된 조각상인 '유익(날개 달린) 인면 사자상'을 영국박물관에
들여놓는 모습 (19세기 중반의 신문 삽화)

류 지역과 이를 포함하는 북메소포타미아 일대에 관한 역사 자료는
오로지 고고학적 데이터와 남메소포타미아의 여러 왕조에서 유래
하는 약간의 문서 사료로 한정되었다. 도시 아수르와 아나톨리아의
상업 식민지에 대한 구체적인 내용은 기원전 2000년대 이후에 비로
소 확인된다. 이는 중앙 아나톨리아의 카네시Kaneš(현 퀼테페Kültepe)에
서 출토된, 아수르 상인들의 활동을 기록한 약 2만 3,000장의 점토
판 문서가 풍부한 정보를 제공했기 때문이다. 아카드어 아시리아
방언으로 적힌 이 문서들에서 다뤄지는 시대(기원전 20세기 중반부터
기원전 18세기까지)를 '고아시리아 시대'라고 한다.
　사료가 부족한 '중간기' 혹은 '암흑시대'(기원전 17세기부터 기원전
15세기까지)를 사이에 두고 그 후에 이어지는 시대를 '중아시리아 시

대'(기원전 14세기부터 기원전 11세기까지)라고 하는데 이 시기에는 아수르 및 아시리아 중심과 그 주변(특히 서쪽)의 수많은 유적에서 출토된 각종 쐐기문자 문서가 널리 알려져 있다. 고아시리아 시대의 문서 수에는 못 미치지만 왕 비문, 외교 서신, 행정 문서, 역사문학 문서, 종교문학 문서, 법규집, 칙령 등 다양한 문서가 포함되어 있으며 최근에는 이 시대의 역사와 문화 연구가 급속하게 진행되었다.

기원전 10세기에서 기원전 7세기까지의 '신아시리아 시대'는 가장 방대한 양의 문서 사료가 전해지는 시대다. 특히 기원전 8세기 중반부터 왕국 멸망(기원전 612년) 전 아슈르바니팔의 통치 시대까지 이어지는 아시리아 제국의 절정기는 사료가 압도적으로 풍부한 시기다. 이 시기에는 장문의 왕 비문 수천 점을 비롯해 약 3,000점의 서신, 수천 점에 이르는 행정·계약 문서, 칙령, 역사 점괘와 예언 자료, 그리고 약 2만 점에 달하는 도서관 문서 등이 대량으로 남아 있다. 이러한 풍부하고 다양한 자료 덕분에 당시 정치·사회·문화 전반을 매우 상세하게 파악할 수 있다.

이 책이 이 시대를 특히 많은 분량으로 다루는 이유도 바로 이처럼 방대한 사료 덕분에 아시리아의 역사와 문화를 가장 정밀하게 기술할 수 있기 때문이다.

위에서 설명한 '고아시리아 시대', '중아시리아 시대', '신아시리아 시대'라는 시대 구분은 아카드어 아시리아 방언의 시대적 변화와 문서 사료의 시대 분포를 기초로 한 작업 가설적인 것이며 국가 아수르/아시리아의 왕조사는 큰 단절 없이 계속되었다. 그러나 각 시대에 일정한 정치적, 행정적, 사회적, 문화적 특징은 충분히 인정되며, 이러한 시대 구분을 따르는 것이 아수르/아시리아라는 국가의 탄생부터 멸망까지 역사적 변천을 이해하는 데 유효하므로 이 책에서도 그대로 따르기로 하겠다.

마지막으로 왕의 통치 기간을 비롯한 연대에 대해 간략하게 주석을 더하고 싶다. 고대 메소포타미아 연대는 천체의 운행 기록, 월식과 일식 등 천체의 기록과 '왕명표', '림무표', '연대기' 등의 편년 기록, 실무 문서로 보이는 림무나 왕의 통치 기간에 따른 날짜, 토기의 모양 변화나 연륜 연대 등의 정보를 토대로 쌓아 올린 한 세트의 연대 체계다. 신아시리아 시대의 연대는 거의 확정적이지만, 기원전 2000년대 전의 연대는 학설에 따라 변동 폭이 100년 정도로 매우 크다. 이 책에서 언급하는 연대는 가장 표준적인 중연대 가설을 기초로 한다. 원칙적으로 연대는 에카르트 프람Eckart Frahm이 엮은 2017년판 《아시리아 안내서E. Frahm, (ed.), A Companion to Assyria》의 아시리아 왕명표(613~616쪽)에 의거하여 이 책의 권말에 아시리아 왕의 통치 연대를 포함한 '왕명 일람'을 실었으니 참조하길 바란다.

또한 고대 문서의 인용 부분에서 [⋯]는 원문의 파손을, ( )는 원문에 없는 어구의 보충이나 보충적 설명을, '······'은 생략을 나타낸다는 점을 미리 일러둔다.

제1부

도시 국가
아수르의
탄생

- 고아시리아 시대

제1장

4,000년 전의 글로벌 비즈니스, 아수르와 카네시의 상인들

✤

제국의 뿌리, 도시 아수르

기원전 2000년대 중반에 성립한 영역 국가 아시리아의 중심 지역은 오늘날 이라크의 북부 티그리스강 중류 지역으로, 이라크 북부의 주요 도시 모술 북쪽의 산지를 북쪽 경계로 하고 소小자브강Zab al-Asfal이 티그리스강으로 흘러 들어오는 지점에서 조금 남쪽에 있는 산악지대(마쿨Makhoul산맥, 함린Hamrin산맥) 부근까지를 남쪽 경계로 하는 평야다. 영역 국가 아시리아에서 기원전 2000년대 이후의 주요 도시는 아수르, 니네베, 아르벨라Arbela(현 아르빌Arbil-역자)이며 이 세 도시가 만드는 삼각형의 최남부에 위치하는 곳이 국가의 기원이 된 도시 아수르다. 강수량이 매우 적어서 평탄한 퇴적평야가 이어지는 이라크 남부와 달리 아시리아의 중심 지역은 기복이 있으며 연간

300mm가 넘는 풍부한 강우로 천수天水 농경을 할 수 있는 지역이다. 아수르보다 더 북쪽에 위치하며 강우량도 훨씬 더 많은 아르벨라 근교에서는 현재도 밀 재배가 활발하여 이라크 유수의 곡창지대가 되었다.

도시 아수르는 티그리스강 서쪽에서 소자브강이 티그리스강으로 흘러 들어가는 합류점의 북쪽에 위치해 있다. 아수르는 티그리스강의 고대 물길이 크게 휘어지는 지점에 서남쪽에서 박힌 듯한 형태로 자리잡았으며 그 끝부분은 강의 수면을 뒤덮듯 수십 미터 높이로 우뚝 솟은 절벽을 이루었다. 이 뛰어난 경관을 가진 장소가 신 아슈르의 거처로서 신격화되었고 이를 예배하는 사람들이 모여서 이 성지에 신 아슈르의 이름을 딴 도시를 세운 것이 아닐까라고 추측해 왔다. 또는 아수르라는 지명이 먼저 있었고 그 지역의 신을 아슈르라고 불렀을 수도 있다. 아무튼 도시 아수르는 신 아슈르 자체이며 신 아슈르의 성소는 이 장소 자체였다.

쐐기문자 문서로 알려진 고아시리아 시대(기원전 2000년대 초)의 아시리아 시민 이름에서 아슈르 두리('아슈르신은 내 요새다'라는 뜻), 두르 마키 아슈르('약한 자의 요새는 아슈르신'), 아슈르 네메디('아슈르신은 내 초석'), 아슈르 샤디 일리('아수르는 신의 산')라는 명칭을 볼 수 있는데 외적의 방어에 유용했던 이 지역에 대한 아수르 사람들의 마음이 전해진다.

19세기 말부터 독일 탐사대가 실시한 조사 발굴 결과 아수르에는

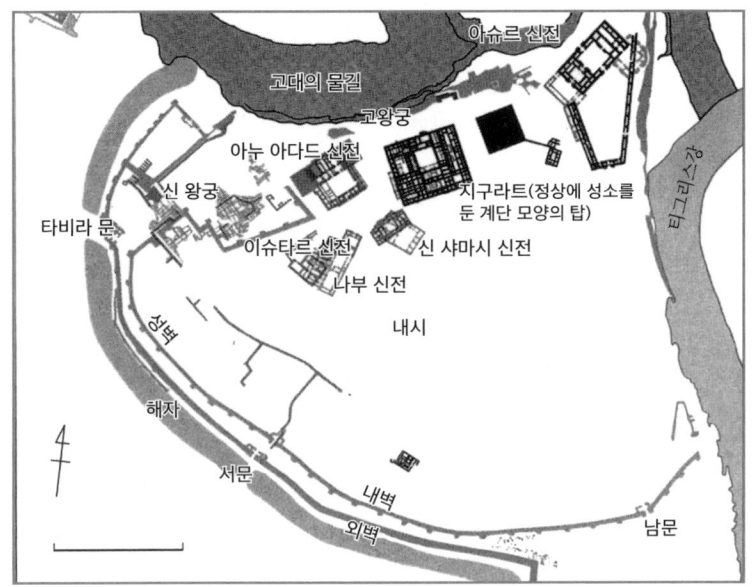

그림1-1 아시리아의 도시 계획

기원전 2600년 무렵부터 서기 14세기까지 약 4,000년에 걸쳐 어떠한 형태로든 사람들이 꾸준히 살았다는 사실을 알 수 있다. 그런 점에서 아수르는 상당히 장수한 도시라고 할 수 있다.

도시 아수르는 기원전 3000년대 후반의 쐐기문자 문서에 언급되었으며 기원전 23~21세기에는 아카드Akkad 왕조나 우르Ur 제3왕조와 같은 메소포타미아 남부를 중심으로 하는 강대국들의 영향 아래에 놓였다. 아수르에서 출토된 아카드 왕조와 우르 제3왕조의 행정관 이름이 새겨진 돌로 만든 장식판과 무기가 이러한 사실을 뒷받침한다. 그 후 우르 제3왕조의 쇠퇴와 멸망으로 인해 기원전 2025년 무렵 아수르는 소수의 유력한 상인들이 주도하는 도시 국가로 독립했으며 기원전 21세기 말부터 기원전 18세기 전반에는 상업 도시로 번영했다(그림1-1).

✦

은밀한 비즈니스 기록, 퀼테페 문서

독일 탐사대가 시작한 아수르의 발굴 조사는 10년 정도 지속되었으나 그 후 장기적인 조사는 더 이상 이루어지지 않았다. 2000년에는 티그리스강 하류의 댐 건설 계획으로 유적이 수몰될 위기에 처하자 이를 우려하는 목소리가 높아졌다. 결국 댐 건설 공사는 중지되었고 2003년 이후 유적은 유네스코 세계유산으로 등록되어 보호받고 있다. 2023년부터 독일 탐사대가 본격적인 발굴을 재개하고 있어 새로운 성과가 기대된다.

지금까지 아수르에서 이루어진 발굴을 통해 아슈르 신전과 왕궁을 비롯해 고아시리아 시대 건축물의 존재는 밝혀졌지만, 고아시리아 시대의 유물 조사는 큰 진전이 없었다. 점토판 문서도 신전에서 출토된 소수의 자료만이 알려져 있을 뿐이다. 그런 가운데 고아시리아 시대에 살았던 아시리아 사람들의 활동에 관한 대량의 데이터가 뜻밖의 장소에서 나왔다.

19세기 말 튀르키예, 중앙 아나톨리아의 카파도키아Kapadokya 지방에서 출토되었다고 전해지는 점토판 문서 300여 장이 미국과 유럽

그림 1-2 퀼테페 유적 항공 촬영. 원형 텔(언덕)의 왼쪽에 보이는 것이 상업 중심지이자 거주 구역인 카룸

각지의 박물관으로 옮겨졌다. 1920년대 이후 이 문서들이 연구되어 그 내용이 밝혀졌다. 카파도키아 문서로 불린 이 문서들은 메소포타미아 남부에서 사용한 아카드어 바빌로니아 방언과는 다른 '고아시리아 방언'인 아카드어 방언으로 적혀 있으며 글자의 형태와 사용법도 개성적이었다. 결국 그 문서는 기원전 2000년대 초 당시 아수르시에서 멀리 서쪽 직선거리로 800km나 떨어진 중앙 아나톨리아의 도시 카네시로 이주해 교역에 종사한 아시리아 상인들과 그 가족들이 쓴 문서라는 사실이 밝혀졌다. 1924년 아시리아학의 석학 벤노 란츠베르거Benno Landsberger는 현재 카이세리Kayseri시 북동 21km 지점에 위치하는 퀼테페('재의 언덕'이라는 뜻) 유적을 고대 카

그림 1-3　퀼테페에서 출토된 고아시리아 점토판 문서

네시라고 정했다(그림 1-2).

　1925년에는 히타이트어 해독으로 유명한 체코의 베드르지흐 흐로즈니Bedřich Hrozný가 퀼테페를 발굴 조사했으며 그곳이 카파도키아 문서의 출처임을 알아냈다. 1948년부터는 튀르키예 고고학의 대부 앙카라대학교의 타흐신 외즈귀치Tahsin Özgüç에 의해 다시 발굴이 진행되었고 지금도 튀르키예 탐사대의 발굴이 이어져 해마다 새로운 문서가 발견되고 있다. 이 반세기 동안 퀼테페에서 발견된 점토판 문서는 족히 2만 장이 넘는다(그림 1-3).

✤

아나톨리아 고원 카네시에 조성된
아시리아 상인들의 무역 거점, 카룸

일반적으로 점토판을 포함하여 고고 유물은 고대 건축물이 차곡차곡 겹치며 약간 높아진 유구遺丘(튀르키예어로 테페tepe, 아라비아어로 텔tell)에서 발견되는 일이 많다. 하지만 퀼테페 문서는 유구의 북동에 위치하는 밭인 평지에 묻혀 있었다. 문서가 출토된 곳은 언덕 위에 있던 카네시의 아나톨리아계 영주 궁전이 위치하는 '윗동네'의 바깥에 조성된 '아랫동네'의 상인 거류지였다. 아시리아 상인이 운영하는 상점이 즐비했으며 아카드어로 카룸Karum이라고 불렸다는 사실이 밝혀졌다. 카룸이란 '항구, 강변, 상업 센터'를 의미한다.

'아랫동네'에서는 거주층 네 가지가 검출되었는데 점토판 문서가 발견된 것은 Ⅱ층(기원전 1945~1835년경)과 Ib층(기원전 1832~1700년경)이다. 그 대부분(2만 점 이상)은 Ⅱ층에서 발견되었으며 종종 수십 점씩 한데 뭉쳐서 바구니나 항아리 등에 봉인되어 점토로 만든 라벨이 붙어 있었고 집의 창고 선반에 보관되어 있었다. 또한 적은 양이지만 훗날 히타이트 왕국의 수도 하투샤(현 보아즈쾨이Boğazköy 또는 보아즈칼레Boğazkale)와 알라자회위크Alaca Höyük 등에서도 고아시리아 시대의 점토판 문서가 발견되었다.

이러한 사실이나 문서의 내용에서 아시리아인은 카네시뿐만 아니라 인근 각지에도 거주한 사실을 알 수 있다. 카네시는 아나톨리아 지방 최대의 아시리아인 거류지이며 본국인 아수르시의 지부 기관인 자치 조직으로 기능하며 아나톨리아에서 시리아 북부에 걸쳐 분포한 아시리아의 수많은 카룸을 통솔하는 존재였다.

카네시와 아수르 사이는 직선거리로는 800km 정도인데 실제로 도보 거리로 환산하면 1,000~1,200km나 됐다. 도중에 물이 적은 스텝steppe(온대 초원지대–역자) 지대를 지나고 겨울에는 눈으로 가로막힌 험준한 산악 지역도 통과해야 한다. 상인들은 하루에 20~25km의 여정을 걸으며 가는 길에 위치한 아시리아인 식민지를 따라 전진했다. '당나귀가 여행길에 죽었다', '추위로 대상隊商(상인 집단)이 고생했다'라는 증언도 편지에 보인다. 여정 중에 상인이 유괴되거나 상품을 도난당하는 위험도 있었다. 그러나 그처럼 고생스러운 원격지 교역은 끝까지 해낼 만한 가치가 있었다.

✛
당나귀에 금과 은을 싣고 대륙을 누비다

퀼테페에서 출토된 문서는 아수르 상인들이 담당한 실제 국제 교역에 대한 생생한 기록을 풍부하게 남겼다. 아수르 상인들은 아수르에서 카네시로 주석과 직물을 운반했고 돌아올 때는 아나톨리아에서 금과 은을 가지고 왔다.

구리와 주석의 합금인 청동을 활발하게 생산했던 아나톨리아에서는 청동으로 만든 무기나 도구의 거푸집이 많이 발견되었다. 주

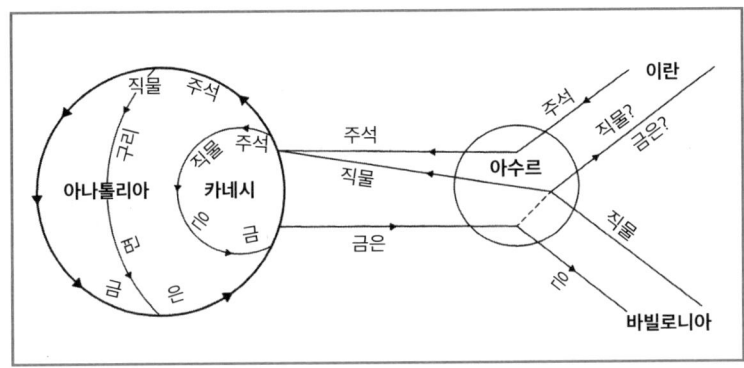

그림1-4 고아시리아 시대의 국제 교역 물류

석은 엘람Elam의 상인이 동쪽의 아프가니스탄 방면에서 아수르로 들여왔다고 생각할 수 있다(그림 1-4).

직물은 주로 모직물인데 아수르에서 생산되는 것 외에도 남쪽의 바빌로니아에서도 유입되어 '아카드' 직물이라고 불리며 아나톨리아로 수송되었다. 아수르에서는 상업을 업으로 삼는 가문에서 주로 여성들이 가내공업 형태로 직물을 생산했다. 아수르의 부인들은 아나톨리아로 건너가 장사하는 남편을 따라가지 않고 보통 모시母市인 아수르시에 머물며 상거래를 거들었다. 그런 집안의 부인들은 마을 여성들을 모아 직물을 생산해 바빌로니아산 직물이나 주석과 함께 아나톨리아로 보내는가 하면 세대주로서 재산도 관리했다. 또 어떤 집안에서는 상점의 주인인 가장이 아내와 함께 아수르에 남고 아들이 아나톨리아에 부임하기도 했다.

바빌로니아나 아시리아의 직물은 아나톨리아에서 진기하고 귀중하게 여겨져서 사치품으로 극찬을 받았다. 카네시의 아시리아 상인은 고객의 요구나 시장의 수요를 미리 조사한 뒤, 그것을 바탕으로 아수르에 필요한 물품을 상세하게 주문했다. 카네시의 푸주르 아슈르라는 상인이 아수르에 있는 부인 와카르툼에게 보낸 편지에는 다음과 같은 글귀가 남아 있다.

푸주르 아슈르가 말하노라. 다음과 같이 와카르툼에게 전하시오. 1마나의 은—관세분 추가 완료, 수수료 지불 완료—을 아수르 이디가 내 날인을 찍어서 들고 갈 것이오. 당신이 나에게 보내준 고급 직물을 똑같이 만들어 아수르 이디에게 맡겨서 나에게 보내주시오. 그렇게 하면 나는 (한 점당) 2분의 1마나를 보내겠소. 천의 단면은 얇게 깎아내시오. 단 완전히 다 깎지는 마시오. 짜는 방법은 비밀로 하고 얇게 만들어야 하오. 전에 보내준 직물에 비해서 한 점당 1마나씩 여분으로 양털을 사용하시오. 하지만 최대한 얇게 만드시오. 반대쪽 면은 살짝 깎는데 그래도 털이 남으면 쿠타누천처럼 가위로 깎으시오……(TC3/1, 17: Veenhof 1972: 104)

운송업자에 해당하는 상인이 타우루스 산맥(토로스 산맥Toros Dağları)과 그 근교에서 채굴해 카네시에서 대량으로 사들인 은과 금을 맡아서 당나귀 캐러밴을 꾸리고 아수르로 운반하면 이번에는 아수르에서 까다로운 주문을 받아 생산한 직물과 대량으로 사들인 주석을 받아 카네시로 되돌아갔다. 카네시에서 출토된 문서에는 카네시의 상점 주인이 운송업자에게 은이나 금을 맡기고 운송업자는 이를 아수르로 운반해 그곳에서 대량으로 사들인 상품을 가지고 카네시로 돌아오도록 규정한 '운송 계약서', 이 문서와

그림1-5   봉투에 들어 있는 점토판

함께 운송업자에게 부탁해 아수르의 대리인에게 운반한 대량으로 사들여야 할 상품을 나타낸 '매입 각서', 그리고 전달한 은으로 실제로 무엇을 구입해 운송업자에게 맡겼는지를 아수르의 대리인이 기록해서 카네시의 상점 주인에게 보내기 위해 운송업자에게 맡긴 '결산서' 등에 해당하는 점토판 문서가 다량으로 발견되었다.

　이러한 문서는 점토 봉투에 넣어서 문서를 작성하고 보낸 사람의 원통 인장cylinder seal을 찍었다(그림 1-5). 상품은 천으로 감싼 후 원통 인장으로 날인한 봉니封泥를 붙여서 엄중하게 봉인해 운송업자에게 맡겨졌다. 목적지에 도착한 짐은 즉시 무게를 측정해 결산서와 서로 맞춰 봤다.

　해마다 금 · 은 약 100킬로그램이 아수르시로 운반되었고 상인들은 이를 밑천으로 아수르에서 조달한 주석과 직물을 아나톨리아에서 팔아 큰 이익을 얻었다. 아수르에서 들여온 주석은 매입 가격의

2배, 직물은 3배로 쳐서 팔았다는 사실을 알 수 있다.

✦

국가 간 조약으로 보장받은 무역권

이러한 교역 시스템은 단순히 상인들에게 맡겨 놓은 것이 아니라 아수르시와 아나톨리아 당국이 관리했고 상인들은 매출 금액 안에서 양쪽에 여러 가지 세금을 냈다. 아나톨리아에는 카네시 외에 상인 거류지(카룸) 스무 군데 정도와 비슷한 수준의 작은 상업촌(와바르툼wabartum)이 있었는데 본부인 아수르 측의 통상사무소가 네트워크의 핵심으로 이들을 통괄했다.

카네시의 통상사무소는 아수르시 정부의 파견 기관으로 대상隊商에 대한 과세, 대출 이자 설정, 아수르 상인의 대출 및 투자를 관리하며 일 년에 몇 번씩 결산을 처리했다. 또한 통상사무소는 아나톨리아 당국과 연락하여 서로의 책임과 의무를 정하고 아수르 상인의 권리와 안전을 지켰다. 다음은 아수르시에서 카네시 영주에게 보낸 공적 서신으로, 아시리아인 외교사절단과 아나톨리아 지방 영주 간의 약속('협상조약')을 기록했다.

당신의 나라에 새끼줄과 쐐기(가 있는 한) 아수르시민의 (소유물)이 절대로 분실되는 일이 없게 하시오. 만약에 분실되면 당신은 그것을 찾아내서 우리에게 돌려보내 주시오. (아수르시민이) 살해(당하는 일)가 일어나면 당신은 그 살인자를 우리에게 넘겨야 하오. 그 후 우리가 그 살인자를 직접 사형에 처할 수 있게 하시오. 아카드(의 상인)들을 (아나톨리아로) 오게 하는 일이 없게 하시오. 당신의 나라를 통과하는 아카드인이 있다면 그자를 우리에게 넘기고 우리가 그자를 죽이게 하시오. 당신은 그 일로 (어떠한 특별한 대가도) 우리에게 요구하지 말아야 하오.

당신의 부친과 마찬가지로 당신은 (당신 나라를 통과하는) 모든 대상에게서 주석 12셰켈을 (통과세로) 받으시오. (아수르로) 내려가는 자에게서는 당나귀(의 짐)마다 은 1과 4분의 1셰켈을 당신의 부친과 같이 받으시오. (단) 절대로 그 이상을 받지 않도록 하시오. 전쟁이 일어나 대상이 도착하지 않을 경우에는 하훔Ḫaḫḫum에서 당신 쪽에 보내게 하겠소. (그 후 신들과 조상의 영전에서 양쪽의 선서 의식이 순서대로 이어진다) (Çeçen/Hecker 1995, kt. n/k 794)

서두 부분의 서술은 아수르 측이 아시리아 시민을 살해한 범인을 직접 재판할 권리(현재의 치외법권과 비교할 수 있다)를 가졌음을 보여준다. 또한 다음 절에서 말하는 '아카드'(메소포타미아 남부의 바빌로니아) 사람들과의 상거래를 금지하는 조항은 아수르시가 아나톨리아와 메소포타미아의 무역을 독점적으로 중계中繼하려고 했다는 점을 암시하는데 현대 사회에서도 볼 수 있는 국제경제 분쟁과 무역 규제를 상기시킨다. 여하튼 이렇게 해서 아시리아 측은 권리와 안전을 요구하는 한편 아나톨리아 영주들에게 '관세'라는 보상을 제공하고 공존공영 관계를 유지했다.

✦

가족 기업과 투자 신탁,
고대 메소포타미아의 자본주의

　이러한 도시공동체 간 합의에 따라 구축된 틀을 지키며 아수르의 상인들은 개인적인 비즈니스를 마음껏 펼쳤다. 거기에는 대출이나 신탁 투자 방법을 비롯한 고도의 상업 활동이 포함된다. 아수르의 상인들은 상품을 직접 운반해서 이익을 얻지 않고 앞에서 봤듯이 운송업자를 고용해 대리인과 함께 장사했다. 큰 상점은 가족 구성원을 중심으로 기업을 조직해서 주인이나 그 아들이 카네시에 머물고 아내가 아수르에 남는 등 역할을 분담하여 대규모 사업을 벌였다. 현지로 간 남성은 아수르에 있는 본처 외에 현지에서도 두 번째 아내를 얻었다. 아수르의 본처는 재산을 관리하며 아수르에서의 직물 생산과 상품 매매 등의 책임을 졌다.

　또한 여러 개인이 한 가지 또는 여러 가지 상거래에 공동 투자하는 일도 잦았다. 많은 출자자가 큰 자금을 모아서 이를 일괄적으로 관리해 대리업자에게 신탁하고 장기간에 걸쳐 여러 상거래를 운용하는 나루쿰이라는 계약도 있었다. 나루쿰이란 자금을 일괄적으로 넣는 '자루'를 의미한다. 15명이 12년에 걸쳐서 금 30미나를 대리업자 한 명에게 위탁한 기록도 있는데 증서에 해당하는 점토판 문서에는 투자자들의 이름, 각 투자 금액, 대리업자의 이름, 여러 계약 조건이 기록되어 있다. 수익은 대리업자가 총액의 3분의 1을

가져가고 3분의 2는 출자액에 따라 출자자에게 분배되었다. 이러한
방법은 현재의 투자 신탁을 상기시킨다.

✦
아수르를 움직이는 사람들 :
행정과 시스템의 시작

1990년대 이후 퀼테페 출토 문서 중에서 '에포님 리스트'eponym lists
또는 '림무표'로 불리는 목록이 발견되었다. 이로써 고아시리아 시
대의 연대 연구가 크게 발전했다. 이 목록에는 아카드어로 림뭄
limmum(신아시리아 시대에는 림무limmu)이라는 관리직에 오른 인명이 나
란히 기록되었다(그림 1-6).

림무직은 '집회'puḫrum를 조직해 아수르의 행정을 집단으로 관리한
엘리트 상인들 중에서 해마다 한 명을 뽑아서 그 인물의 이름에 따
라 각 연도를 '(림무) 아무개의 해'라고 불렀다. 림무의 이름은 공시
되어 아수르에서 카네시까지 가는 곳마다 수많은 계약서에 날짜로
기록되어 널리 알려졌다. 그런 이유로 림무직에 오르는 것을 대단
한 명예라고 생각했다. 그뿐만 아니라 림무직은 '집회'의 중심인 시
청사에 해당하는 오피스 '림무관'을 가졌고 상인들이 교역을 통해
얻은 수입에서 일정한 배당을 받는 경제적 부수입도 있었다.

이후 시대(중아시리아 시대 이후)의 '왕'šarrum에 해당하는 도시 국가
의 주권자는 '집정관'waklum, '대인'rubā'um, '(왕인) 아슈르신의 대리

그림1-6 '림무표' 점토판

인'$^{iššiak\ Aššur}$ 등으로 불렸는데 아직 '왕'이라고 내세우는 경우는 없었다. '집정관'은 도시 국가의 행정 책임자이기는 했지만 훗날 영역 국가 아시리아의 왕과 같은 절대 권력은 없었고 시정을 주관하는 권력은 '집회'를 형성하는 시민들이 나눠 가졌다. 고대 서아시아 세계는 어느 시대, 어느 지역에서도 절대군주가 모든 것을 통치하지 않았다. 오히려 오늘날의 민주주의에 비견할 만한 공화제적인 체제가 여러 도시의 행정에서 나타났다.

제2장

안개 속의 왕들 :
전설과 기록 사이

〈아리시아 왕명표〉 권력의 계보를 찾아서

그럼 아시리아 '왕'들의 계보는 어떻게 기록되었을까? 기원전 20세기 고아시리아 시대의 수장(집정관)부터 기원전 7세기 제국기 아시리아의 왕까지 도시 국가 아수르와 영역 국가 아시리아의 통치자(왕)들의 이름, 가계도, 통치 기간, 즉위 경위 등을 순서대로 기록한 〈아리시아 왕명표〉로 불리는 문서 사본 여러 개가 점토판에 남아 있다. 이 사본들은 1950년대에 주요 내용이 해독·출판되어 아시리아 왕조사를 복원하는 근간이 되었다(그림 1-7).

각 사본에 기록된 왕명 중에서 가장 오래된 사본은 기원전 10세기, 다른 두 가지는 각각 기원전 8세기에 작성된 것을 알 수 있다. 가장 새로운 사본은 기원전 8세기 말 샬마네세르 5세(재위 기원전

그림 1-7 〈아리시아 왕명표〉점토판(코르사바드Khorsabad 출토 사본)

726~722년)까지를 포함한다. 〈아리시아 왕명표〉 원본이 언제 만들어졌는지는 정확히 알 수 없다. 하지만 기원전 13세기 무렵 중아시리아 시대가 되어서야 비로소 현재의 형태로 완성되었고 그 후 새로운 왕명이 순차적으로 추가되며 증보 개정판이 만들어졌다고 추정할 수 있다.

〈아리시아 왕명표〉는 도시 국가 아수르와 영역 국가 아시리아의 역사를 최대한 오래된 기록까지 거슬러 올라가 그 왕들의 계보를 나타내려고 한 고대의 '역사서'다. 거기에는 편집할 때 수집한 자료를 기반으로 기록한 고아시리아 시대의 기억이 남아 있다.

(〈아리시아 왕명표〉와 기타 여러 문서를 토대로 한 역대 왕 또는 정치 지도자들의 목록을 이 책의 뒷부분에 '왕명 일람'으로 정리했으니 참조하길 바란다).

✦

'장막에 살았던 왕들'과 '조상이었던 왕들'

왕명표 서두에는 '투디야Tudiya, 아다무Adamu, 얀기Yangi, 수흘라무 Suhlamu……'로 시작되는 17개의 이름이 기록되어 있다. 그 이름들은 '장막에 살았던 17인의 왕들'이라고 일컫는다.

뒤이어 '아미누Aminu는 일라-카브카부Ila-kabkabu의 아들, 일라-카브 카부는 야즈쿠르-엘Yazkur-el의 아들, 야즈쿠르-엘은 야크메니Yakmeni 의 아들…… 할레Hale는 아피아샬Apiashal의 아들, 아피아샬은 우슈피 아Ushpia의 아들'이라는 식으로 인물 10인의 이름을(그 아버지의 이름과 함께) 연대를 거슬러 올라가며 표시해 놓았다. 그들은 '조상이었던 10인의 왕들'이라고 부른다.

계속해서 술릴리Sulili, 킥키아Kikkia, 아키야Akiya, 푸주르 아슈르Puzur-Ashur 1세, 샬림 아훔Shallim-ahum, 일루 슈마Ilu-shuma의 이름이 나열되고 이들은 '(치세 중의) 림무가 알려지지 않은 6인의 왕들'로 분류된다. 그 뒤에는 '에리슘Erishum 1세—일루 슈마의 아들— […]이 40[다른 책 : 30]년 동안 왕권을 행사했다, 이쿠눔Ikunum—에리슘 1세의 아들 —이 [14년 동안] 왕권을 행사했다……'라는 형식으로 에리슘 1세 이후 역대 '왕들'의 치세를 길게 기록해 놓았다.

에리슘 1세의 뒤를 잇는 인명은 도시 국가 아수르의 '집정관'(왕) 의 이름이며 이는 앞서 언급한 퀼테페 출토 '림무표'에서도 확인할 수 있다. '림무표'에는 에리슘 1세로 시작되는 아수르시의 '집정관'(왕)들의 치세 중에 해마다 림무직에 오른 사람들이 나란히 기록되어 있다. 어느 림무부터 어느 림무까지 어느 왕의 치세에 해당하는지 나타낸 사본도 유명하다. 〈아리시아 왕명표〉에 기록된 에리슘 1세와 그 뒤를 잇는 인물들은 실제로 아수르의 집정관(왕)이었음을 보증한다. 또한 왕명표에서 에리슘 1세를 앞서는 '(치세 중의) 림무가 알려지지 않은 6인의 왕들' 중 일부(푸주르 아슈르 1세의 아들 샬림 아훔, 샬림 아훔의 아들 일루 슈마)의 건축 기념 비문이 아슈르 신전의 유구 안에서 발견되었다. 따라서 이들 여섯 명도 아수르의 집정관(왕)으로 볼 수 있다.

그러면 도시 국가 아수르와 영역 국가 아시리아의 왕들을 앞서는 존재, 즉 목록 서두에 말한 '장막에 살았던 17인의 왕들'과 '조상이었던 10인의 왕들'은 누구일까? 1950년대 이후 몇몇 연구자가 이 문제를 풀기 위해 왕명표 외에 여러 가지 증거를 찾아 고찰을 진행했다.

현재로는 '장막에 살았던 17인의 왕들'은 기원전 2000년대 초반에 메소포타미아 각지에 정착한 아무루Amurrū(아모리Amori) 계통 여러 부족의 이름으로 추정된다. 기원전 3000년대 말기에 서쪽 시리아 사막 주변에 있었던 아무루 계통의 반유목 부족 집단은 메소포타미아와 그 주변에 물밀듯 몰려들었다. 기원전 2000년대 전반('고아시리아 시대'도 포함)에는 메소포타미아 각지의 도시에서 왕권을 장악하여 메소포타미아와 그 주변에 '아무루인(아모리인)의 시대(고바빌로니아 시대)'라고 하는 한 시대를 이끌었다. 이 시대에 아수르에도 아무루 계통 정권이 탄생했다.

그 뒤를 이어 왕명표에 나타나는 '조상이었던 10인의 왕들'은 외부에서 들이닥쳐 아수르의 왕권을 장악한 아무루 계통의 호족 샴시 아다드Shamshi-Adad(아무루어명 삼시 아드두Samshī-Addú) 1세의 직접적인 조상들로 보인다. 앞서 말했듯이 〈아리시아 왕명표〉는 고아시리아 시대 왕들의 치세에 대해 '아무개의 아들 아무개가 ○년 동안 왕권을 행사했다'라고 간결하게 기록하고 있지만, 샴시 아다드 1세에 대해서만은 이 기본적인 스타일에서 벗어나 이례적으로 다음과 같이 자세하게 기록하고 있다.

일라-카브카부의 아들 샴시 아다드는 나람 신Naram-Sin 시대에 (남쪽) 카르두니아시Kar-Duniash(바빌로니아)에 갔고 이브니 아다드Ibni Adad가 림무일 때 카르두니아시에서 (북쪽으로) '올라와' 에칼라툼Ekallatum을 점거했으며 3년 동안 에칼라툼에 머물렀다. (그 후) 이타마르 이슈타르Atamar-Ishtar가 림무일 때 에칼라툼에서 올라왔다. (그리고) 나람 신의 아들인 에리슘 2세를 왕좌에서 몰아내고 왕좌를 빼앗았다. 그는 33년 동안(기원전 1808~ 1776년경) 왕권을 행사했다.

샴시 아다드 1세가 폐위시킨 에리슘 2세는 에리슘 1세의 5세대 후 아수르의 '왕'이었고 아수르시 토착 왕들의 계보를 이어받았다.

샴시 아다드 1세는 그 정당한 계보에 속하는 '왕'을 힘으로 배제하고 아수르의 왕권을 찬탈했다.

　주목해야 할 점은 이 한 구절로 샴시 아다드의 아버지로 간주하는 일라−카브카부가 '조상이었던 10인의 왕들' 목록의 맨 처음(연대적으로는 마지막)에 아미누의 아버지로 나와 있는 점이다. 따라서 아미누는 샴시 아다드의 형이며 아미누 뒤를 이은 인물은 샴시 아다드의 조상이자 대대로 그 씨족을 이끈 지도자였을 것으로 생각할 수 있다. 현재 일라−카브카부와 아미누가 샴시 아다드의 일가였다는 증거가 마리 문서(뒤에서 설명함)에서 발견되었다.

　따라서 〈아리시아 왕명표〉 서두 부분의 구조는 다음과 같이 이해할 수 있다. 아수르의 왕권을 장악한 샴시 아다드의 등장을 설명하기 위해, 그의 가계를 정리한 편집자는 서두에 샴시 아다드의 직접적 조상들과 그보다 먼 조상인 아무루 계통 여러 부족의 이름을 배치하여 이를 토착 아수르 왕들 목록에 통합했다. 이런 편집 방식은 샴시 아다드 일가의 오래된 출신과 중요성을 강조하려고 한 고아시리아 시대의 역사 기술 전통을 보여주는 사례라 할 수 있다.

제3장

야심가 샴시 아다드 1세와
북메소포타미아 왕국

✦
마리 문서의 발견

아수르에서 직선거리로 약 230km 남서쪽, 유프라테스강 중류 남쪽 기슭에 마리(현 시리아 동부 유프라테스 강변의 텔 하리리Tell Hariri-감수자) 유적이 있다. 이곳에서는 1933년부터 프랑스 발굴단이 조사를 진행했으며, 출토된 고고 유물과 점토판 문서의 연구를 통해 이곳이 기원전 3000년대 초부터 기원전 18세기에 걸쳐 중요한 교역의 거점이었음이 밝혀졌다. 특히 기원전 19세기 말부터는 아무루 계통의 림 왕조의 지배를 받으며 번영했음이 확인되었다.

이 시대에 해당하는 점토판 문서가 풍부하게 전해지는데, 왕실 서신 수천 점을 비롯한 대량의 문서가 프랑스 연구자들에 의해 분석되었다. 그들의 연구 성과는 마리 주변뿐만 아니라 더 넓은 고대 서아시아 세계의 역사와 문화를 밝히기 위해 크게 기여해 왔다.

❖

삼시 아드두, 북메소포타미아를 삼키다

마리 문서에 따르면 기원전 18세기가 되고 북메소포타미아를 거점으로 대두한 아무루 계통의 호족 삼시 아드두가 아수르를 점령해 왕권을 장악했다. 그러자 북쪽 카부르강 Khabur River(하부르강) 삼각지대(북서 시리아)의 세크나 Shekhna를 점거하여 슈바트 엔릴 Shubat-Enlil(아카드어로 '엔릴신의 자리'라는 뜻, 현 텔 레일란 Tell Leilan)로 개명하고 그곳에 행정 수도를 만들었다.

또한 남쪽으로 진출하여 유프라테스강 중류 지역의 거점 도시였던 마리를 함락하고 림 왕조를 추방했다. 이 삼시 아드두야말로 〈아리시아 왕명표〉의 샴시 아다드 1세다. 이 인물의 원래 이름은 아무루어로 삼시 아드두(내 태양은 폭풍의 신 아다드라는 의미)였는데 기원전 2000년대 이후 메소포타미아 도시 문명의 표준 언어인 아카드어로는 샴시 아다드로 읽었다.

비합법적인 수단으로 군주의 지위를 차지한 '참주' 삼시 아드두는 마리와 아수르라는 교역상 중요 거점을 지배하게 되자 북메소포타미아 전역에 이르는 대왕국을 구축했다. 자신은 북쪽의 슈바트 엔릴을 거점으로 지배하고 장자인 이슈메 다간 Ishme-Dagan 1세는 아수르의 북쪽에 위치한 에칼라툼에 배치해 왕국의 북동부를 관리하게 했

다. 그리고 둘째 아들인 야스마 아다드Yasmah-Adad는 남쪽 마리의 수
호자로 두어 광활한 영토를 통치했다.

제4장

첫 번째 시대의 막이 내리다

암흑시대의 도래

아수르 집정관(왕)들의 계보를 카네시(퀼테페)의 카룸 역사(Ⅱ층 : 기원전 1945~1835년경, Ib층 : 기원전 1832~1700년경)에 적용해 보면 에리슘 1세(재위 기원전 1974~1935년경)의 치세 중반부터 샴시 아다 드 1세(재위 기원전 1808~1776년경)의 시대를 거쳐 그의 아들 이슈메다간 1세(재위 기원전 1776~1737년경)의 치세 후까지 이른다. 그러나 카네시의 카룸에서 나온 문서 자료는 기원전 18세기 중반을 기점으로 더 이상 전해지지 않아, 아수르에 관한 동시대 사료는 급격히 감소한다. 이로 인해 그 이후 시기는 구체적인 상황이 정확히 밝혀지지 않은 암흑시대가 되고 만다. 이로써 고아시리아 시대는 끝을 맞이한다.

샴시 아다드 1세가 사망하자 그의 왕국은 순식간에 기세를 잃었고 아수르가 급속히 등장하면서 메소포타미아의 패자가 된 바빌론 아무루계 왕조(바빌론 제1왕조) 함무라피Hammurapi(또는 함무라비Hammurabi, 재위 기원전 1792 ~1750년경)의 영향을 받게 됐다. 마리도 함무라피에 의해 파괴되어 그 후에는 마리 문서에서 얻을 수 있는 정보도 침묵한다.

그럼에도 아수르에서는 샴시 아다드 1세의 아들 이슈메 다간 1세가 한동안 아버지에게 물려받은 왕권을 어떻게든 유지했다고 볼 수 있다. 〈아리시아 왕명표〉는 이슈메 다간 1세 이후에도 아수르의 왕통이 끊이지 않고 이어진 것처럼 기록했다. 하지만 그 후의 아수르와 그곳을 둘러싼 환경에 대해서는 동시대 사료가 거의 남아 있지 않다.

✤
푸주르 신 비문이 전하는 진실

사료가 부족한 시대에 주목해야 할 귀중한 문서를 영국 런던의 영국박물관이 소장하고 있다. 푸주르 신Puzur-Sin이라는 인물의 비문이 새겨진 아수르에서 유래한 석판이다. 비문은 안타깝게도 보존 상태가 썩 좋지는 않다. 하지만 '아슈르신의 대리인'인 아슈르 벨루 사메Ashur belu same의 아들 푸주르 신이 아수르와는 원래 아무런 관계도 없는 외래의 '역병신'인 샴시 아다드의 악한 자손을 아수르시에서 없애버리고 샴시 아다드가 세운 궁전을 파괴했으며 성벽을 재건한 사실을 기록했다. 이상하게도 이 인물의 이름은 〈아리시아 왕명표〉에 기록되어 있지 않다. 따라서 후대에 편집된 〈아리시아 왕명표〉가 사료로 완전하지 않음을 암시한다.

그러나 푸주르 신이 샴시 아다드의 혈통을 아수르에서 배제했다는 주장이 있음에도 그 후 아수르에서 샴시 아다드를 늘 '나쁜 사람'으로만 여기지는 않았다. 〈아리시아 왕명표〉에 따르면 기원전 16세기 후반 무렵에는 '샴시 아다드'(2세와 3세)와 '이슈메 다간'(2세)의 이름을 가진 인물이 왕위에 올랐다. '샴시 아다드'는 왕명으로 기원전 9세기까지 다섯 번이나 채용되었다. 이 사실은 북메소포타미아에 거대 국가를 건설한 샴시 아다드 1세와 그 일족의 이미지가 호의적인 평가를 받았고 그런 이유로 이를 모방한 즉위명을 내세우는 인물이 나타났음을 의미한다. 흥미롭게도 후대(기원전 13세기 무렵)에 〈아리시아 왕명표〉가 현재 알려진 서식으로 처음 편집되었을 때는 샴시 아다드 1세가 저지른 아수르 왕위 찬탈의 전말을 거리낌 없이 기록했으며 아무루 계통 조상들의 계보도 그대로 왕명표 서두에 남겨 놓았다.

여기에서 다시 엿볼 수 있듯이 고아시리아 시대 아수르시의 인구구성은 매우 복잡했을 가능성이 있다. 샴시 아다드 1세가 지배한 시대 이후에는 아수르 토착 아카드어 아시리아 방언을 모어로 삼는 사람들과 함께 아무루 계통 사람들도 거주하게 되었을 것이다. 그곳에서는 힘 있는 상인들의 모임이 주도하는 도시 아수르의 전통적 '공화제'와 강력한 왕의 리더십을 바라는 아무루 계통 부족사회의 사회관·정치관 사이에서 긴장 관계가 형성되었을 수 있다. 또한 아수르 주변에는 북메소포타미아의 주요 인구 집단이던 코카서스 지방을 연고지로 하는 후르리Ḫu-ur-ri 계통 민족 언어 집단이 다수 존재했는데 그들도 아수르시의 안팎에서 활동하며 아시리아의 운명에 영향을 주었다고 추정할 수 있다.

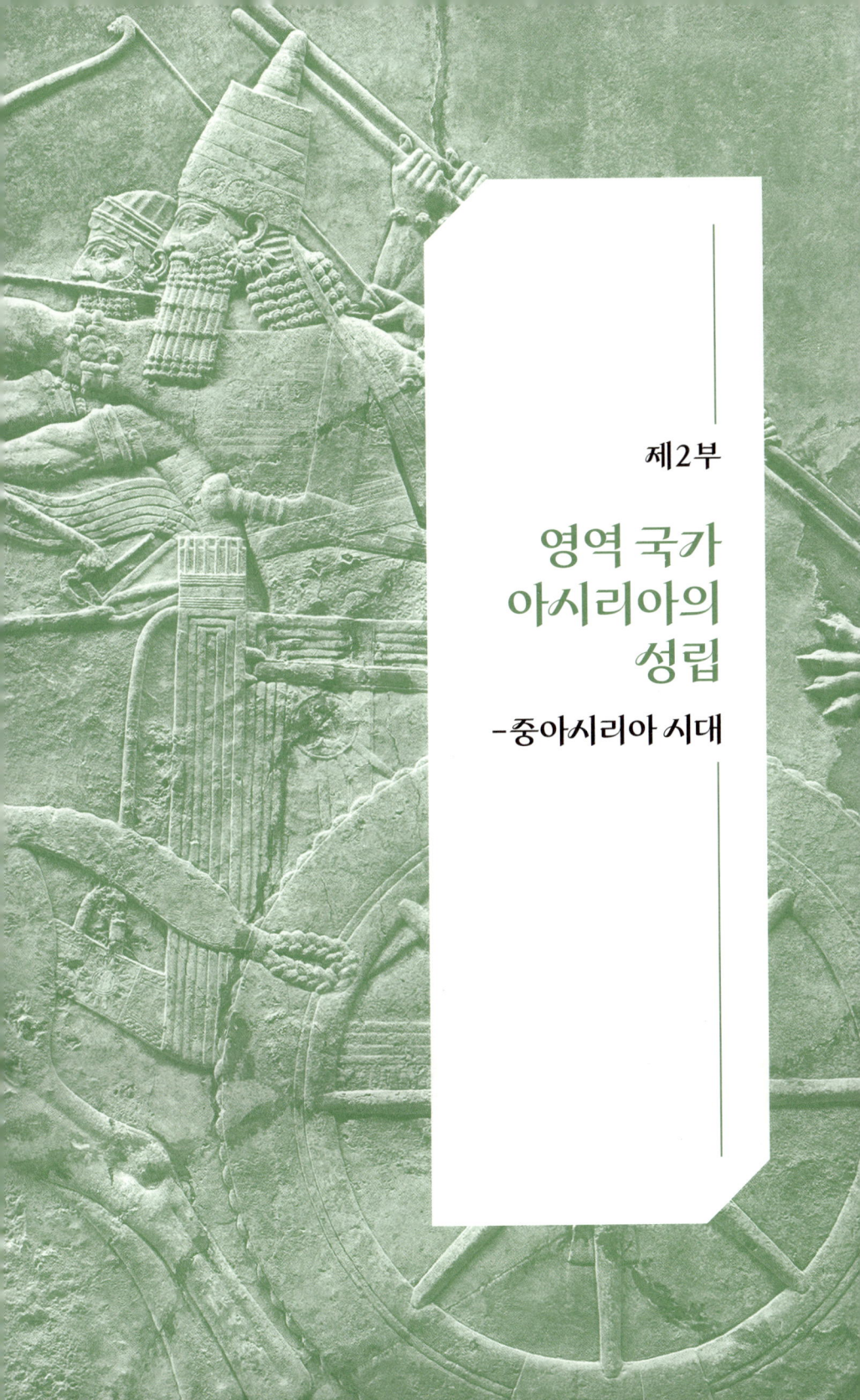

제2부

영역 국가
아시리아의
성립

-중아시리아 시대

제1장

위기 속에서 피어난 영역 국가

❖

아시리아를 위협한 강국, 미탄니의 등장

암흑시대 말기인 기원전 16세기 중반 무렵부터 후르리 계통의 사람들이 일으킨 국가 미탄니Mitanni가 북메소포타미아와 그 주변에서 영향력을 확대해 나갔다. 기원전 15세기 후반에는 그 힘이 정점에 달해 서쪽 시리아에서부터 동쪽 자그로스 산기슭에 이르기까지 북메소포타미아 전역을 직간접적으로 지배했다.

미탄니의 중심 지역이었던 카부르강 삼각지대의 유적에서 문헌 자료들이 발견되기를 기대하는 상황이긴 하지만, 아나톨리아(히타이트), 시리아, 이집트, 메소포타미아 각지에서 발견된 수많은 점토판 문서에서 미탄니가 언급되는 점으로 보아 미탄니가 강력한 국가였음을 충분히 알 수 있다(그림 2-1).

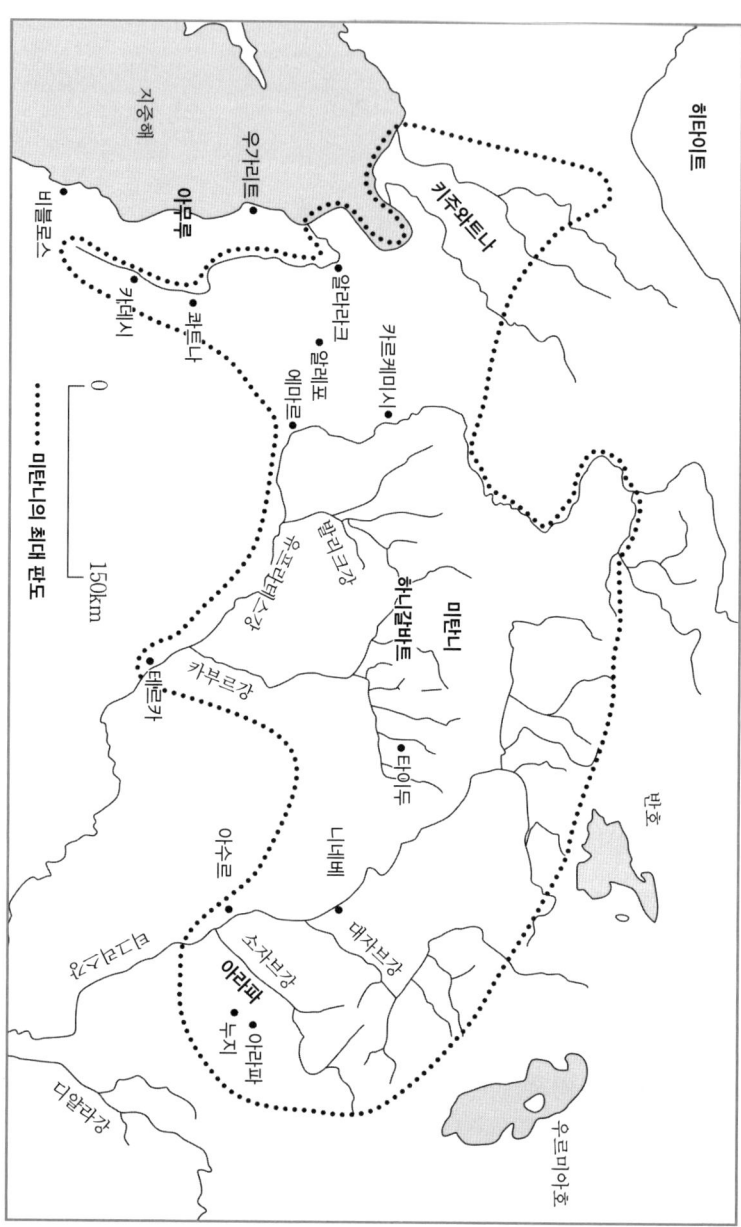

그림 2-1   미탄니의 세력도

하투샤에서 출토된 기원전 14세기의 히타이트 왕 수필룰리우마 Šuppiluliuma 1세와 미탄니 왕 샤티와자Šattiwaza의 조약을 기록해 놓은 점토판 문서는 과거의 양국 관계를 기술하며 미탄니와 아수르의 관계에 대해 언급한다. 그 내용에 따르면 미탄니의 유력한 왕이었던 사우스타타르Shaushtatar(기원전 15세기 중반 무렵)가 아수르에서 은과 금으로 만들어진 문을 빼앗아 미탄니의 수도 와슈칸니Washukanni의 왕궁에 설치했고, 그 문은 훗날 미탄니 왕 슈타르나Shuttarna(기원전 14세기 중반 무렵)가 아수르에 반환하기 전까지 미탄니에 있었다고 한다.

아수르가 금과 은으로 만들어진 문을 어떤 경위로 빼앗겼는지는 기록하지 않았지만 미탄니가 아수르를 공격해 속국화하는 과정에서 아수르가 복종의 증표로 보냈거나 이미 속국이었던 아수르가 미탄니에 반란을 일으켰다가 징벌 원정을 받고 빼앗겼을 가능성이 있다. 어찌됐든 당시 아수르는 미탄니의 정치적·군사적 압박 아래 종속적인 입장에 놓여 있었다고 할 수 있다.

아수르에서 동쪽으로 약 100킬로 떨어진 곳에 있는 도시 누지 Nuzi(현 요르간 테페Jorgan Tepe)의 유적에서 발견한 기원전 1430~1330년경으로 추정되는 점토판 문서들에는 누지가 속한 아라파Arrapha(현 이라크의 키르쿠크Kirkuk-감수자) 왕국에 대하여 미탄니가 종주권을 행사했으며 누지에는 후르리 계통의 이름을 가진 사람들이 많이 거주한 정황이 드러나 있다. 이 사실은 누지보다 지리적으로 미탄니의 본거지에 가까운 아수르가 미탄니의 영향을 받았다는 가정을 뒷받침

그림 2-2 〈아시리아·바빌로니아 대조 연대기〉점토판

한다. 아마 기원전 15세기 중반부터 기원전 14세기 초까지 아수르
는 미탄니에 정치적으로 복종하며 속국의 지위에 머물렀다고 생각
할 수 있다.

이러한 국제 정세에서도 이 시기의 아수르 왕들은 자치를 유지하
며 아수르 주변에 고유 영토를 확보했다. 기원전 15세기에 재위했
을 것으로 추정되는 아수르의 왕들 중 푸주르 아슈르 3세, 아슈르
벨 니셰슈Ashur-bel-nisheshu, 아슈르 나딘 아헤Ashur-nadin-ahhe(1세 또는 2세)
등은 아수르에 새로운 성벽을 만들어 방위를 강화하고 이집트나 바
빌로니아와 독립한 국가로서 외교 관계를 맺은 것으로 확인됐다.

이는 아수르에서 발견한 그들의 건축 기념 비문이나 후대(기원전 8세기)에 아시리아에서 편집한 〈아시리아·바빌로니아 대조 연대기〉를 통해 밝혀졌다(그림 2-2).

✦
고대 외교 전쟁의 생생한 현장, 아마르나 문서

아수르가 다른 여러 도시를 지배하는 영역 국가로 변모한 것은 아슈르 우발리트Ashur-ubalit 1세(재위 기원전 1353~1318년경)가 통치한 기간에 확인할 수 있다. 북메소포타미아의 대국이었던 미탄니에서 왕위 계승을 둘러싼 내분이 일어났고 이를 기회로 삼아 아슈르 우발리트 1세는 미탄니에 대적하여 반란을 계획해 독립을 이루었다. 그리고 주변국에 아수르는 독립한 대국이라는 사실을 알렸다. 그 과정을 단적으로 보여주는 사료가 발견되었는데, 이집트 나일강 중류 지역 텔 엘 아마르나Tell el Amarna 유적에서 출토되어 '아마르나 문서'Amarna letters로 이름 붙여진 점토판 문서군에 포함되이 있다. 그것은 바로 아슈르 우발리트 1세가 이집트의 파라오에게 보낸 편지다(그림 2-3).

'아마르나 문서'는 382장으로 된 쐐기문자 점토판 문서군이다. 대부분이 당시의 국제 공용어인 아카드어로 기록된 국제 외교 서신이다. 1887년 이 문서군이 우연히 발견되면서 곧바로 텔 엘 아마르나의 발굴이 진행되었다. 그 결과 이 장소는 이집트 신왕국 제18왕

그림 2-3 아마르나 서신 15번

조의 왕 아멘호테프Amenhotep 4세(아케나톤Akhenaten)가 건설한 새 수도였다는 사실이 판명되었다. 아멘호테프 4세는 이집트의 전통적 종교 규범에서 벗어나 태양신 아텐 Aten (아톤Aton)을 새로운 국가 신으로 숭배하며 종교개혁의 핵심 도시로서 텔 엘 아마르나에 새 수도 아케타텐 Akhetaten을 건설했다. 이 장소에서 아멘호테프 4세 및 그 전후의 파라오(이집트 왕)들과 서아시아 각지의 왕들 사이의 외교 서신이 발견되었다.

이 서신을 통해 당시 서아시아에서는 여러 국가의 왕들이 서로 편지와 선물을 교환하고 딸을 보내 새로운 가족 관계를 맺는 방식으로 활발한 외교를 펼쳤음을 확인할 수 있다. 약 350점이나 되는 서신 대부분은 이집트의 속국인 시리아·팔레스타인 소국가의 왕들이 파라오에게 보낸 것들이다. 그중에는 남메소포타미아의 바빌로니아, 북메소포타미아의 미탄니, 아나톨리아의 히타이트(하티 Hati), 키프로스섬의 알라시아Alasia, 아시리아 등 이집트와 동등하다고 자부하며 여러 소국을 거느릴 수 있는 패권 국가의 왕이라는 뜻인 '대왕'šarru rabû을 내세우는 대국의 왕들과 주고받은 서신도 40점 넘게 포함되었다. 이러한 서신들은 당시 대국 간의 관계에 대해 귀중한 정보를 제공한다.

✦

아슈르 우발리트 1세의 서신,
파라오에게 당당히 맞선 아시리아의 자존심

아슈르 우발리트 1세가 이집트의 파라오에게 보낸 서신 두 통은 도시 국가 아수르가 영역 국가 아시리아로 변모하며 대국으로 부상한 모습을 명백하게 보여준다. 두 통의 편지 중 일부를 인용한다.

이집트 왕에게 전하라. 아시리아 왕 아슈르 우발리트는 다음과 같이 말하노라. 당신, 당신의 집, 나라, 채리어트chariot(전차), 군대가 평안하길 바라오. 나는 당신과 당신 나라를 방문하기 위해서 당신에게 내 사자를 보내겠소. 지금까지 내 조상들은 (이집트에) 사자를 보낸 적이 없었으나 오늘 나는 당신에게 사자를 보내오. 나는 선물로 좋은 전차 한 대, 말 두 필, 고급 라피스라줄리(청금석)로 만든 대추야자 하나를 보내리다. 방문하기 위해 당신에게 보낸 사자(의 귀국)를 늦춰서는 안 되오. 그는 방문한 후 곧바로 출발해야 하오. 그는 당신의 모습과 당신 나라의 모습을 본 후 (즉시) 출발해야만 하오. (아마르나 문서 15번)

대왕, 이집트의 왕, 내 형제 나푸루리야Naphurureya(=아멘호테프 4세)에게 전하라. 아시리아 왕, 대왕, 당신의 형제 아슈르 우발리트는 다음과 같이 말하노라. 당신, 당신의 집, 나라가 평안하길 바라오. ……내 조상 아슈르 나딘 아헤가 이집트에 사자를 보냈을 때 (이집트인은) 그에게 금 20달란트(1달란트는 약 30킬로그램)를 보냈소. 하니갈바트Hanigalbat(=미탄니)의 왕이 이집트의 당신 부친에게 사자를 보냈을 때 (당신의 부친은) 그에게 금 20달란트를 보냈소. 이미 나는 하니갈바트의 왕과 동격이오. 그런데 당신은 나에게 금 […]만 보내지 않았소? (이래서는 이집트까지) 왕복한 내 사자에게 줄 것도 충분하지 못하오. 당신이 정말로 (양국의) 우호를 바란다면 나에게 금을 많이 보내시오…… (아마르나 문서 16번)

두 편지의 첫머리에 주목하자. 첫 번째 편지에서 아슈르 우발리트 1세는 파라오의 이름을 언급하지 않고 자신을 단순히 '아시리아 왕'이라고 했는데 두 번째 편지에서는 파라오를 '내 형제 나푸루리야(=아멘호테프 4세)'라고 지명해서 불렀다. '형제'로서 대등함을 강조한 후 이집트의 왕과 자신을 모두 '대왕'이라고 했다. 첫 번째 편지는 이집트에 처음 보낸 서신이다. 대국 이집트에 대하여 자신을 조금 낮추면서도 신흥 국가의 왕으로서 당당한 태도를 보이며 이집트 쪽의 반응을 빨리 알고 싶다고 요구한다. 이에 비해 두 번째 편지에서는 대등한 나라라고 확실히 강조한다. 영역 국가 아시리아의 탄생을 더 이상 의심할 여지가 없다.

또한 이전의 도시 국가 아수르의 집정관(왕)들은 건축 기념 비문에서 '아슈르신의 대리인'이라고 일컬으며 '왕'šarrum이라는 칭호를 피했다. 아수르시의 왕은 아슈르신이며 집정관은 그 뜻을 대행하는 데 지나지 않는다고 전통적으로 굳게 생각해 왔다. 하지만 아슈르 우발리트 1세는 이 서신에서 자신을 확실히 '아수르 땅(=아시리아)의 왕'šar māt Aššur이라고 언급했다. 아슈르 우발리트 1세는 아수르의 건축 기념 매장 비문의 경우 아직 전통에 따라 '왕'이라고 말하는 것을 피했다. 그러나 직접 만들게 한 원통 인장에는 '아시리아 왕 아슈르 우발리트—에리바 아다드Eriba-Adad 1세의 아들— 인'이라고 기록되어 있다. 그 후 아슈르 우발리트 1세의 손자 아리크 덴 일리Arik-den-ili(재위 기원전 1307~1296년경)는 건축 기념 비문에서도 자신을 '아시리아의 왕'이라고 했으며 그 이후 역대 왕들은 더 이상 망설이지 않고 '아시리아의 왕'을 자칭하게 되었다.

✤

바빌로니아, 끊임없는 애증의 이웃

북메소포타미아의 신흥 국가인 아시리아 남쪽에는 기원전 18세기부터 대국으로서의 지위를 굳게 유지하며 그 사실을 스스로 인정해 온 전통 국가 바빌로니아가 존재했다. 아슈르 우발리트 1세 시대 아시리아의 부상을 이웃 나라 바빌로니아의 왕 부르나부리아시Burnaburiash 2세는 탐탁지 않게 여겼던 모양이다. 바빌로니아 왕이 이집트에 보낸 서신(아마르나 문서 9번)에서 부르나부리아시는 '내 가족에 지나지 않는 아시리아인들을 당신에게 보낸 기억이 없소. 그들은 왜 멋대로 당신의 나라에 갔을까? 당신이 나와 우호 관계에 있다면 그들이 (이집트에서) 아무것도 구입하지 못하게 하고 빈손으로 보내시오'라며 파라오에게 강한 말투로 호소했다.

이 시기의 아시리아와 바빌로니아의 역학 관계는 아시리아의 우세로 기운 것처럼 보인다. 앞에서 말한 후대의 편년 사료 〈아시리아·바빌로니아 대조 연대기〉와 바빌로니아에서 유래한 '연대기P'*에는 아슈르 우발리트 1세가 딸 무발리타트 세루아Muballitat-Serua를 바빌로니아 왕 부르나부리아시 2세와 결혼시킨 후의 전말이 기록되어 있다. 그 내용에 따르면 부르나부리아시 2세와 무발리타트 세루아 사이에서 태어난 아들이 왕위에 오르고 그 후 반란을 일으킨 사람에게 살해당한다. 그러자 아슈르 우발리트 1세는 군대를 이끌고 바빌로니아 내정에 개입해서 손자의 적을 죽이고 사위 부르나부리아쉬 2세의 다른 아들 쿠리갈주Kurigalzu를 왕으로 세웠다고 한다. 이 연대기에는 그 후에도 아시리아와 바빌로니아 사이에 전쟁과 평화가 반복되었다는 내용이 기록되어 있다.

---

* '연대기P'는 고대 메소포타미아 역사를 기록한 점토판 문서 중 하나로, P는 이 문서를 처음으로 연구하고 편집한 학자인 핀체스Pinches의 앞글자를 따서 붙인 학술적 약호다.

제2장

중아시리아 왕국의 전성기와
그 후의 혼란

✤
하니갈바트를 정복하다

미탄니가 멸망한 후 후르리 계통 사람들이 북시리아 각지에 세력을 유지한 지역을 하니갈바트라고 불렀다. 아다드 니라리Adad-nirari 1세(재위 기원전 1295~1264년경), 샬마네세르Shalmaneser 1세(재위 기원전 1263~1234년경), 투쿨티 니누르타Tukulti-Ninurta 1세(재위 기원전 1233~1197년경)가 통치하는 동안 이 서방 지역을 상대로 아시리아는 끊임없이 군사 원정을 꾀했다. 마침내 하니갈바트를 아시리아의 고유 영토에 넣자 유프라테스강을 사이에 두고 아나톨리아에서 시리아로 진출하는 대국 히타이트(하티)와 대치했다. 이 시대에 히타이트와 아시리아 사이에 주고받은 여러 서신이 히타이트의 수도 하투샤에서 출토되었다.

89

이 서신과 함께 아수르에서 출토된 아시리아의 서방 군사 원정을 기록한 왕 비문 및 행정 문서의 내용을 통해 히타이트와 아시리아가 긴장감 넘치는 외교 관계를 펼쳤음을 확인할 수 있다. 또한 동서로 유프라테스강 대만곡부를 사이에 두고 각지에서 종종 전투를 벌였다는 사실도 알 수 있다.

✦

투쿨티 니누르타 1세, 바빌론을 정복하다

영역 국가로 확립된 아시리아 왕국의 영토 확대는 투쿨티 니누르타 1세의 통치 기간에 정점에 달했다. 투쿨티 니누르타 1세와 히타이트 왕 투드할리야Tudhaliya의 외교 협상이 깨지자 투쿨티 니누르타 1세는 히타이트에 전쟁을 선포했다. 투쿨티 니누르타 1세의 왕 비문에는 시리아에서 히타이트인 2만 8,800명을 포로로 데려왔다고 기록되어 있다. 이 숫자가 과장되었다는 지적도 있지만, 어쨌든 이 전쟁에서의 성공을 뒷받침하듯 그 후 투쿨티 니누르타 1세는 오랜 라이벌이던 남쪽의 바빌로니아에도 공격의 화살을 돌렸다.

양국 간에 남아 있던 영토 문제를 배경으로 아시리아와 바빌로니아 사이에는 전투가 여러 번 일어났다. 아시리아군이 바빌로니아로 여러 번 원정을 떠났다는 사실은 주로 아수르에서 출토된 왕 비문, 행정 문서, 역사문학 문서 자료에 의해 증명된다. 그전까지 주로 신전이나 왕궁, 도시 성벽의 건설 등에 관한 건축 업적을 보고한 아시리아의 왕 비문은 점점 왕의 군사 원정 성과를 과시하는 표현으로 바뀌었다. 특히 투쿨티 니누르타 1세는 커다란 전투 성과로 바빌로니아를 굴복시킨 것을 강조한다. 아수르 왕궁이 관리하는 물품의 출납을 기록한 행정 문서에는 원정을 포함한 여러 사업에 사용된 물품의 내역과 그 사유, 그리고 바빌로니아에서 데려온 포로의 수용에 관한 기록 등이 남아 있다.

〈투쿨티 니누르타 서사시〉라는 작품은 투쿨티 니누르타 1세와 바빌로니아 왕 카슈틸리아시Kashtiliash 4세 사이에 있었던 전투의 결말이 아시리아의 승리로 끝났음을 웅변적으로 서술하고 있다. 이 작품에서는 신들 앞에서 맺은 화평의 맹세를 어기고 아시리아에 불손한 싸움을 건 카슈틸리아시 4세에 맞서 정의로운 왕 투쿨티 니누르타 1세가 적을 격파하고 바빌로니아의 수도 바빌론을 함락해 재물과 귀중한 지적 재산인 점토판 문서를 아수르에 가지고 돌아왔다는 이야기를 전한다.

투쿨티 니누르타 1세는 바빌로니아 왕 카슈틸리아시 4세를 포로로 잡아 아수르로 압송하고 점령한 바빌론에 아시리아의 총독을 두고 이곳을 지배했다. 그리고 카르 투쿨티 니누르타Kar Tukulti Ninurta(뒤에서 설명)에서 출토된 왕 비문에서 자신을 '투쿨티 니누르타…… 아시리아의 왕…… 카르두니아시(=바빌로니아)의 왕, 수메르와 아카드의 왕, 시파르Sippar와 바빌론의 왕, 틸문Tilmun(딜문Dilmun)과 멜루하Meluhha의 왕, 위와 아래 바다의 왕'이라고 말한다. 아시리아와 바빌론의 왕이며 메소포타미아 전역의 왕인 것에 그치지 않고 페르시아만의 바레인Bahrain과 동일하게 여겨지는 틸문과 인더스 지방에 있는 멜루하, 또한 서쪽 지중해부터 남쪽 페르시아만까지 모든 지역의 왕이라고 하는 매우 화려한 칭호를 사용한 것이다. 실제로 아시리아가 고유 영토로 지배한 범위는 이렇게까지 넓지 않고 메소포타미아와 그 주변에 그친다. 시리아의 지배자였던 히타이트 왕국과 페르시아만 교역의 관리자였던 바빌로니아 왕국을 상대로 승리를 거둔 투쿨티 니누르타 1세의 권세가 최고조에 달한 모습을 반영한다.

투쿨티 니누르타 1세의 바빌론 점령과 그 후의 바빌로니아 지배는 바빌로니아의 왕조사에도 전례 없는 대사건이다. 후대에 바빌론에서 유래한 '연대기P'나 '연대기 25'와 같은 역사 문서도 이 사건을 크게 다뤘다. 아시리아가 바빌론을 어떻게 지배했는지는 명확하지 않다. 하지만 아시리아 세력이 바빌론에서 축출되고 바빌론에 원래 있었던 카시트Kassite 계통의 왕조가 회복되기까지는 투쿨티 니누르타 1세가 사망한 후 10여 년의 세월이 걸렸다.

✦

카르 투쿨티 니누르타,
왕의 야망이 빚어낸 새로운 수도

투쿨티 니누르타 1세는 아수르에서 티그리스강 상류로 약 3km 올라간 강 건너편(동안)에 있는 마흐무르Makhmur 평원의 빈터(현재의

그림 2-4　신의 문장 앞에서 예배하는 투쿨티 니누르타 1세를 그린 제단

툴룰 알 아카르Tulul ul Aqar)에 아슈르신에게 제사를 올리는 신전과 자신
의 거주지인 새로운 도시를 건설했다. 신도시는 카르 투쿨티 니누
르타('투쿨티 니누르타의 항구'라는 뜻)로 명명되었다. 1986년부터
1989년까지 독일 발굴단이 조사한 결과 이 도시의 규모가 기존에
알려진 것보다 훨씬 더 방대하다는 사실이 밝혀졌다. 이 도시는 면
적이 240헥타르에 달하고 티그리스 강가를 따라 2,800m×900m의
직사각형 구역에 펼쳐져 있었다. 그 중심에는 벽으로 둘러싸인 사방

800m의 중심지가 형성되었으며 그곳에 왕궁과 신전을 건설했다.

앞에서 설명했듯이 아슈르신과 도시 아수르는 밀접한 관계를 맺고 있었기 때문에 훗날 아시리아 제국기에도 아슈르 신전은 다른 지역에 건설되지 않았다. 또한 아시리아 왕의 즉위식은 반드시 아수르시에 있는 아슈르 신전에서 치러야 했다. 이처럼 아슈르신의 성격과 아시리아에서 아수르시가 지닌 종교문화적·정치적 유일성이라는 전통에 비춰볼 때 신도시 카르 투쿨티 니누르타의 건설은 기존 전통에 대한 도전적 시도가 아니었을까 의문이 든다.

확실히 카르 투쿨티 니누르타는 보기 드물게 엄청난 규모를 자랑하는 특별한 도시였다. 하지만 최근 고고학적 데이터와 문서 사료를 재검토한 결과 남쪽에 인접하는 수도 아수르의 행정·제례 공간의 확대를 의도한 것이었다는 견해가 유력해졌다. 따라서 훗날 신아시리아 시대의 칼후와 같은 새 수도의 건설을 의미하지는 않는 것으로 보인다(그림 2-4).

✦

내우외환과 왕의 암살

아수르에서 출토된 수메르어와 아카드어로 기록해 놓은 기도 문서를 보면 투쿨티 니누르타 1세의 치세 말기에 국내외에서 불온한 사건이 연이어 일어났다는 사실을 짐작할 수 있다. 아슈르신을 향한 이 기도는 투쿨티 니누르타 1세의 치세 말기에 닥친 어려운 상황을 배경으로 다음과 같이 기록되어 있다.

여러 나라가 하나가 되어 당신의 도시 아수르를 에워쌌습니다. 그들은
모두 당신이 당신의 백성을 다스리도록 지명한 목자(왕 투쿨티 니누르타 1세)
를 증오하고 있습니다. 당신이 호의적인 도움을 제공한 땅의 모든 지역
이 당신을 경멸합니다. ……당신의 적들은 당신의 [거성]을 노려보고 있
습니다. 그들은 힘을 합쳐서 당신의 나라를 약탈하려고 합니다. (KAR 128)

투쿨티 니누르타 1세의 치세 말기에 어떤 위기 상황이 닥쳤는지
는 자세히 알 수 없지만 그 통치는 비극적인 최후를 맞이했다. 왕의
아들이 반란을 일으켜 왕을 암살한 것이다. 〈아리시아 왕명표〉는
아들 아슈르 나딘 아플리Ashur-nadin-apli가 왕위를 찬탈했다고 간결하
게 기록했다. 바빌로니아에서 유래한 '연대기P'는 투쿨티 니누르
타 1세의 바빌론 정복 기사에 이어서 그 후에 일어난 바빌로니아의
독립운동과 투쿨티 니누르타 1세의 암살을 조합하여 다음과 같이
기록했다.

카르두니아시(바빌로니아)의 유력한 아카드인들이 (아시리아에 대항하여) 반
란을 일으켰고 아다드 슈마 우수르Adad-shuma-usur를 그의 아버지 왕위에
올렸다. 그 후 바빌론에 악행을 저지른 투쿨티 니누르타의 아들 아슈르
나친 아플리(아슈르 나딘 아플리를 잘못 기록함)와 아시리아의 유력자들이 그

(투쿨티 니누르타)에게 반란을 일으켜 그를 왕좌에서 몰아내고 카르 두쿨티 니누르타에 있는 방 하나에 감금한 뒤 칼로 그를 살해했다.

✤

아시리아 내부의 권력 쟁탈

투쿨티 니누르타 1세가 암살된 후 15년 정도는 그의 아들과 손자 3대에 걸쳐 짧은 통치가 이어졌다. 그 후 중아시리아 시대에 이르기까지 하나의 혈통으로 독점되었던 아시리아의 왕통이 흔들리기 시작했다. 아시리아 왕가의 방계에 해당하는 니누르타 아필 에쿠르 Ninurta-apil-Ekur(재위 1181~1169년경)가 바빌론을 아시리아의 지배에서 벗어나게 하고 바빌론 왕이 된 아다드 슈마 우수르와 결탁했다. 그리고 투쿨티 니누르타 1세의 아들이자 왕이었던 엔릴 쿠두리 우수르Enlil-kudurri-usur(재위 기원전 1186~1182년경)를 포획해 바빌론에 넘겨주고 아시리아의 왕위를 찬탈했다.

계략과 배신이 뒤섞인 복잡한 정쟁은 아시리아와 바빌로니아의 역사 문서(앞에서 말한 연대기)와 바빌로니아에서 아시리아의 유력자에게 보낸 서신 대조를 통해 밝혀졌다. 니누르타 아필 에쿠르는 아시리아의 서방 영토 전역을 통치하는 대재상sukkallu rabi'u으로서 부왕에 필적하는 지위에 있던 일리 파다Ilī-padâ의 아들이며, 일리 파다는 7세대 전의 왕 에리바 아다드 1세(재위 기원전 1380~1354년경)의 후예에 해당한다. 이후 아시리아의 왕통은 일리 파다와 니누르타 아

96

필 에쿠르의 혈통으로
계승되었다.

그러나 아수르에서
출토된 행정 문서를 통
해 니누르타 아필 에쿠
르의 왕위 찬탈은 아시
리아 국내에 혼란을 가
져왔고 서쪽의 행정주

그림 2-5 니누르타 투쿨티 아슈르 문서고 출토 문서

들은 납세를 거부하며
중앙정부를 배반한 사실이 확인되었다. 이러한 반란은 단기간에
수습되지 않았고 아시리아 왕국의 정치적 통일성이 오랫동안 동요
했다.

✦

니누르타 투쿨티 아슈르의 문서고,
혼란 속에서도 살아남은 행정의 기록

왕궁이나 신전이 늘어선 아수르시 구역의 북쪽 한 구획에서 단지
에 든 행정 문서(점토판) 115점이 발견되었는데 이를 'M6 아카이브'
라고 불렀다. 연구 결과 이 문서들은 아슈르 단Ashur-dan 1세(재위 기원
전 1168~1133년경)의 치세 중에 왕세자 니누르타 투쿨티 아슈르Ninurta-
tukulti-Ashur가 행정을 대행한 약 1년간을 기록해 놓은 문서군이었다.

97

이는 왕세자에게 공물로 바친 가축의 출납을 관리한 기록이라는 사실이 판명되었다(그림 2-5).

  'M6 아카이브'에 기록된 가축의 출처를 조사하면 당시 아시리아 고유 영토의 대략적인 면적을 알 수 있다. 그 범위는 북서로 카부르 강 삼각지대, 남서로 유프라테스 중류 지역, 그리고 티그리스강 동쪽으로 자그로스의 서쪽 기슭까지 이르렀다. 또한 이 시대를 포함하여 기원전 12세기 내내 티그리스강 동안에서는 동쪽에서 티그리스강으로 흘러들어오는 지류인 소자브강 주변 지역의 영유권을 둘러싸고 북쪽의 아시리아와 남쪽의 바빌로니아 왕국 사이에서 여러번 전쟁이 일어난 사실이 〈아시리아 · 바빌로니아 대조 연대기〉에 기록되어 있다.

제3장

영토 재확대와
왕국의 쇠퇴

✦

티글라트 필레세르 1세와 연대기

티글라트 필레세르Tiglath-pileser 1세(재위 기원전 1114~1076년)의 치세
에 들어서자 아시리아는 다시 영토의 확보와 확장을 목표로 삼았
다. 티글라트 필레세르 1세는 아시리아의 왕으로서 처음으로 해마
다 원정 기록을 연대순으로 나열해 보고하는 형식의 연대기를 만들
게 했다.

왕의 즉위 연도부터 치세 5년까지의 군사행동을 연대순으로 상
세히 기록한 이 연대기는 수많은 각기둥에 새겨졌으며 아수르의 아
누 아다드 신전이나 지구라트 주변 등에 건설 기념물로 매설되었
다. 유례없는 상세한 원정 기록을 포함한 이 연대기에서 치세 초기
의 군사행동을 자세히 알 수 있다. 그리고 5년 동안 각지에서 이룬

그림 2-6　티글라트 필레세르 1세의 각기둥 비문

군사 업적이 상세하게 기록된 연대기에는 그 내용이 다음과 같이 요약되어 있다.

즉위한 지 5년 안에 자브강 하류 건너편의 먼 산들부터 유프라테스강 맞은편, 하티의 나라들, 서쪽 위의 바다까지 총 42개 국과 그 지배자들을 정복했다. 그들을 한데 합쳐서 지배하고 그들에게서 인질을 잡아 해마다 공물과 세금을 부과했다.

또한 수소, 코끼리, 사자를 비롯한 야생 짐승의 사냥, 각지에서의 궁전 건설, 방위 정비, 초식동물 사육과 신들에 대한 헌정, 목재의 벌채 및 조달 등 다양한 업적을 언급하며 '전례가 없을 정도로 많은 전차와 말을 멍에로 연결했다. 아시리아에 나라들을 더하고 그 사람들에 더 많은 백성을 더했다'라며 자신의 위업을 자랑했다(그림 2-6).

✤
아시리아의 달력과 왕의 치세 기간

티글라트 필레세르 1세 시대는 아시리아의 역법에 변화가 생긴 시대이기도 했다. 아시리아에서는 고아시리아 시대 이후 달의 운행을 토대로 지방 제례 등에 근거한 독자적인 월명 12개를 정해 놓았다. 음력 초하룻날부터 다음 달 초하룻날까지의 기간은 천문학적으로 약 29.5일이며 각 월의 길이는 29일이나 30일이다. 그래서 몇 년에 한 번 윤달을 넣어서 약 365일로 한 바퀴를 도는 태양력에 일치하도록 조정했다. 아시리아의 신년이 원래 어느 계절에 시작되었는지 여전히 밝혀지지 않았지만 동지의 계절이었을 가능성이 논의되고 있다.

이에 비해 메소포타미아 남부(바빌로니아)의 각 도시에서는 기원전 3000년대에 각 도시의 제례를 기반으로 역법이 개별적으로 정해져 있었으나 기원전 2000년대 전반 바빌론 제1왕조 시대 이후 봄을 신년으로 하는 니푸르시에서 유래한 태음대양력(바빌로니아력)으로 통일되었다. 따라서 아시리아와 바빌로니아는 서로 다른 월명을 사용했다.

그러나 티글라트 필레세르 1세의 통치 중반부터는 아시리아에서도 바빌로니아력을 사용하게 되었다. 아시리아력은 사회 일반에서 유명한 지역 달력이 되었는데 신기하게도 언제부터인지 윤달을 넣지 않고 현재의 이슬람력처럼 태음태양력과 조금씩 어긋나게 순환하는 순수 태음력으로 바뀌어 갔다.

이 책에서 이후에 거론하는 월명은 티글라트 필레세르 1세의 치세 이후 아시리아와 바빌로니아에서 공통으로 사용한 '바빌로니아력'의 월명(니산누, 아야루, 시마누, 두무지, 아부, 울룰루, 타슈리투, 아라흐삼나, 키스리무, 테베투, 샤바투, 아다루)이다. 바빌로니아력의 1년은 봄(오늘날의 3/4월)에 시작되어 이듬해 봄에 끝나기 때문에 오늘날 서양력의 2년에 걸친다. 하지만 이 책에서는 번거로움을 피하기 위해서 정확히는 서양력 '기원전 1114/1113년'을 '기원전 1114년'으로 표기하는 것을 원칙으로 한다.

사소하지만 왕이 통치한 각 연도를 어떻게 부를까 하는 문제가 있다. 앞에서 말했듯이 아시리아에서는 각 연도를 전통적으로 '림무 아무개의 해'로 하고 림무로 각각의 연도를 불렀다. 한편 남쪽의 바빌로니아에서는 이를테면 '왕이 즉위한 해', '왕이 ○○ 운하를 건설한 해'와 같이 각 연도에 그 전해에 일어난 사건을 이름으로 정하는 방법을 취했다. 하지만 기원전 2000년대 후반부터 '왕의 제○년'으로 왕의 치세 몇 년째인가로 연도를 표시했다. 또한 이 '왕의 통치 연도' 방식은 점점 아시리아에서도 비공식적으로 사용되기 시작했다.

여기서 주의해야 할 점은 언제를 왕의 치세 1년으로 하는가라는 점이다. 예를 들어 일본의 연호는 기존의 왕이 사망해 새로운 왕이 즉위한 해를 새 왕의 재위 1년으로 세어서 치세 1년은 1년보다 기간이 짧다(비즉위년 방식). 이에 비해 메소포타미아의 '왕의 통치 연도' 방식은 왕이 즉위한 해를 '즉위년'으로 하고 정식 '치세 1년'이 이듬해부터 시작되는 '즉위년 방식'이다. 이 책에서는 왕의 재위 연도를 서양력으로 표시할 때 즉위년(시작이 종종 명료하지 않음)이 아니라 정식 '치세 1년'부터 사망하는 해까지를 재위 연도로 기록한다.

✛
동지중해 세계의 혼란

기원전 1200년 이후 아나톨리아, 시리아·팔레스타인, 이집트에 이르는 동지중해 전 지역은 에게해 지방에서 일정한 간격을 두고 습격해 온 이른바 '바다 민족'으로 인해 큰 혼란을 겪었다. 무슨 일이 일어났는지 자세히 밝혀지지는 않았지만 그 결과는 명백하다. 크고 작은 왕국이 소멸되고 수많은 도시가 파괴되었다.

에게해에서는 미케네 문명이 멸망하고 아나톨리아에서는 히타이트 왕국이 멸망했으며 시리아에서는 많은 도시가 파괴되어 도시 왕권이 무너졌다. 그리고 그 후 기원전 1000년 무렵까지는 펠리시테 Pelishte의 여러 도시(팔레스타인 남부 해안), 이스라엘 왕국, 아랍 유목민 집단, 시리아의 신히타이트 계통 국가들과 아람 계통의 여러 나라 등이 신흥 세력으로 대두한다.

이러한 극적인 변화의 소용돌이 속에서도 아시리아의 서방 지역은 그다지 큰 타격을 입지 않았다. 티글라트 필레세르 1세의 각종 비문은 왕이 히타이트 멸망 후에 아나톨리아에서 대두한 무스키 Mushki(프리기아Phrygia)와 같은 먼 나라에 싸움을 걸었고 끊임없이 유프라테스강을 넘어서 원정했으며 지중해에 이르러 아르바드Arvad, 시돈Sidon, 비블로스Byblos 등 페니키아 도시들로부터 조공을 받았다고 기록했다. 또한 이란이나 이집트와 같은 먼 곳에서 야크나 돌고래로 보이는 귀한 짐승을 얻었다고도 기록했는데 티글라트 필레세르 1세의 군사행동 범위는 이전의 아시리아 왕 중에서도 두드러졌다.

〈아시리아 · 바빌로니아 대조 연대기〉에는 티글라트 필레세르 1세가 바빌로니아와 티그리스강 동쪽에서 영토를 두고 싸운 후 두르쿠리갈주Dur-Kurigalzu, 시파르, 바빌론을 점령했으며 유프라테스강 중류 지역을 지배한 사실도 기록되어 있다. 바빌로니아로 떠난 여러 번의 원정에 관하여 기록하는 티글라트 필레세르 1세의 점토판 비문에 따르면 바빌론의 왕 마르두크 나딘 아헤Marduk-nadin-ahhe의 왕궁을 다 태워버렸다고 한다.

✦

아람계 여러 부족의 침입

왕 비문에 기록된 화려한 군사행동에도 불구하고 티글라트 필레세르 1세의 세력 확대 방침은 큰 난관에 부딪혔다. 왕의 비문은 군사 작전의 눈부신 성공을 주장하지만 실제로는 왕의 치세 초기부터 아시리아 군사력의 상당 부분이 시리아 사막의 바깥쪽에서 유프라테스강을 지나 메소포타미아 각지로 침입해 오는 여러 아람계 부족을 격퇴하는 데에 허비되었다.

티글라트 필레세르 1세의 수많은 왕 비문에는 왕이 빈번히 출정하여 아람인들을 격퇴했다고 기록되어 있다. 그러나 사실 아람인들은 고정된 근거지를 두지 않고 끊임없이 이동하며 기습을 감행한 유목 집단이었기 때문에 그 실체를 파악하기 어려웠고, 이러한 공격으로 인해 그의 치세 후반에는 아시리아의 광역 지배가 심각한 타격을 입었다. 왕의 업적을 찬양하는 왕 비문의 기술과는 정반대로, 삼인칭의 역사 편년 기록인 아시리아에서 유래한 연대기에 단편적으로 남은 기술에는 다음과 같이 티글라트 필레세르 1세 시대의 상황을 전혀 다르게 기록한다.

[…기근이 들어] 사람들은 [살기 위해서] 제 살을 서로 탐했다[…] 여러 아람인 부족은 [증가했고 아시리아의 수확을(?)] 훔쳤다. 그들은 [수많은] 아시리아[의 요새를] 정복해 강제로 빼앗았다. [사람들은] 목숨을 구하기 위하여 하부루리Haburuli(북쪽의 험준한 산악지대를 의미하는 말-감수자)의 산으로 [도망쳤다]. 그들(아람인들)은 그들(아시리아인들)의 금은을 빼앗았다. …… 아시리아의 수확은 완전히 타격을 입었다. [여러 아람인 부족은] 늘어났고 티[그리스강] 강가를 장악했다. […] 니네베와 킬리[스Kilis]의 요새를 [약탈했다]. (MC, no. 15)

　니네베와 킬리스Kilis가 위치하는 아시리아의 중심 지역도 아람계 사람들에게 약탈당해 식량과 재산을 잃은 아시리아인이 동쪽의 자그로스 산악 지역으로 도망치기도 했다. 티글라트 필레세르 1세의 후계자인 아샤레드 아필 에쿠르Ashared-apil-Ekur(재위 1075~1074년)와 아슈르 벨 칼라Ashur-bel-kala(재위 1073~1056년)도 아람계 집단의 압력에 군사적으로 대항한 것으로 보인다. 아시리아의 아람계 집단에 대한 전선은 급속히 후퇴했고 아시리아 영토는 기원전 11세기에 티그리스강 중류의 중심 지역으로까지 축소되었다. 기원전 13세기에 확보했던 아시리아의 고유 영토 '아수르의 땅'을 상당 부분 잃었다. 한편 여러 아람계 부족은 메소포타미아와 시리아의 각지에 수많은 소왕국을 건설하고 그곳에 정착했다.

제4장

아시리아를 지탱하는
국가의 틀

행정 제도와 왕의 신분

영역 국가 아시리아는 어떻게 운영되었는지 아시리아의 행정체계를 살펴보자. 아시리아 중심부인 아수르, 카르 투쿨티 니누르타, 쉬바니바Shibaniba(현 이라크 텔 빌라Tell Billa−감수자)에 더해 아시리아 변경 각지의 유적에서 중아시리아 시대 중 기원전 13세기부터 기원전 11세기 중반까지의 행정 문서고가 발견되었다. 서쪽의 카타라Cattara(현 텔 엘 리마하), 아드만누(현 텔 알리), 두르 카틀림무Dur-Katlimmu(현 시리아의 동부 카부르 강변의 텔 셰이크 하마드Tell Sheikh Hamad−감수자), 타베투Tabetu(현 텔 타반Tell Taban), 카하트Kahat(현 시리아의 텔 바리Tell Barri−감수자), 와슈칸니Washukanni(현 텔 페케리예Tell Fekheriye), 하르베Harbe(현 텔 쿠에라Tell Chuera), 텔 사비 아브야드Tell Sabi Abyad(고대명 알 수 없음), 텔 프라이

Tell Fray(고대명 야하리샤Yakharisha 또는 샤파루Shaparu로 추정-감수자), 툰느
샤 우지비Tunu sha Uzibi(현 지리자노Girizano), 또한 티그리스강 상류 지역
의 마르다만Mardaman(현 바세키Bassetki)이 있다. 그 문서고에 포함되는
점토판 문서(행정 문서, 서신 등)는 통일된 서식으로 쓰였으며 아시리
아의 영역 안이나 영향권 각지에서의 가축, 곡물, 노동자의 관리,
정치적 사건, 교통 시스템, 외교 등에 대해 알려준다. 이를 통해 중
앙과 지방의 관계나 아시리아 왕국의 행정과 재정 구조의 내부 상
황을 어느 정도 엿볼 수 있다.

중아시리아 시대에는 고아시리아 시대의 '집회'와 같은 아수르의
도시 엘리트들이 공동으로 나랏일을 주도하는 행정 조직은 찾아볼
수 없다. 아수르에 과거 도시 행정을 담당하던 기관인 알룸alum의 흔
적이 남아 있긴 하지만, 실제 기능은 대부분 상실되어 도량형의 기
준인 추를 보관하는 정도의 역할만 유지하고 있을 뿐이었다. 아시
리아 왕은 단순한 '집정관'이나 직위가 높은 '대인大人'이 아니라 국
가 경영에 절대적 주권을 잡은 자칭 '아시리아 왕'임을 내세우는 당
당한 존재였다. 그 밖의 왕 비문에서는 아시리아 왕을 '엔릴신의 고
귀한 신관'이라고 표현하기도 했다. 이는 예로부터 메소포타미아
세계에서 신들 중 지도자로 평가된 엔릴신과 동일시되는 아슈르신
의 제사를 주관하는 신관이라는 뜻이며 국가적 신전 제사의 중심에
있음을 의미했다. 왕 비문은 왕이 세계의 백성을 거느리는 '목자'이
며 신전의 건설자이자 국가의 최고 재판관이기도 하다는 점을 강조

했다. 그래서 정치적으로나 종교적으로나 흔들림 없이 나라의 정점에 군림하는 존재로 여겨졌다.

✤
행정주 분할, 거대해진 영토를 통제하는 치밀한 설계

국가의 영토 '아수르의 땅(아시리아)'은 이념적으로는 아슈르신에 귀속하며 그 대리인인 왕이 통치하는 것이었으나 국토는 수많은 행정주pāhutu로 분할되어 행정주 장관bēl pāhete이 관리했다.

기원전 11세기의 납세 목록에는 약 30개의 행정주 이름이 남아 있다. 각 행정주에 배치된 행정주 장관은 주에 있는 왕가 직할령(왕령)의 곡물 생산, 수확, 보관, 배분을 수행했고 그 외에도 주의 백성을 징용하여 식량이나 필수품 분배를 담당해 백성의 생활을 보장했다. 또한 공격적인 유목 집단이나 반란자에 대항하여 치안을 유지하거나 요새 등의 방어 시설을 갖췄다. 또 주를 통과하는 대상, 유목 집단, 외교 사절에게 식량과 서비스를 제공하는 것도 행정주의 관리자에게 기대되는 역할이었다.

왕은 중앙에서 왕의 대리인qēpu을 각지로 보내 각 행정주의 곡물 수확과 양치기의 가축 경영 성과를 기록하게 하고 수도 아수르에서 기록(점토판)을 보관했으며 '아수르주의 행정장관'이 최종적으로 아수르에 들어오는 모든 수입을 기록했다.

✦ 중앙 행정과 서방 거점 도시 두르 카틀림무

나라의 행정을 주관하는 왕은 아수르와 각 지방에 있는 왕궁 사이를 자주 이동했다. 왕을 둘러싼 왕궁 조직에 소속된 주요 궁정 관료의 직위로는 왕궁 보도관nāgir ekalle, 감사 주임rab zāriqē, 내궁정 의사asû ša bētāni, 궁내경mašennu 등이 알려져 있다. 그중에서도 주요 관직인 궁내경은 왕궁의 집사로서 왕가의 창고와 재무를 관리했으며 수공업자에 대한 재료 배급과 제품 납입, 교역품의 수출입, 공납품 점검 등 전반을 관리했다. 또한 왕을 지원하는 집무자로서 태정관sukkallu 여러 명이 있었는데 태정관들의 정점에 있는 '대재상'은 앞에서 말했듯이 왕에 필적하는 권력자였다. '하니갈바트의 왕'으로도 불리며 왕가의 방류 혈통을 가진 사람이 그 지위에 올랐다.

대재상의 거점 도시 두르 카틀림무는 시리아 북동부, 카부르강 하류를 따르는 동안에 위치한다. 기원전 13세기 이후 두르 카틀림무는 대초원 지대를 횡단하는 가장 짧은 길로 수도 아수르와 연결되었고 아시리아 왕국의 행정주 도시일 뿐만 아니라 왕국의 서방 영역 지배 거점으로 기능했다. 텔 셰이크 하마드에서는 1978년부터 2010년까지 하르트무트 퀴네Hartmut Kühne가 이끄는 독일 발굴단이 조사를 시작해 기원전 13~12세기의 점토판 문서(행정 문서, 서신) 약 400점을 포함하는 문서고를 발견했다. 그 문서에는 운하 등 수리 시설 관리와 대맥과 소맥, 깨, 채소 등을 재배하는 모습이 기록

되어 있으며, 아시리아에서의 토지 개발과 토지 운영 상황을 알려
준다.

✤

군제와 지방 왕국의 자치권

이 시대에 엄밀한 의미에서의 상비군이 존재한 것으로 보이지는
않는다. 다만, 왕 외에 아시리아의 행정을 담당하는 관료였던 군장
軍長, turtānu, 태정관, 왕궁 보도관 등이 군을 이끈 것으로 추정된다.
또한 주로 노동 의무의 일부로서 봉토나 녹을 받은 국민이 병사로
징용되었는데 좀 더 전업적인 군인 집단şābū kaṣrūte도 알려져 있다. 유
력한 관리들은 농민을 고용해 대토지를 경영하고 농업 촌락dunnu을
조직하여 비축한 곡물을 빌려주고 이자를 받아 부를 축적한 사실이
각지에서 출토된 행정 문서나 서신을 통해 밝혀졌다.

군사 원정과 영토 확장 과정에서 수많은 외국인이 아시리아 국가
의 각 지역에 흡수되었다. 특히 하니갈바트라고 불린 서쪽 영토에
거주한 후르리 계통 주민과 바빌로니아(카시트)인은 아시리아의 중
심 도시에서 노동에 징용되었다. 또한 아람인과 수투Sutû인으로 불
린 유목 집단도 아시리아의 행정에 편입되거나 계약 관계를 맺어
아시리아 사회에 흡수되었다.

아시리아의 영역 지배는 완전히 하나로 통합된 체제는 아니었다.
일부 지방 왕국이 자치권을 유지하며 아시리아 영내에서 본토와 떨

어진 독립된 영토로 존속한 사례도 확인되고 있다. 예를 들면 1997~ 1999년과 2005~2010년에 일본 고쿠시칸國士舘대학교 조사단이 발굴한 시리아 북동부 하사케Hassake주, 카부르강 중류 지역의 텔 타반 유적에서는 400점이 넘는 쐐기문자 문서(행정 문서, 서신, 왕 비문 등)가 출토되었다. 출토 문서를 분석한 결과 '마리 왕국의 왕'으로 알려진 왕들의 왕조가 아시리아의 영향을 받으면서도 중아시리아 시대에 걸쳐 독립을 유지한 사실이 밝혀졌다.

아시리아 국가의 정치·행정·사회에 관한 정보는 그 후 아시리아의 국력 저하와 함께 기원전 11세기 말에 끊겼으며 이때 중아시리아 시대도 종말을 맞이한다. 그리고 한동안 정보 공백의 시대가 지나간 후 아시리아 왕국의 새로운 번성과 함께 '신아시리아 시대'가 막을 연다.

제3부

제국으로
향하는
서곡

제1장

재정복과 새 질서

❖

신아시리아 시대, 잃어버린 땅을 찾아서

중아시리아 시대가 왕국의 쇠퇴와 함께 종말을 맞이한 후 기원전 10세기부터 아시리아 왕국이 멸망한 기원전 8세기 말까지 350년 정도의 기간을 '신아시리아 시대'라고 한다. 기원전 10세기 중반까지도 여전히 쇠퇴기에 있던 아시리아는 기원전 10세기 후반부터 기원전 9세기에 걸쳐 중아시리아 시대에 한 번은 확보했던 영토 '아수르의 땅'을 회복하기 위해 티그리스강 중류 핵심 지역에서 주변 각지로 자주 군사 원정을 나섰다(재정복기).

그 후 기원전 9세기 후반부터 기원전 8세기 중반까지 약 100년 동안 아시리아의 지방 행정주 지사들이 회복한 영토를 통합하기 위해 왕권에 필적할 정도로 큰 권력을 휘두른 시대(분권화 시대)를 거친다. 그리고 기원전 8세기 중반부터 권력이 왕에게 집중되어 더 큰 영토 확장을 계획하며 제국기가 도래한다.

✦

재정복의 시작

아슈르 단 2세(재위 기원전 934~912년)의 치세는 쇠퇴기에서 벗어나는 것을 알렸다. 왕의 기념 비문은 아슈르 단 2세가 아시리아 중심부에서 북동과 북서 방향으로 군사 원정을 떠난 것을 기록했다. 북서쪽 카부르강 삼각지대에서는 카트무후Katmuḫu의 소왕국을 공격해 그 왕을 사로잡고 허수아비 왕을 세워 속국으로 삼았다. 이렇게 시작된 '아수르의 땅' 회복에서는 당초 정복 지역을 통째로 아시리아의 고유 영토로 병합해 행정주로 재편하지 않고 지방 영주의 주권을 인정한 채 정치적으로 종속시키는 방법을 채용했다. 한편 종속된 지역에는 아시리아인을 이주시켜 점점 아시리아의 영향력을 강화해 나갔다. 그 모습을 아슈르 단 2세의 비문은 다음과 같이 기록했다.

[…]기근[…] 때문에 다른 땅으로 '도망치느라 지친' 아시리아의 '백성'을 데리고 돌아왔다. […] 여러 지역에 [왕궁을] 건설하고 가래를 [(가축에) 연결해서] 이제껏 유례없을 정도로 많은 양의 곡물을 [쌓아 올렸다] (RIMA 2, A.0.98.1: 60-67)

그 후에도 아시리아의 군사 원정은 활발하게 반복되었다. 아다드 니라리 2세(재위 기원전 911~891년)와 투쿨티 니누르타 2세(재위 기원 전 890~884년)가 통치하는 동안 원정은 동쪽에서는 소자브강을 넘 어 자그로스 산기슭에 이르렀으며 서쪽에서는 카부르강 삼각지대 의 나시비나Naṣibīna(현 누사이빈Nusaybin), 구자나Guzana(현 텔 할라프Tell Halaf)와 남쪽의 카부르강 하류 지역에 흩어져 있는 여러 소왕국을 속 국으로 삼아서 공물을 얻었다. 투쿨티 니누르타 2세의 군대는 서쪽 으로 더욱 진군해 발리크강Balikh River에 이르렀고 후지리나Huzirina(현 튀르키예의 술탄테페Sultantepe)를 경유해서 아나톨리아의 무스키와 전 쟁했다.

제2장

아슈르나시르팔 2세와
새 수도 칼후

✤

정복 전쟁에 이은 아시리아 지배 강화

투쿨티 니누르타 2세의 후계자 아슈르나시르팔Ashur-nasir-pal(원어로는 아슈르 나시르 아플리Aššur-nāṣir-apli) 2세(재위 883~859년) 시대에는 재정복 2단계에 접어들어 아시리아는 당시 서아시아에서 가장 큰 왕국이 되었다. 아슈르나시르팔 2세는 장문의 기념 비문을 많이 남겼는데 자신의 군사 원정에 대해 상세히 기록했다.

아슈르나시르팔 2세는 동쪽으로 자그로스 산맥 서쪽 기슭의 자무아Zamua 지역(오늘날 이라크 쿠르드 지역 술레이마니야Sulaymaniyah주), 북쪽으로는 반호 주변을 거점으로 하는 우라르투Urartu 왕국, 서쪽으로는 유프라테스강 중류 지역에서 커다란 세력을 가진 비트 아디니Bit-Adini 등으로 원정을 떠나 수많은 나라를 속국으로 삼았고 각국에 거점 도시를 건설해 아시리아의 지배를 강화했다. 또한 더욱 진군해 지중해에 이르러 북시리아의 아람계·신히타이트계 나라들과 지중해 연안의 페니키아계 도시 국가들을 복속시켜 공물을 받았다.

이러한 원정에서 획득한 전리품과 공물을 통해 축적된 방대한 부는 아시리아 중심부의 아수르, 니네베, 임구르 엔릴Imgur Enlil(현 이라크 니네베주 발라와트Balawat-감수자) 등에서 시행한 건설 사업에 투자됐다. 특히 칼후에서 시행한 새 수도 건설은 주목할 만하다.

✦
새 수도 칼후 건설

칼후는 아수르에서 북쪽으로 약 70km 떨어져 있으며 남쪽의 아수르, 북쪽의 니네베와 아르벨라라는 세 주요 도시가 만드는 삼각지대의 중앙, 티그리스강과 그 지류인 대자브Great Zab강의 합류점 바로 북쪽이라는 교통 요충지에 위치했다. 이곳은 특히 아슈르신과 이슈타르Ishtar 여신의 주요 제례 중심지였던 아수르와 니네베에 대해서 중립적인 장소였다. 그와 동시에 아수르에 오랫동안 거주한 유력한 엘리트 일족을 행정의 중심에서 멀리 떼어놓음으로써 왕에게 권력을 집중시키는 데에도 매우 유리했다. 실제로 기원전 9세기 이후 왕의 충실한 신하인 환관이 고위 관직에 오르는 경향이 높아진다는 사실도 중앙집권을 목표로 한 조치를 뒷받침한다. 새로 건설된 수도 칼후의 시장을 환관 네르갈-아필-쿠무아Nergal-apil-kumua(쿠

무 지역의 네르갈(신)의 아들 또는 후계자(아필)라는 뜻–감수자)가 맡은 것
도 상징적이다.

칼후는 중아시리아 시대의 기원전 13세기에 샬마네세르 1세가
건설해서 행정주 도시로 삼았으나 그 후 황폐해졌다. 칼후에 아슈
르나시르팔 2세가 건설한 성채의 각 부분에서 발견된 왕 비문은 도
시 칼후의 건설에 대해 다음과 같이 기록한다.

나보다 앞선 왕이었던 샬마네세르 1세가 건설한 도시 칼후는 황폐해져
잠든 것처럼 폐허가 되었다. 나는 그 도시를 재건했다. 나는 수후Suhu(현
이라크 서부의 하디사Haditha 인근을 포함하는 지역-감수자)의 땅, 자무아의 땅, 비
트 아디니, 하티, 파틴Pattin의 루바르나Lubarna 등 내가 지배권을 손에 넣은
나라에서 내가 복종시킨 백성을 데려와 그들을 칼후에 정착시켰다. 나는
대자브강에서 운하를 파고 이를 팟티-헤갈리patti-hegalli(풍요로운(헤갈리) 운하
(팟티)라는 뜻)라고 이름을 붙였다.

그 (도시의) 주위에 과수원을 만들어서 과일과 포도주를 내 주인 아슈르신
과 내 땅의 여러 신전에 바쳤다. 오래된 언덕을 없애고 물 높이까지 파 내
려갔다. (기초)를 벽돌 120장 분량의 깊이까지 낮춰서 (기초 공사를 진행하고)
그 성벽을 쌓았다. 그 기초에서 흉벽까지 완성시켰다. (RIMA 2, A.0. 101. 26:
46-58)

새 수도 칼후에 왕궁(북서궁)을 건설하자 아슈르나시르팔 2세는

그 완성을 기원하며 대규모 연회를 열었다. 이 연회를 기념하여 세운 석비 '연회 비문'에 따르면 연회에는 손님 6만 9,574명이 초대되었고 그중 1만 6,000명은 칼후의 시민이었으며 5,000명은 외국의 주요 인사였다고 한다. 열흘에 걸쳐 비둘기 1만 마리, 1만 병 분량의 맥주, 가죽 부대 1만 개 분량의 포도주 등 성대한 진수성찬을 대접했다고 한다.

❖
사막 위에 세운 철의 수도, 칼후의 영광과 비극

칼후는 1845년부터 1847년에 걸쳐 영국의 오스틴 헨리 레이어드Austin Henry Layard에 의해 처음으로 조사됐는데, 이곳에서 아슈르나시르팔 2세의 왕궁과 니누르타 신전 등의 대규모 건축물이 발견되었다. 왕궁 내벽의 얕은 돋을새김 조각이나 그 입구를 수호하는 날개 달린 인면 수소·사자상 등 돋보이는 미술품은 영국 런던의 영국박물관으로 옮겨졌다(그림 3-1, 3-2).

그 후 칼후는 1950년대 이후 영국, 이라크, 폴란드의 발굴단이 조사에 참여해 성채 부분인 시타델citadel(과거 도시의 주민 피신용 성채-역자)을 중심으로 더 많은 신아시리아 시대의 건축 유구가 출토되었다. 그러나 2015년 '이슬람 국가'ISIL가 이 지역을 점거했을 때 이슬람 원리주의자들은 유물을 받아들이기 어려운 우상이나 창조물이라는 이유로 폭발물과 공업 기계를 사용해 조직적으로 파괴했

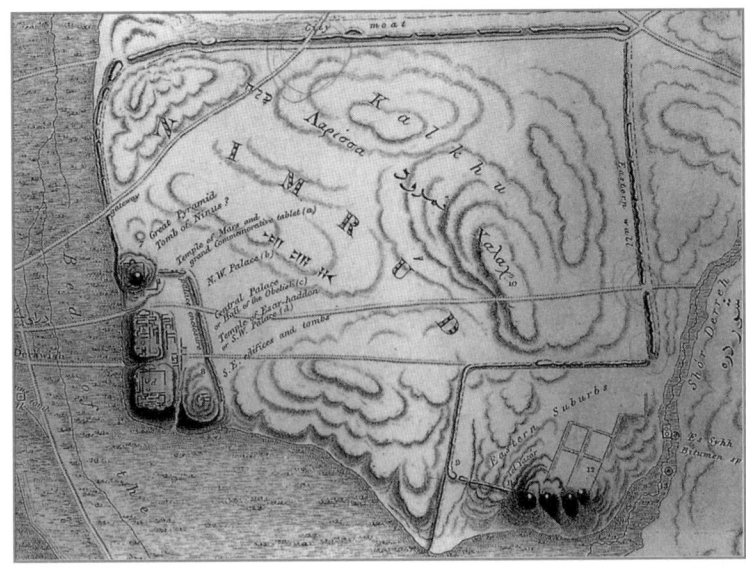

그림 3-1 　19세기에 만들어진 칼후 유구도. 성의 왼쪽 아래(남서쪽) 부분이 성채, 오른쪽 아래 (남동쪽) 부분이 제2성채

그림 3-2 　칼후의 왕궁 입구를 수호하는 날개 달린 인면 수소·사자상(라마수lamassu)

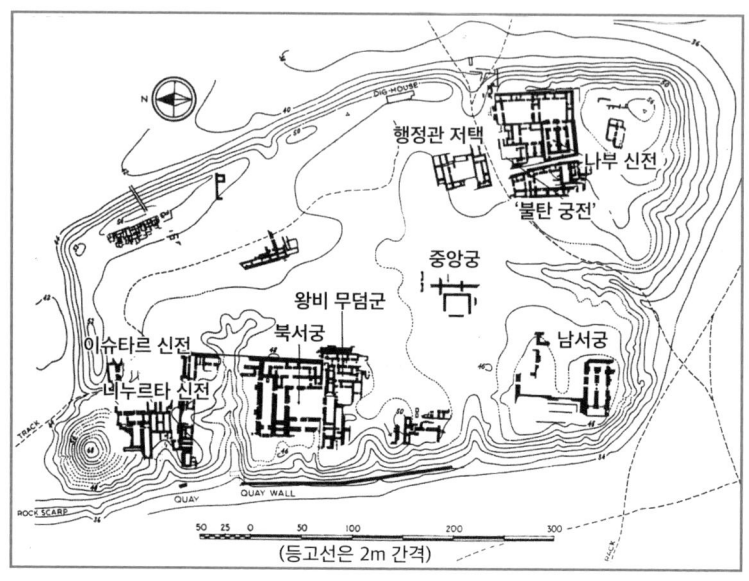

그림 3-3 칼후 성채 부분 유구도

다. 이 무도한 파괴 행위 후 '이슬람 국가'의 세력이 추방당한 것을
계기로 2017년부터 유네스코의 주도로 유적의 피해 조사와 복원 작
업이 진행 중이다.

아슈르나시르팔 2세가 재건한 도시 칼후는 벽돌로 만든 성벽으
로 에워싸인 성의 면적이 약 360헥타르나 됐다. 이는 동시대의 고
도 아수르보다 약 5배나 큰 규모다. 칼후는 제국을 목표로 하는 국
가의 완전히 새로운 행정 수도로 설계되었다. 북쪽과 동쪽의 성벽
은 직선을 그리고 남서쪽 성벽은 근처를 흐르는 강줄기를 따라 자
연스럽게 구부러졌다. 강에 인접한 도시의 남서쪽 가장자리에는 성
채 부분의 테라스를 특별히 높게 쌓아 올려 만들었으며 이와 마찬

가지로 남동쪽의 한 구획에는 군관구에 해당하는 제2 성채도 약간 높게 만들어 놓았다(그림 3-3).

지금까지 진행된 발굴은 남서 부분의 성채(현 님루드)와 남동 부분의 제2 성채(현 툴룰 엘 아자르Tulul el-Azar)에서 주로 기원전 9세기 이후의 아시리아 건축 유구를 밝혀냈다. 아슈르나시르팔 2세가 건설한 북서궁 외에도 성채 부분에서는 여러 가지 대규모 건축물의 흔적이 발굴되었는데 여기에는 나중에 세워진 티글라트 필레세르 3세(재위 기원전 744~727년)의 이른바 '중앙궁', 에사르하돈(재위 기원전 680~669년)이 세운 '남서궁', '행정관 저택', 니누르타 신전, 이슈타르 신전, 나부Nabu 신전 등이 포함된다. 제2 성채에서는 아슈르나시르팔 2세의 아들 샬마네세르 3세(재위 기원전 858~824년)가 건설해서 '샬마네세르 요새' 또는 열병 궁전(리뷰 팰리스)으로 불린 군관구의 궁전과 그곳을 에워싸는 열병·군사 훈련에 사용한 광장이 조사되었다. 이 건축 유구들에서는 기원전 9세기부터 기원전 7세기의 것으로 추정되는 서신, 계약서, 행정 문서, 종교문학 문서, 왕 비문이 발견되어 아시리아의 정치·행정·사회 연구에 기여했다.

칼후에 만들어진 주요 성채와 군관구는 내벽으로 둘러싸였고 조금 높은 테라스 위에 구축되었다. 또한 왕궁과 고급 관료의 궁전, 여러 신전 단지는 한층 더 높아진 기초 위에 세워져서 왕과 관료들, 신들은 도시의 다른 부분과 분리되어 특별한 신분이 강조되었다. 성채 주변에는 정원도 조성되어 대국가의 중추에 어울리는 왕도가 만들어졌다. 토착 엘리트와는 상관없이 외국에서 데려온 새 수민은 오직 '아랫동네'에 거주했다. 이 구조는 더욱 강력한 왕권 강화에 기여했다고 생각할 수 있다.

메소포타미아의 전통 도시에는 도시마다 그곳을 지키는 주신이 있었다. 그 신전을 중심으로 제사를 드렸고 제사는 도시 사회를 꾸려나가는 데 중요한 역할을 했다. 아슈르나시르팔 2세는 확대 재건한 칼후에도 전통 도시에 필적하는 제례 공간을 새로 만들기 위해 대책을 마련했다. 도시의 주신으로는 메소포타미아 신들의 세계에서 주신으로 평가되는 니푸르시의 엔릴신의 아들로서 외적을 물리치고 모든 나라에 평안을 가져다주는 전투의 신 니누르타를 선정했다.

기원전 2000년대 후반의 중아시리아 시대까지 아슈르신은 단순한 아수르시의 지역 신이 아니었다. 예로부터 메소포타미아의 주신으로 삼아 온 니푸르시의 엔릴신과 동일시해서 '아시리아의 엔릴'로 세계의 정점에 군림하는 신으로 간주되었다. 또한 엔릴신의 아들인 전투의 신 니누르타는 '아시리아의 엔릴'의 아들이기도 해서 아시리아의 왕은 '아슈르신의 대리인'^{iššiak Aššur}, '엔릴신의 행정관'^{šakin Enlil}으로서 전투의 신 니누르타의 화신으로 여겨졌다. 따라서 군사력을 전면에 내세워 주변으로 세력을 확장하는 아시리아의 새로운 왕궁 도시에서는 니누르타신이 도시 신으로 채택됐다. 칼후의 왕궁 지구에 인접한 곳에 니누르타의 신전이 세워졌고 왕은 칼후에 니누르타신을 위한 새로운 제례 행사를 정한 것을 왕 비문에 기록했다.

제3장

샬마네세르 3세의
왕국 확대

✦

샬마네세르 3세가 기록으로 남긴 끝없는 영토 확장

아슈르나시르팔 2세의 아들 샬마네세르(원어로 샬마누 아샤리드 Salmānu-ašarēd) 3세 시대에 칼후에 건설한 군관구(제2 성채)는 그전까지 메소포타미아의 도시 계획에는 전례가 없는 건축물이었다. 군사력 강화 방침에 따라 샬마네세르 3세는 해마다 먼 곳으로 군사 원정을 계획했다. 이 원정에 관한 자세한 내용은 각종 석제 유물, 석판, 점토판에 기록되어 있다.

샬마네세르 3세의 명에 따라 작성된 수많은 장문의 왕 비문에는 왕이 해마다 시행하는 군사 원정이 빠짐없이 기록되었으며, 이는 새로운 연대기 작성 방식이었다. 매년 원정은 왕의 '제○팔루에'라는 연대 표시를 제목으로 하며 '제1 팔루에……', '제2 팔루에……'

라는 식으로 연대순으로 배열해 서술했다. 아카드어인 '팔루'palû는 원래 '한 묶음, 한 바퀴'라는 뜻인데 메소포타미아에서 기록한 편년 사, 왕 비문, 행정 문서, 계약 문서 등의 경우 '한 왕조의 계속 기간', '왕의 치세 기간', '직무 재임 기간', '1년' 등의 의미로 사용되었다. 샬마네세르 3세의 비문은 이 단어를 왕의 치세 기간 중 특정한 1년 을 나타내기 위하여 사용했으며 각 연도를 '제1 팔루', '제2 팔루'라 고 표현했다.

이는 아시리아의 전통적 기년법인 림무(의 인명)에 따른 연도 표 기가 아니라 바빌로니아에서 사용한 왕의 치세 연도에 따른 기년 법, 즉 '왕의 치세 ○년'으로 표기하는 기년법을 모방했음을 의미한 다. '팔루'라는 단어를 사용해 각 연도를 연속하는 숫자로 표시해 왕 이 매년 끊임없이 원정했음을 강조했다. 그리고 이러한 연대기는 왕의 치세가 진행되면 새로 떠난 원정 기사가 더 큰 숫자로 '팔루'를 표시한 제목과 함께 가필되어 신판이 만들어졌다('팔루'는 '치세 연도' 와 거의 일치했는데 때로는 차이가 있었다). 이러한 왕의 연대기 성격의 '업적록'이 빈번하게 전해졌기 때문에 샬마네세르 3세가 치세 중에 시행한 대부분의 군사 원정 기록이 남아 있다. 덕분에 이 시대에 아 시리아의 지배권이 확대되어 간 과정을 분명하게 확인할 수 있다.

군사 원정의 주요 대상이 된 서쪽 지역에서는 지중해 연안에 이 르기까지 북시리아의 거의 모든 왕국이 굴복해서 아시리아의 조공 국(속국)이 되었다. 아시리아의 고유 영토는 유프라테스강이 크게

그림 3-4 칼후에서 출토된 왕의 옥좌 대좌. 전체도(위)와 악수하는 아시리아 왕과 바빌로니아 왕을 그린 정면 부분(아래)

굽어 흐르는 대만곡부 지역까지 확장되었다. 또한 남쪽에서 샬마네세르 3세는 바빌로니아의 내란을 진압했다. 칼후에서 발견된 왕의 옥좌를 모시는 석제로 된 대좌 표면에 새겨 놓은 부조에는 샬마네세르 3세와 그 동맹자 마르두크 자키르 슈미Marduk-zakir-shumi가 악수하는 장면이 남아 있다(그림 3-4).

✦

샬마네세르 3세의 검은 오벨리스크

샬마네세르 3세의 기념비 가운데 가장 잘 알려진 것은 현재 영국 박물관이 소장하고 있는 '검은 오벨리스크'다. 높이 202cm의 현무암으로 만든 이 사각기둥은 발견자인 레이어드가 '블랙 오벨리스크'라고 이름 붙인 후 통칭되었다. 끝부분은 피라미드형 정사각뿔이 아니라 3단의 계단 모양으로 이루어져 있으며 정상 부분은 평평하다(그림 3-5).

원래는 칼후의 소규모 광장에 세워져 오가는 시민의 눈을 즐겁게 했을 이 유물에는 왕의 치세 초기부터 31년 동안의 원정이 기록되어 있다. 먼 나라 5개국에서 공물이 도착하는 장면이 각기둥의 네 면에 걸쳐서 묘사되어 있다. 위에서부터 순서대로 1단이 북시리아, 오론테스Oróntes 강가의 신히타이트계 국가 파틴, 2단이 두 헤브라이 왕국 중 하나인 이스라엘, 3단이 이집트, 4단이 유프라테스강 중류

그림 3-5 　샬마네세르 3세의 검은 오벨리스크

130

그림 3-6   검은 오벨리스크 둘째 단에 그려진 이스라엘 예후의 조공 장면

지역의 수후, 5단이 우르미아호 남쪽에 있던 길자누Gilzanu다. 이는 당시 아시리아에 공물 또는 선물을 보낸 나라 중 가장 먼 나라들로 뽑혀서 아시리아 세력권이 얼마나 광활한지 강조한 것으로 보인다.

각각의 조공 장면에는 설명문이 달렸는데 2단의 설명문에는 '오므리Omri 집안(이스라엘) 예후Jehu의 공물 : 나는 은, 금, 금 샤플루saplu(아카드어로 '깊고 크다'는 뜻–감수자)형 사발, 금 즈쿠투 잔, 금 쿠부투kubutu(아카드어로 '두껍고 묵직하다'는 뜻–감수자)형 사발, 금 물통, 주석, 왕홀(유럽 군주의 권력과 위엄을 나타내는 손에 드는 상징물–역자), 프아슈후puashu(아카드어로 '창의 날', 또는 '창집'이라는 뜻–감수자) 창을 받았다'라고 기록되어 있다(그림 3–6). 이는 구약성경에 전해오는 북이스라엘의 왕 예후에 관한 언급이며 고대 이스라엘의 왕명이 성경 이외의 사료에서 발견된 사례로 19세기의 아시리아 연구 여명기에 큰 화제를 불러일으켰다.

✦

아수르의 땅, 아수르의 속박
– 제국으로 가는 이중 설계

칼후에 확립된 새로운 행정 중심과 군관구는 해마다 시행하는 왕의 적극적인 군사 원정을 뒷받침했고 샬마네세르 3세의 치세가 끝날 때까지 잃어버린 '아수르의 땅'에 대한 지배를 완전히 회복했다. 회복한 고유 영토에는 새로운 행정주 분할이 재구축되었다. 아시리아 고유 영토의 핵심 부분을 방위하기 위해서 티그리스강 중류 아시리아 중심 지역의 평야부를 에워싸듯이 북부에서 동북부의 산악지를 따라 '궁내경', '주임 헌작관(헌작獻酌 : 제사 때 술잔을 올리는 행위–역자)'rab šāqê, '왕궁 보도관'이 관리하는 세 행정주가 마련되었다. 또한 왕국 서쪽 전선인 유프라테스강 대만곡부에는 '군장'의 행정주가 배치되었다. 이렇게 해서 가장 중요한 지위에 오른 궁정 관리의 행정주로 왕국의 외곽 방위가 확고해졌다.

당시 아시리아 고유 영토의 범위는 서쪽에서 거의 유프라테스강까지로 제한되었고 중아시리아 시대에 개념화된 '아수르의 땅' 범위를 크게 넘지 않도록 분명히 의도적으로 제어했다. 그러나 그 바끝쪽에는 정치적으로 아시리아에 종속하는 조공국(속국)이 이어지는 두터운 권역이 구축되었다. 이렇게 해서 '아수르의 속박'에 굴복한 조공국의 범위는 서쪽의 경우 지중해에 인접하는 북시리아부터 이스라엘에 이르는 나라들까지, 동쪽으로는 자그로스 산악지대의 각지에까지 이르렀다.

이 정치적 영향권은 그 후에도 기본적으로 유지되었으며 이후 기원전 8세기 중반에 도래하는 제국기에 고유 영토로 확립되는 판도의 전제가 되었다. 거대한 행정 수도 칼후의 확립과 눈부신 영토 확장을 달성한 아슈르나시르팔 2세와 샬마네세르 3세의 치세는 제국이 형성되기 시작한 시기로서 흔히 '선제국기'로도 불린다.

제4장

분권화 시대

✤

샬마네세르 3세 치세 말기의 내란

치세 말년에 접어든 샬마네세르 3세는 건강이 좋지 않았는지 직접 군대를 이끌고 먼 나라로 원정을 떠나기 어려워졌다. 앞에서 언급한 검은 오벨리스크나 수도 칼후에서 발견된 왕의 조각상에 새겨진 왕의 연대기는 왕의 치세 29년부터 33년까지(연대기상 제27팔루에서부터 제31팔루까지) 왕을 대신하여 '군장'인 다얀 아슈르Dajan-Aššur가 군대를 이끌고 북쪽 산악 지역의 우라르투, 북시리아의 파틴, 동쪽 자그로스 산지의 만나이Mannai, 파르수아Parsua, 나므리Namri 등으로 원정을 떠나서 여러 나라를 정복한 사실을 기록했다.

'왕의 업적록'으로 제작되는 왕실 기념 비문은 이를 보는 사람들과 비문이 바쳐지는 신들에게 왕의 위업을 널리 알리거나 보고하는 것을 본래의 목적으로 한다. 따라서 군사 지도자인 다얀 아슈르의 이름을 왕 비문에 기록한 것은 당시로서는 특이한 일이었다. 이는 샬마네세르 3세의 치세 말년에 국가 행정의 중추에서 군사력을 장악한 다얀 아슈르가 왕을 대신하여 대권을 행사했음을 암시한다. 이렇게 흔들리는 왕권을 배경으로 아시리아는 내란 상태에 빠졌다.

✦

'반란', '반란', '반란'…
연대기가 기록한 제국의 비명

앞에서 살펴봤듯이 고아시리아 시대 이후 아시리아에서는 해마다 그해의 이름 주인인 림무를 선출했고 각 연도는 그 인물의 이름으로 불렸다. 또한 그해의 림무를 연대순으로 기록한 '림무표'(에포님표)를 작성하는 관습은 아시리아에서 오랫동안 이어졌다. 해마다 먼 나라로 출정하는 군사 원정이 일상화된 샬마네세르 3세의 치세와 '림무표'에 림무의 이름과 함께 그 인물의 관직명을 기록하고 왕이 이끄는 원정군의 표적지까지 'OO의 땅으로'라고 간략하게 적은 '림무 연대기'라는 문서가 작성되었다. 왕의 연대기와 이 '림무 연대기'의 자료를 조합해서 기원전 9세기 중반 이후 아시리아 왕들이 수행한 군사 원정의 상세한 역사가 복원되었다(그림 3-7).

아시리아의 국정이 안정된 시기에는 자연스럽게 왕의 원정 지역이 차례대로 기록된다. 그러나 샬마네세르 3세의 마지막 치세 3년

에 해당하는 기원전 826~
824년(치세 33~35년)부터 다
음 왕인 샴시 아다드 5세의
첫 치세 4년(기원전 823~820년)
에 해당하는 시기에는 '림무
연대기'에 군사 원정 지역이
쓰여 있지 않다. 대신 '반란',
'반란', '반란'……이라는 말
로 7년에 걸쳐서 반란이 일
어난 사실이 기록되어 있으
며 국정상 큰 혼란의 흔적이
남아 있다.

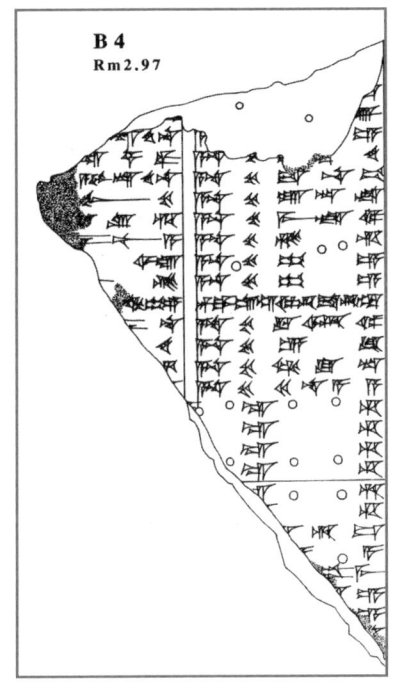

그림 3-7 '림무 연대기' 조각의 필사본

❖

아시리아판 왕좌의 게임

아시리아의 왕 비문은 왕의 업적을 찬양하기 위해 작성된 문서이
기에 왕에게 불명예스러운 일은 거의 기록되지 않았다. 그런데 실
질적 편년 기록인 '림무 연대기'는 이 '불명예스러운' 사실을 기록으
로 남겨 놓았다. 큰 혼란의 실상은 그 후 반란을 진압하고 즉위한 샴
시 아다드 5세의 명에 따라 제작된 석비에서 다음과 같이 밝혀진다.

아슈르 다인 아플루Aššur-da"in-aplu(아슈르다인아팔Ashur-danin-pal)가 자신의 부친 살마네세르 3세의 치세 중에 음모를 꾸미고 반란을 일으켜 범죄를 저지르고 나라들을 배신해 전쟁을 시작했다. 이때 그는 아시리아의 모든 계층의 주민을 아군으로 만들고 그들과 계약을 맺었다. 그는 도시들을 배반하고 전쟁으로 몰고 갔다. 니네베, 아디아Adia(현 이라크 텔 타야Tell Taya 추정*), 쉬바니바, 임구르 엔릴, 잇샤블리(명확한 지명 확정되지 않음), 비트 샤시리아Bit Shashiria(현 튀르키예-시리아 접경 산악지역*), 시무Simu(명확한 지명 확정되지 않음*), 시지히니슈Sizihinisu(현 튀르키예 동남부 지역*), 탐누나Tamnuna(현 이라크 북부의 도후크Dohuk 또는 니네베로 추정*), 키푸슈나Kipshuna(현 이라크 북부 도후크와 자코 사이 지역*), 쿠루바이루Kurubairu(현 이라크 북부 텔 쿠르바Tell Khurba 지역으로 추정*), 티두Tidu(현 튀르키예 위치테페Üçtepe로 추정*), 나부르Nabur(현 시리아 북동부 텔 암우다Tell Amuda로 추정*), 카하트Kahat, 아수르Assur(현 칼라트 샤르카트Qalat Sherqat*), 우라카Uraka(현 튀르키예의 카라마다Karamada 또는 디야르바크르Diyarbakır로 추정*), 사라트Sarrat(현 이라크와 시리아 접경 지역으로 추정*), 후지리나Huzirina(현 튀르키예 술탄테페Sultantepe*), 두르 바라티Dur-Barati(이라크와 이란의 접경지역 인근으로 추정*), 다리가Dariga(현 이라크 북동부의 키르쿠크와 술라이마니야 사이 지역으로 추정*), 자반Zaban(티그리스강 동쪽 유역 도시*), 루브두Lubdu(현 이라크 북부 키르쿠크 인근 지역 추정*), 아라파, 아르바일Arbail(현 이라크 에르빌Erbil*), 아메두Amedu(현 튀르키예의 디야르바크르Diyarbakır*), 틸-아부니Til-Abni(현 튀르키예와 시리아 접경 지역*), 힌다누Hindanu(유프라테스 강변의 마리와 접경했던 상업 요충지, 현 시리아와 이라

크 국경지역의 텔 알-자비야Tell al-Jabiyah 지역*) 총 27개의 도시와 요새가 사방 세
계의 왕인 내 아버지 샬마네세르 3세에게 반란을 일으키고 아슈르 다인
아플루에게 붙었다. 나는 내 주인인 위대한 신들의 명령을 따라 그들을
굴복시켰다. (RIMA 3, A.0.1.103.1)

여기에 열거된 도시명에는 성도 아수르와 훗날 제국 수도인 니네
베를 비롯한 아시리아 중심 지역의 도시뿐 아니라 유프라테스 중류
지역, 시리아 내륙부, 티그리스강 동안에서 자그로스 산악 지대의
서쪽 기슭 도시까지 광범위한 주요 도시가 포함되어 있다. 이 혼란
이 왕국 판도 전체에 미칠 정도로 규모가 컸음을 나타낸다.

흥미롭게도 반란을 일으킨 아슈르 다인 아플루의 이름은 '아슈르
신이시여, 내 상속자를 강하게 하시옵소서'라는 바람을 표현한 이
름이다. 이 인물이 장자로서 집안을 계승하기를 기대했음을 말해준
다. 그렇다면 같은 아버지 샬마네세르 3세의 아들인 샴시 아다드
5세는 아슈르 다인 아플루의 동생이며 형과 왕위를 다투다가 전쟁
이 일어났다는 의미로 해석할 수 있다. 어쩌면 반란을 진압하고 즉
위한 샴시 아다드 5세가 정당한 왕세자이자 왕위 계승 후보자였던
아슈르 다인 아플루에게 반기를 들고 오랜 싸움 끝에 왕위를 힘으
로 장악했을 가능성도 전혀 없지는 않다.

이 대규모 소동이 벌어지는 가운데 앞에서 말한 유력자 다얀 아
슈르가 어느 쪽에 협력했는지는 알 수 없다. 미국 예일대학교의 근

동 언어 및 문명학과의 에카르트 프람 교수는 아슈르 다인 아플루가 즉위하자 다얀 아슈르는 자신의 특권적인 지위에 위협을 느껴 샴시 아다드 5세를 왕위에 세우려고 했을 가능성을 제기한다. 또는 샴시 아다드 5세가 (훗날 에사르하돈이 그랬듯이) 어렸음에도 정당한 왕위 계승자로 지명되자 이에 불복해 반기를 든 장자 아슈르 다인 아플루를 다얀 아슈르가 지지했을 가능성도 배제할 수 없다.

흡사 추리소설 같은 이 사건의 범인 찾기를 끝내기에는 중요한 증거가 부족하지만 아무튼 7년이라는 장기간에 걸친 대규모 혼란이 끝난 후에 즉위한 사람은 샴시 아다드 5세였다. 이후 아시리아에서는 왕에 대한 중앙집권이 완화되며 지방의 행정 장관이 때로는 왕에 필적할 정도의 권력을 행사하는 '분권화 시대'가 전개되었다.

✤

약체화인가, 준비 기간인가?

'분권화 시대'는 샬마네세르 3세의 치세가 끝난 후 티글라트 필레세르 3세가 즉위하기 전까지(기원전 823~745년)인 약 80년의 기간에 해당한다. 아슈르나시르팔 2세와 샬마네세르 3세는 자신의 군사 원정 성과를 강조하는 기념 비문을 많이 남겼지만, 분권화 시대부터는 왕의 군사 원정을 기록한 왕 비문을 거의 찾아볼 수 없다. 이는 왕이 이끌며 진행하는 군사 작전이 실제로 저조했음을 보여준다. 그 대신 고급 관료의 명에 따라 작성된 기념비가 비교적 많이 알려졌는데 이는 왕에게 집중된 권한이 지방의 유력자에게 분산된 상황을 반영한다.

이 권력 구조의 변화가 아시리아라는 국가에서 어떤 의미였는지는 연구자들 사이에서 의견이 엇갈린다. 전통적 입장에서는 이 시대를 아시리아의 국력이 쇠퇴한 시기라고 평가했다. 한편 새로운 관점에서는 아시리아 국력의 약화가 아니라 새롭게 정복한 영토에서 지방 총독들이 농지를 개척하고 도시를 형성하며 군대를 강화한 시기라고 평가했다. 다시 말해 아시리아의 국력이 전체적으로 상승한 '충전 기간'이었다는 견해를 제시한다.

분권화 시대에는 아시리아의 영토가 크게 확대되지 않았지만 축소되지도 않았다. 그리고 지방의 행정관들은 직접 농지 개척과 건축 업적을 자랑하고 군사 원정 성과를 기념비에 기록하기는 했으나 자신이 왕이라고 주장하며 중앙의 왕권에 노골적으로 도전하지 않았다. 오랜 내란 시대를 기억했기에 혼란은 한동안 피했다고 봐야 할 것이다. 또한 뒤에서 설명하겠지만 그 후 한 시기의 내란과 함께 분권화 시대가 끝난 뒤 즉위한 왕 티글라트 필레세르 3세는 거듭 대대적인 군사 원정을 수행해 단번에 아시리아의 영토를 확대했고 아시리아 제국기의 토대를 마련했다. 이러한 일련의 과정도 아시리아가 분권화 시대에 어느 정도 국력을 비축했음을 설명할 수 있다. 다음은 분권화 시대의 통치자들에 대해 살펴보자.

❖

역사와 신화가 된 아시리아의 여왕 세미라미스

샴시 아다드 5세가 통치하는 동안의 사건사는 '림무 연대기', 왕 비문, 〈아시리아·바빌로니아 대조 연대기〉 등을 통해 복원할 수 있다. 앞에서 말한 내란을 진압한 후에는 북쪽의 우라르투와 동쪽의 자그로스 지역 등 각지로 원정을 시도했는데 비교적 규모가 작아서 성과도 한정적이었다. 그래도 샴시 아다드 5세의 치세 말기인 기원전 815~811년 무렵에는 내란기 아시리아가 복종을 강요해 온 바빌로니아를 상대로 공격했고 바빌로니아를 혼란에 빠뜨렸다.

샴시 아다드 5세의 뒤를 이은 아다드 니라리 3세는 즉위할 때는 아직 어려서 '군장'을 담당하는 네르갈 일라야Nergal-ilaya와 어머니 삼무라마트Sammu-ramat가 나라의 실권을 잡았다. 튀르키예 남서부 파자르즈크 Pazarcık에서 발견된 석비에는

그림 3-8 파자르즈크 석비. 달의 신을 나타내는 초승달의 표준형이 비문과 함께 그려져 있다.

142

왕인 아다드 니라리 3세와 함께 어머니 삼무라마트의 이름이 나타
난다(그림 3-8).

아시리아 왕 아다드 니라리 3세— 아시리아 왕 샴시 아다드 5세의 아들
—와 삼무라마트(세미라미스Semiramis)—아시리아 왕 샴시 아다드 5세의 왕
비이며 아다드 니라리 3세의 어머니— ……경계석 : 쿠무흐Kumukh의 왕
우쉬필루루메Uspilulume가 아시리아 왕 아다드 니라리 3세와 (왕의 모친) 왕
비 삼무라마트에게 유프라테스강을 건너게 했을 때 우리(왕과 왕비)는 아
르파드Arpad시의 아드라무Adramu의 아들 아타르슈므키Atarshumki와 그 동맹
자인 8명의 왕과 파카르후브니Pakarhubuni에서 싸웠다. 나는 그들의 군 야
영지를 빼앗았고 그들은 목숨이 아까워서 도망쳤다. —이 해 그들은 이
경계비를 쿠무흐의 왕 우쉬필루루메와 구르굼Gurgum 파라라무Palalam의
아들 칼파룬다Qalparunda의 사이에 세웠다…… (주저呪詛) (RIMA 3, A.0.104.3)

아다드 니라리 3세의 이름은 파자르즈크 석비 외에도 아시리아
수도 칼후의 나부신을 모신 신전 에지다Ezida에 있던 칼후의 지사 벨
타르시 일루마Bêl-tarsi-iluma가 봉납한 신상에 새겨진 비문에서도 볼 수
있다. '나부신께……, 아시리아 왕 아다드 니라리 3세와 왕의 어머
니 삼무라마트의 장수를 기원하며 칼후의 지사 벨 타르시 일루마가
자신의 장수도 빌며 이 상을 봉납했다. 앞으로는 누구든지 나부신
을 믿고 의지하며 다른 신을 믿지 않기를 바란다'라고 비문은 기록

한다.

왕의 어머니이자 왕의 후견인으로서 권력을 행사한 삼무라마트는 서구권과 중동의 전설에서 잘 알려진 세미라미스에 해당한다. 삼무라마트를 그리스어로 읽은 것이 세미라미스다. 아시리아의 정치가 불안정하던 시기에 국정을 이끌었던 이 여걸에 대한 경의와 흥미를 배경으로 후대에는 삼무라마트를 주인공으로 한 다양한 전설이 생겨났으며, 그 이야기들은 고대 메소포타미아의 시공간적 틀을 넘어 광범위한 지역을 배경으로 전개되었다.

이러한 세미라미스 전설은 서구 세계에서 많은 영화와 회화의 소재로 쓰였고 중동이나 서구권 각지에는 세미라미스의 이름을 딴 호텔이 수두룩하다. 일본에서도 세미라미스는 게임 캐릭터가 될 정도로 화려하게 활약하고 있기에 여기에서 세미라미스 전설과 그 성립의 배경을 다룬다.

기원전 5세기 그리스의 역사가이며 '역사의 아버지'로 유명한 헤로도토스도 그의 저서 《역사》(1권 184)에서 바빌론의 경이적인 건축물을 소개하면서 바빌론 평야에 홍수를 막는 커다란 제방을 건설한 아시리아의 여왕으로 세미라미스를 언급한다. 이 이야기도 역사적 신빙성이 부족하지만 오히려 나중에 만들어진 화려한 전설들보다는 덜하다. 전설들 중 기원전 1세기 로마의 작가 디오도로스 시켈로스가 쓴 그리스어 저서 《역사총서》에 기록된 희한한 전설이 가장 유명하다.

그 내용에 따르면 시리아의 도시 아스칼론에 사는 청년과 사랑에 빠진 여신 데르케토Derceto(아스타르테)가 여자아이를 출산했다. 하지만 인간과의 사이에서 임신한 것을 후회하고 그 아이를 황야에 버린 후 남편을 죽이고 호수에 몸을 던져 반인반어의 모습이 되었다. 버림받은 아이는 황야에서 젖과 치즈를 가져다주는 비둘기에 의해 길러졌다. 그 후 왕가의 양치기인 심마스가 아이를 거뒀고 시리아 말로 비둘기를 의미하는 세미라미스라는 이름을 붙여줬다. 아름다운 여성으로 성장한 세미라미스는 니네베를 건립한 아시리아 왕 니누스 휘하의 장군 오아네스와 결혼한다.

남편과 함께 박트리아 원정에 종군한 세미라미스는 박트리아의 수도 박트라 포위 작전 시 왕에게 전략을 조언하고 병사를 직접 이끌며 적의 약점을 파악해 방어를 뚫는 등 박트라 공략에 공헌한다. 세미라미스의 용맹함과 미모에 반한 왕 니누스Ninus는 오아네스에게 세미라미스를 양보하라고 강요한다. 오아네스는 결국 강요에 못 이겨 자살하고 만다. 왕 니누스의 왕비가 된 세미라미스는 왕이 부상을 입으면 직접 군을 이끌었다. 왕의 사후 세미라미스는 오랫동안 나라를 직접 통치했고 대부분의 아시아를 정복했다. 또한 바빌론을 재건하고 페르시아 각지에 왕궁을 구축했을 뿐만 아니라 리비아와 에티오피아를 지배하고 인도의 왕과 전투를 벌였다. 그리고 오랜 세월에 걸친 통치 후 죽어서 비둘기의 모습으로 돌아가 하늘로 날아갔다고 한다(그림 3-9).

그림 3-9 세미라미스 전설을 그린 유화(프란츠 카우치그Franz Caucig 그림, 19세기 초)

이 장대하고 황당무계한 이야기는 동지중해, 중동, 인도까지 하나의 정치적 세계로 인식된 알렉산드로스의 동방 원정 후 헬레니즘의 세계관에 반영되었다. 메소포타미아나 시리아·아나톨리아의 신화와 전설이 잇따라 자유롭게 이어져서 탄생했다. 세미라미스에 관해서는 그 후에도 수많은 이야기가 만들어졌으며 현대의 애니메이션이나 게임 캐릭터로서의 세미라미스에 이르기까지 수많은 일화의 모티브로 채택되었다. 그 후 자유롭게 이미지가 덧칠되며 새로운 변화와 발전을 계속하고 있다고 볼 수 있다.

✤
고관 유력자들의 전성시대

삼무라마트(세미라미스)의 아들 아다드 니라리 3세의 업적에 대한 증거가 많은 것은 아니다. 하지만 동쪽 자그로스 산지나 시리아 다마스쿠스 원정을 계획한 사실을 왕 비문과 '림무 연대기'의 정보를 통해 알 수 있다. '림무 연대기'에 따르면 그 뒤를 잇는 샬마네세르 4세(재위 기원전 782~773년)의 치세기에도 북쪽의 우라르투, 서쪽의 다마스쿠스, 하타리카Hatarikka, 동쪽의 나므리 등을 상대로 군사 원정을 떠났는데 이 시대 왕의 업적에 대해서는 더 이상 자세한 내용을 알 수 없다. 한편 이 시대에는 왕의 활동보다 몇몇 유력한 고급 관료의 활동이 더욱 두드러졌다.

그러한 관료 중 한 명인 네르갈 에레스Nergal Ereš(또는 파릴 에레스)에 관해서는 시리아 북동부에서 발견된 두 석비에 언급되어 있다. 하나는 신자르산 남쪽의 '사바' Saba에서 발견된 석비로, 신들의 문장과 예배하는 자세

그림 3-10 네르갈 에레스의 사바 석비

를 취한 왕의 모습이 그려져 있다(그림 3-10). 그 비문은 왕 아다드 니라리 3세가 유프라테스강을 넘어 다마스쿠스에 원정을 가서 공물을 얻었음을 아다드신에게 보고하는 문서다. 그 기술에 이어서 네르갈 에레스가 비문을 건립한 것을 명기했는데 네르갈 에레스의 신분이 '네메드 이슈타르Nemed-Ishtar(현 이라크 북부의 텔 아파르Tell Afar 인근으로 추정*), 아푸크Apqu(현 이라크 북부 모술 근처의 텔 아부 마리아Tell Abu Mariya*), 마리, 라사파Rasappa(현 이라크 북서부 신자르 산맥 남쪽 지역으로 추정*)의 땅, 콰트나Qatna(현 시리아의 텔 엘 미슈리페Tell el-Mishrifeh 지역*)의 땅, 두르 카틀림무, 카르 아슈르나시르팔Kar-Ashurnasirpal(현 시리아의 텔 마스카나Tell Meskene 인근*), 시르쿠Sirqu(현 시리아의 텔 아샤라Tell Ashara*), 라케Laqe(유프라테스강 중류 지역, 마리와 수후 사이에 거주하던 부족의 땅*)의 땅, 힌다누의 땅, 아나토Anatho(현 이라크의 아나Ana섬 및 그 주변 지역*), 수후, 아수르 아스바트Asur-asbat(현 이라크 서부 유프라테스 강변의 라와Rawa, 아나섬 인근*)의 총독'인 것도 기록해서 그 통치 범위가 광대하다는 인상을 준다.

또 다른 비문은 신자르산 근처 텔 엘 리마하Tell al-Rimah의 신전 유구 안에서 발견된 석비인데 마찬가지로 왕의 모습과 신들의 문장 부조와 함께 새겨진 아다드 니라리 3세의 아다드 신에 대한 헌정 비문이다. 비문은 서쪽으로의 원정에 관하여 서술했으며 다마스쿠스, 사

---

* 148쪽의 *표 각주는 감수자 주註.

마리아, 티루스Tyrus, 시돈, 아르바드에 이르렀고 각지에서 공물을 얻은 후 레바논산에서 왕궁과 신전의 건축 재료로 백향목을 벌채한 것을 기록했다. 또 그 뒤를 이어 왕이 내린 칙령으로 '라사파, 라케, 힌다누, 아나토, 수후의 각지와 아수르 아스바트의 총독'인 네르갈 에레스가 각 지배 영역에 소규모 집락 331개를 건설했다고 보고한다.

그 비문들에서 네르갈 에레스가 관할한 영역은 아시리아 중심부의 바로 서쪽에서 시작되어 카부르강 유역과 유프라테스강 중류 지역을 포함하는 넓은 범위에 달한 점, 또한 이 지역에 집중적인 토지 개발이 진행된 점을 알 수 있다. 해당 지역에서 실시한 경관고고학적 조사에서도 이 시대에 수많은 소집락이 구축되었음을 확인할 수 있었다.

한편 샬마네세르 4세 시대의 고관 벨 하란 벨라 우슈르Bêl-Harran-bêla-usur는 하트라Hatra와 가까운 와디 타르타르Wadi Tharthar의 근처에 있는 텔 아부타Tell Abu-Thahir(현 이라크 북부 와디 타르타르 계곡의 북쪽 끝자락에 있는 유적지-감수자)에서 발견된 석비에 그 권력의 크기를 나타내는 비문을 남겼다. 비문은 메소포타미아의 신 마르두크Marduk, 나부, 샤마시Shamash, 신sin, 이슈타르에게 비를 바치는 것을 보여주는 제목에 이어서 석비의 건립을 왕에게 돌리지 않고 '벨 하란 벨라 우슈르, 아시리아 왕 샬마네세르 4세의 왕궁 보도관, 위대한 신들의 숭배자'라며 자신의 이름과 관직명을 건립자로 기록했다. 그리고 신들의 명령으로 황야에 도시를 건설하고 그곳에 신전을 세웠으며 도시에 자신의 이름을 따서 두르 벨 하란 벨라 우슈르라는 이름을 붙였다고 기록했다. 또한 이 도시는 외국에서 들여온 곡물, 짚, 가축 등의 세금을 면제해 주었다고 선언한다. 아시리아에서 왕이 아닌 인물이 자신의 이름으로 아시리아의 영내에 도시를 만들고 면세 특권까지 결정했다고 하면 그 행정 권한은 매우 강력했다고 할 수 있다.

벨 하란 벨라 우슈르는 그 후 오랫동안 고관의 지위에 머물렀으며 25년이나 지난 후 티글라트 필레세르 3세의 치세 3년(기원전 741년)에도 왕궁 보도관의 관직에서 림무가 되었다. 이때 누군가가(아마 벨 하란 벨라 우슈르의 하인) 샬마네세르 4세의 이름 위에 티글라트 필레세르 3세의 이름을 덮어쓰기 했다. 그래도 그 밑에 원래는 '샬마네세르 4세'라고 기록된 것을 알아챌 수 있다.

✦

샴시 일루와 그의 시대

앞에서 말한 유력자들보다도 훨씬 강력한 권력을 휘두른 이 시대의 관료 가운데 '군장' 샴시 일루Samši-ilu는 그야말로 걸출한 존재였다. 샴시 일루는 아다드 니라리 3세의 치세 후반에 '군장'의 지위에 오르자 그 후 40여 년이라는 오랜 기간에 걸쳐 이 직위에 있었고 아시리아에서 왕에 못지않은 영향력을 행사했다. 아다드 니라리 3세의 뒤를 이은 세 왕들, 샬마네세르 4세, 아슈르 단 3세(재위 기원전

그림 3-11 텔 아흐마르의 사자상

772~755년), 아슈르 니라리 5세(재위 기원전 754~745년)는 자신들이 이끈 원정에 대해서는 거의 아무런 기록도 남기지 않았다. 그에 비해 샴시 일루는 마치 자신이 왕인 듯한 내용의 비문을 새긴 여러 개의 기념비가 남아 있는 것으로 알려졌다.

아다드 니라리 3세의 말년에 제작되어 튀르키예 남동부 안타키아Antakya 근교, 오론테스 강가에서 발견된 석비는 '아시리아 왕 아다드 니라리 3세(와) 군장 샴시 일루'라는 이름으로 북시리아 하마드의 왕 자쿠르Zakkur와 아르파드의 왕 아타르슈므키 사이에 국경을 정한 것을 기념한다. 또 나중에 샴시 일루는 이란 방면으로 파병했던 아시리아 군대를 아시리아의 북쪽에서 대두하는 강국 우라르투와의 전투로 돌려서 여러 번 싸웠고 그 승전을 기념해 신들에게 바치는 비문을 자신의 거처였던 아시리아의 서쪽 거점 도시 틸 바르시프Til Barsip(또는 아시리아명으로 카르 샬마네세르, 현재의 텔 아흐마르Tell Ahmar)의 성문에 설치한 두 사자상에 기록했다(그림 3-11).

여기서 샴시 일루는 당시 왕의 이름을 전혀 언급하지 않고 자신의 군사 업적과 건축 성과를 말하며 자신을 '군장, 대홍보관, 여러 [신전의 제사장], 대군장, 하티의 땅, 구티의 땅, 나므리 모든 지역의 통치자, 해가 저무는 산들의 정복자, ……무스키(프리기아)와 우라르투의 땅을 타도하는 자'라고 부른다. 아시리아의 동서로 펼쳐지는 변경 끝까지 평정한 것은 장군인 자신이라고 소리 높여 선언하는데 실질적으로 아시리아 왕에 필적하는 권력을 쥐고 있었음을 엿볼 수 있다.

✤
분권화 시대, 마침표를 찍다

그 후에도 샴시 일루는 아슈르 단 3세, 아슈르 니라리 5세로 왕이 달라져도 '군장'으로 아시리아의 최고 권력자 지위에 머물렀다. 그러나 '림무 연대기'가 기록하듯이 기원전 763년에 일어난 일식을 계기로 아수르, 아라파, 구자나 등 아시리아 중심부와 서쪽의 행정주에서 잇따라 내란이 일어났다. 당시 사람들은 일식을 신들이 하늘에 나타내는 흉조이며 혼란의 징조라고 해석했다. 이를 기회로 왕도 아니면서 대권을 휘두르는 샴시 일루를 좋게 보지 않는 세력이 봉기한 것일 수도 있다.

또한 아슈르 단 3세의 치세 말기부터 다음 왕인 아슈르 니라리 5세의 치세 초에는 아시리아군이 군사 원정에 거의 나가지 않고 국내에 머무르는 해가 많았는데 이는 국내 상황이 불안정했음을 암시한다. '림무 연대기'가 아슈르 니라리 5세의 치세 1년(기원전 754년)에 아시리아군이 시리아의 아르파드 원정을 기록한 내용을 제외하고는 아슈르 니라리 5세에 대해 군사적 성공을 기록한 왕 비문이 하나도 알려지지 않았다.

한편 이 시대에 유프라테스 중류 지역에서는 '수후와 마리의 총독'인 지방 영주 일가가 기록하게 한 장편의 기념 비문이 전해진다. 이 영주들이 아시리아의 왕 비문 스타일을 모방해서 자신의 기념 비문을 만들고 독립한 세력을 유지한 것도 알 수 있다.

아슈르 니라리 5세의 10년 통치는 '림무 연대기'에 따르면 수도 칼후에서 일어난 내란과 함께 끝났다. 아마 내란으로 왕은 폐위되었을 가능성이 크다. 다만, 내란에 '군장' 샴시 일루가 어떤 형태로 관여했는지, 아니면 이미 나이가 들어 죽었는지는 분명하지 않다. 여하튼 다음 왕이 된 인물 티글라트 필레세르 3세(재위 기원전 744~727년)는 분명히 이 내란의 승리자이자 즉위와 함께 분권화 시대에 마침표를 찍으며 아시리아 제국 시대의 막을 연다.

제4부

제국기의
개막

티글라트 필레세르 3세의
정복과 통합

✤

비밀에 싸인 출신 배경

림무 연대기에 따르면 티글라트 필레세르 3세는 칼후에서의 반란이 기록된 기원전 746년의 이듬해 기원전 745년 아야루 월 13일에 즉위했다. 이전까지의 왕들은 기념 비문 안에서 반드시 '왕이었던 아무개의 아들'이라며 자신이 왕이었던 아버지의 계통에 속하는 정당한 집안 출신임을 기록했다. 그런데 그 관행에 반하여 티글라트 필레세르 3세는 몇몇 예외 말고는 직접 쓰게 한 비문에 출신을 기록하지 않았다. 이러한 상황 증거에서 티글라트 필레세르 3세는 쿠데타를 일으켜 아슈르 니라리 5세를 물러나게 하고 왕위를 찬탈했거나 어떤 내란 과정에서 힘으로 왕권을 장악한 것으로 추정할 수 있다.

아슈르 신전의 기단을 구성한 벽돌 중에는 예외적으로 건립자인 티글라트 필레세르 3세의 이름을 그 아버지의 이름과 함께 '아시리아 왕 아다드 니라리 3세의 아들 티글라트 필레세르 3세'라고 기록해 놓은 것이 있다. 이를 믿는다면 티글라트 필레세르 3세는 아다드 니라리 3세의 뒤를 이은 아들 샬마네세르 4세 및 그 뒤를 이은 아다드 니라리 3세의 아들 아슈르 니라리 5세의 형제였다는 뜻이 된다. 아버지의 말년에 태어난 아들이라고 해도 즉위할 때는 40세 전후였을 것으로 추정되는데 전임자였던 형제들과는 다른 어머니에게서 태어나서 정식 왕위 계승 후보는 아니었을 가능성이 높다.

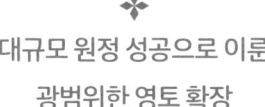

대규모 원정 성공으로 이룬
광범위한 영토 확장

티글라트 필레세르 3세는 18년이라는 통치 기간에 고대 서아시아의 정치 판도를 쇄신하고 아시리아의 영토를 그때까지 획득한 규모를 훨씬 뛰어넘는 거대 국가로 끌어 올렸다. 기원전 9세기의 야심찬 군사 지도자 아슈르나시르팔 2세와 샬마네세르 3세가 실행한 군사행동과 비슷하게 티글라트 필레세르 3세는 먼 나라의 변경으로 해마다 대규모 원정을 계획했다.

치세를 시작하는 동시에 남쪽의 바빌로니아로 향했고 아시리아와 바빌로니아 사이에서 종종 영토 쟁탈 무대가 된 티그리스강 동쪽에서 아시리아 지배를 확보했다. 그리고 뒤이어 북서쪽과 북쪽의 대립 국가로 공격 방향을 정했다. 치세 2년(기원전 743년)부터 6년(기원전 739년)에 걸쳐서는 우라르투와 그 동맹국인 북시리아의 여러 국가와 싸웠다. 북쪽의 본국 영토에서 시리아로 남하하려고 한 우라르투군을 격퇴하고 북시리아의 주요 반아시리아 세력인 아르파드를 점령해 아시리아령으로 편입했다.

그 뒤를 이어서 연쇄적으로 일어난 전투의 결과 티글라트 필레세르 3세는 운키Unqi(파틴), 하타리카, 지미라Zimirra, 아람 다마스쿠스, 이스라엘 왕국 북부 등 수많은 영토를 차례대로 점령, 아시리아의 고유 영토로 합병해서 행정주로 재편했다. 유프라테스강이라는 역사적 국경을 넘어 지중해 동안까지 확대된 제국 고유 영토의 바깥쪽에서는 남동 아나톨리아, 페니키아 해안, 이스라엘, 유다, 펠리시테 지역(팔레스타인 남부의 해안 지역), 요르단강 동안의 많은 왕국이 아시리아의 종주권을 받아들이고 무거운 연공을 바치는 조공국이 되었다.

이렇게 서쪽 여러 국가의 합병과 지배를 확립시키자 아시리아군은 북쪽의 반호 주변을 거점으로 강력한 세력을 구축한 우라르투 왕국의 중추와 동쪽의 메디아 국가들을 향해 진군했다. 동쪽에서는 크고 작은 지방 영토가 전부 항복했고 그들의 영토는 아시리아의 행정주로 재편되어 지역의 거점 도시가 아시리아의 행정 센터의 기능을 했다.

단일 왕권으로 통합된 아시리아와 바빌로니아

티글라트 필레세르 3세는 치세 말기에 남쪽으로 주의를 돌린다. 바빌로니아의 아람계 여러 부족을 굴복시키고 바빌론을 지배한 바빌로니아 남부 칼데아Chaldea의 비트 아무카니Bit-Amukani족 무킨 제리Mukin-zēri를 몰아낸다. 그는 바빌론의 왕권을 장악해 바빌로니아 왕의 전통적 칭호인 '수메르와 아카드의 왕' 및 '바빌론의 왕'이라고 했다. 그리고 바빌로니아 유력 도시의 동의를 얻어 바빌론에서 정식 왕으로 왕위에 올랐으며 봄의 신년을 축하하는 아키투Akitu 축제에 참여하여 주신 벨(마르두크)의 손을 잡고 제례 의식을 거행했다.

이렇게 해서 아시리아와 바빌로니아가 왕 한 사람의 권한으로 통치되는 새로운 정치적 국면이 탄생했다. 강력한 구심력과 독립 의지를 가진 바빌론을 비롯해 유력한 신전을 중심으로 오랜 전통을 자랑하는 바빌로니아의 주요 도시를 제국 안에 정치적으로 통합한다는 이 새로운 바빌로니아 지배 방식은 뒤를 잇는 아시리아 왕들에게도 기본적으로 계승된다. 그러나 뒤에서 설명하듯이 바빌로니아 통치는 그 후의 아시리아 제국에 닥친 가장 복잡하고 심각한 정치적 · 종교문화적 과제가 되었다.

제2장

왕권 강화와 정복지 통치를 위한
행정 시스템

✤

제국 건설자의 업적록 왕의 연대기

티글라트 필레세르 3세의 치세에 관해서는 왕의 기념 비문과 칼후에서 출토된 왕실 서신이 많은 정보를 제공한다. 그중 정복 전쟁과 정복지의 행정주 재편이 가장 분명하게 드러난 것은 왕의 기념 비문, 특히 연대기다. 티글라트 필레세르 3세는 수도 칼후의 성채에 새로운 왕궁을 지었다. 이 왕궁은 훗날 기원전 7세기의 왕 에사르하돈(아카드어로 아슈르 아하 이디나Aššur-aḫa-iddina)이 자신의 왕궁을 지었을 때 해체되었고 신왕궁('남서 궁전')의 건축 자재로 사용되며 뿔뿔이 흩어졌는데 그 일부가 성채(시타델)의 중앙부에서 발견된 점에서 '중앙 왕궁'으로 불렸다. 그러나 티글라트 필레세르 3세 비문에서 볼 수 있는 왕궁 건설 기사에 따르면 원래는 에사르하돈의 왕

161

그림 4-1 왕궁 벽에 얕은 돌을새김 조각으로 그려진 티글라트 필레세르 3세

궁과 거의 같은 남서 부분에 세워졌다고 생각할 수 있다.

왕궁은 수많은 좁고 긴 방(홀)으로 이루어졌는데 티글라트 필레
세르 3세는 그 내벽에 왕의 전투와 의례 장면에 관한 부조와 함께
왕의 정복 전쟁과 왕궁 건설에 대해 자세하게 기록하는 연대기를
새기게 했다. 기존 왕의 연대기는 점토판, 점토제 각기둥, 석판, 각
종 석제 기념비에 기록되었는데 티글라트 필레세르 3세는 자신의
정복 전쟁 기록을 방의 내벽 공간을 전부 활용해서 유례없이 상세
하게 남겼다(그림 4-1).

안타깝게도 이 연대기는 3분의 1 정도만 회수되었는데 왕의 상세

한 원정을 알기 위한 가장 중요한 사료 중 하나다. 이 왕궁의 연대기와 그 외 각종 왕 비문은 주변 나라들의 정복과 전리품이나 공물 획득을 자랑했다. 그뿐만 아니라 정복한 나라들의 주민을 이동시킨 후 정복지를 아시리아의 행정주로 재편해서 아시리아의 관리(환관)를 지사로 두고 이곳을 관리했다는 사실을 상세하게 기록했다. 일례로 지중해로 흘러 들어오는 오론테스강 계곡의 왕국 운키(다른 이름 파틴)에 관한 기사를 인용한다.

[운키의 왕 투탄무 또는 투탐무Tutammu는 위대한 신들의 서약을 버리고] 자신의 목숨을 아끼지 않았다. ……[…] ……나는 화가 나서…… 투탄무의 […]를 그의 관료들과 함께 […] 그의 왕도인 키날루아를 정복했다. (그의) 백성과 그 재산을 헤아렸다. […] (고가의) 노새를 양과 염소인 것처럼 군대 안에서 배급했다. […] 나는 내 왕좌를 투탄무의 왕궁에 두었다. […] 무거운 단위로 300달란트의 은, 100달란트의 […], 전투 도구, 극채색의 옷, 아마로 만든 옷, 모든 종류의 향료, 그의 왕궁에 있는 재산[을 밖으로 실어 날랐다]. 나는 키날루아를 굴복[시켰고] 운키의 모든 땅을 재편해서 […] 내 [환관(들)]을 지사로서 그 위에 임명했다. (RINAP 1, 11)

정복당한 나라들의 이름, 획득한 전리품·공납품, 강제 이주에 따른 주민 교체, 과세, 환관의 지사 임명 등을 끊임없이 보고하는 이 연대기는 수많은 점토판에 쓰인 왕의 업적을 요약하여 보고하는 비문과 대조하면 그 개요를 복원할 수 있다. 문학적으로는 조금 지루하지만 서아시아의 넓은 지역을 잇달아 병합해서 행정주로 재편하여 영토를 급속하게 확장해 가는 과정이 나타난 '제국 건설자' 특유의 '업적록'이다.

✦
정복지의 생생한 정보를 담은 왕실 서신

왕의 연대기와 연대사 같은 편년 사료가 아시리아의 정복과 영토 병합의 개요를 알려준다면 제국 각지의 관료와 관리들이 왕궁으로 보낸 서신은 정복지에서 일어난 생생한 사건을 알려준다. 신아시리아 시대의 왕실 서신은 주로 칼후와 니네베에서 출토되었으며, 현재 3,000점 정도가 확인된다. 이들 서신은 핀란드 헬싱키대학교 시모 파르폴라Simo Parpola의 주도적인 연구로 해독과 출판이 진행되었다.

티글라트 필레세르 3세의 치세 이후로는 칼후에서 출토된 서신 150점 정도가 전해진다. 이 서신들은 대부분 각지의 고관이나 유력자가 왕에게 보낸 것이다. 발신지는 아시리아 중심부의 주요 도시, 페니키아 해안이나 시리아 전역, 자그로스 서쪽 기슭의 자무아 지역까지 이어지는 티그리스강 동안 지역, 바빌로니아 등에 이르렀으며 보낸 사람은 아시리아의 고관들 외에도 바빌로니아 여러 도시의 유력자들도 포함된다. 또한 왕이 각지의 고관이나 바빌로니아의 유력자에게 보낸 서신 7점도 발굴됐다. 그리고 왕이 외지에 체류하는 동안 수도 칼후에 머무르며 국정을 관리한 왕세자 울룰라유(훗날 샬마네세르 5세)가 왕에게 보낸 서신 4점도 전해진다.

편지에는 보통 날짜가 없어서 종종 역사적 맥락을 확정하기 어렵지만 체계적 연구를 통해 왕 비문에는 드러나지 않는 행정관의 활동이나 인간관계, 도로와 소통 시스템의 실태, 역사적 사건의 배후 관계, 그리고 일상적으로 쓰는 구어인 아카드어 신아시리아 방언이나 서신의 서식 등 많은 사실이 밝혀졌다. 여기에서는 일례로 티글라트 필레세르 3세의 치세 기간에 지중해 해안의 페니키아 지방 도시 지밀라의 행정장관이었던 쿠르디 아슈르 라무르Qurdi-Assur-Iamur가 보낸 한 통의 서신을 통해 무엇을 알 수 있는지 살펴보고자 한다.

그는 페니키아 해안 일대가 티루스와 시돈 등 주요 도시 국가를 제외하고 전부 아시리아군에게 정복·병합된 직후의 모습에 대해 다음과 같이 왕에게 보고했다.

내 주인인 왕이시여. 당신의 종 쿠르디 아슈르 라무르는 다음과 같이 아뢰옵나이다. 왕께서 '그에게는 친절하게 말하라'고 하신 티루스의 (왕)에게 모든 항구는 개방되었으며 항구에서는 그의 신하들이 드나들며 자유롭게 물건을 사고 팝니다. 레바논 산지의 관리도 그의 재량에 맡겼으므로 그들은 산을 오가며 목재를 싣고 내려옵니다. 저는 목재를 베어 내는 모든 자에게서 세금을 징수하고 레바논 산지의 모든 교역 센터에 세금 징수인을 임명했습니다. 그들은 산을 계속 감시하고 있습니다. 그러나 시돈 사람들이 (왕의 명령을 따르지 않고) 제가 시돈의 교역센터에 임명한 세금 징수인을 내쫓았기에 저는 이투아Itua인(경찰대, 반란의 조짐이 있는 정복지나 점령지에 배치되어 질서유지 임무를 맡은 특수 군사 집단-감수자)을 레바논 산으로 보내서 그들이 (현지 주민을) 위협해 진압하도록 했습니다. 나중에 시돈 사람들은 (명령에 복종한다는) 편지를 보냈고 세금 징수인을 시돈으로 데려왔습니다. 저는 다음과 같이 그들에게 명령했습니다. 목재를 싣고 내려와라. 당신들은 그곳에서 일해라. (하지만) 이집트인과 펠리시테인에게는 목재를 팔면 안 된다. 그렇지 않으면 당신들을 산에 올라가게 할 수 없다.

(SAA 19, 22)

티루스는 동지중해 연안에서 1km 정도 앞바다에 있는 섬에 세워진 도시 국가이며 그 밖의 서신과 왕 비문의 정보를 대조해보면 이 서신은 기원전 734~732년 무렵에 아시리아가 티루스 대륙 쪽의 배후지를 지배한 직후의 상황을 반영했다고 볼 수 있다. 아시리아는 페니키아인의 상업 활동을 보호하며 목재 등의 상품에 세금을 부과해서 수익을 올렸고 당시 아시리아에 여전히 적대한 이집트와 펠리시테 나라들에 대해서는 목재 수출을 금지하며 경제적 제한을 추가하는 정책을 실시했음을 알 수 있다.

✤
행정주 재편과 다방향 강제 이주 정책

티글라트 필레세르 3세가 시행한 정복과 병합 정책 결과 아시리

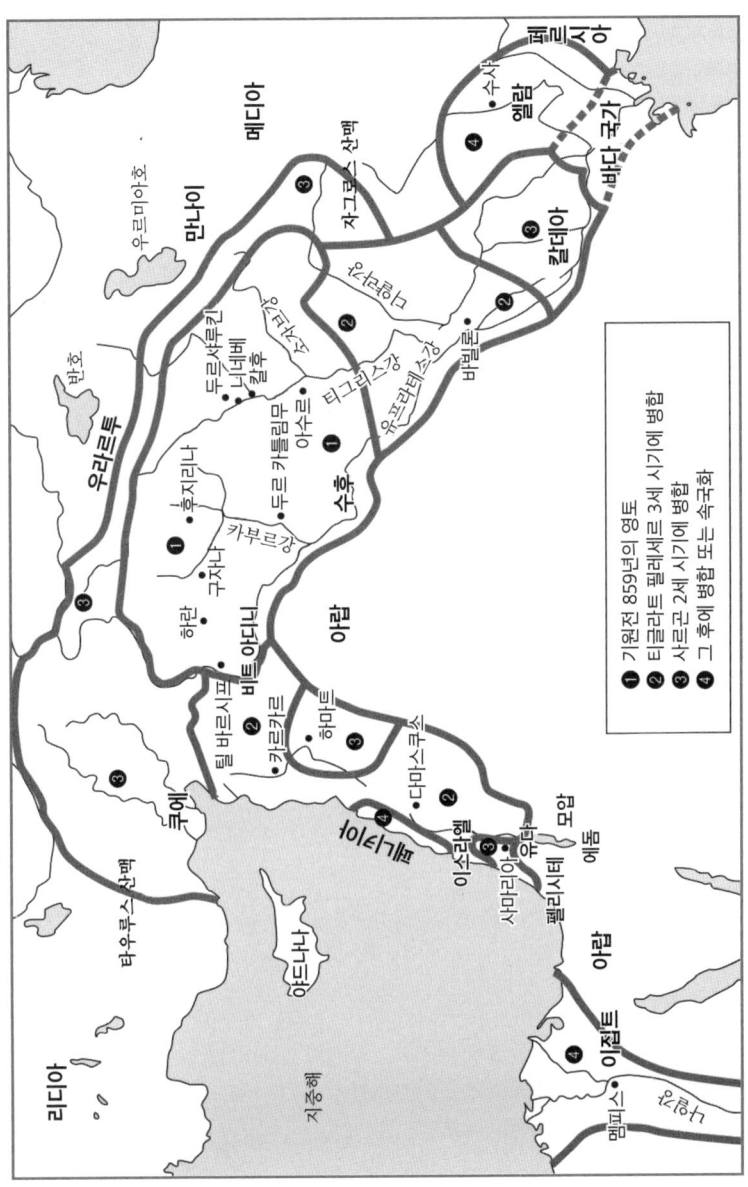

그림 4-2   아시리아의 확대 과정

아의 고유 영토는 즉위한 당시보다 두 배로 넓어졌다(그림 4-2). 새로 정복한 영토는 아시리아의 행정주로 재편되었는데 티글라트 필레세르 3세는 이미 성립한 행정주 중 큰 지역을 세분화하여 재편한 행정주에 왕에게 충실한 환관을 앉혔다. 이로써 한때 분권화 시대에서처럼 왕에게 필적하는 유력자가 등장할 가능성을 없애고 고급 관료가 세습으로 큰 영지와 권력을 확보하는 것을 허용하지 않았다. 이를 통해 왕에게 권력을 집중시켰다.

그 후에도 아시리아 영토의 확대와 함께 행정주는 그때그때 재편되어 에사르하돈의 시대가 끝날 때까지 기본적으로 균등한 행정 및 재정 규모를 가진 50개 이상의 행정주로 분할되었다. 도시와 촌락에 집중되어 인구 밀도가 높은 아시리아 중심부에서는 행정주의 면적이 작았고 미개척 지역의 행정주는 컸다고 생각할 수 있다.

행정주의 형성에서 새로운 형식의 강제 이주 정책이 시작되는 점을 주목해야 한다. 기존에 시행해 온 포로 정책은 정복지의 주민을 아시리아 중심으로 압송해 중앙의 군비, 토지 개발과 건축 사업에 인적 자원을 공급하는 방식이었다. 티글라트 필레세르 3세는 기존의 포로들에 더해 수많은 피정복지 주민을 제국의 먼 지방 각지로 이주시켰다. 또한 주민들을 이주시킨 지역에는 또 다른 먼 곳의 포로들을 옮겨와 정착시키는 다방향 강제 이주 정책을 실시했다. 이 정책은 이후 왕들에게도 계승되어 제국 건설의 핵심 전략이 되었다. 그 결과 인구 구성이 크게 뒤바뀌고 아시리아 국가의 성격도 본

질적으로 변화하게 되었다.

이 정책은 피지배 백성이 고향과의 인연을 끊고 서로 다른 출신지의 사람들끼리 섞이도록 함으로써, 주민 간 결속을 약화시켜 반란 가능성을 최소화하려는 데 목적이 있었다. 동시에 수많은 전리품과 공납으로 부와 인구가 아시리아 중심지나 영토 내로 유입되어 각지의 토지 개척, 토목 공사, 산업 개발, 군사력 증강 등 제국 전반의 기반을 강화하는 효과도 가져왔다. 2020년에 발표된 사노 가쓰지佐野克司의 연구 결과에 따르면 아시리아의 강제 이주 정책을 통해 이동한 인구는 약 150만 명으로 추정된다. 이러한 새로운 인력 자원을 흡수한 아시리아의 군대 조직에는 보병대, 기병대, 전차 부대의 규모가 확충되어 상비군과 왕의 친위대를 정비해 나갈 수 있었다.

✦
아카드어와 아람어, 이중 언어 사용의 정착

이로써 아시리아는 거대한 영토에서 서로 다른 언어로 말하는 다양한 민족 집단의 대규모 이동을 통해 드넓은 지역의 인구 구성을 변화시켰고 이를 행정주로 재편하여 직접 지배하는 복잡한 구조를 이루는 제국으로 변모했다. 고유 영토의 확대와 함께 새로 병합된 영토 내에 거주하던 수많은 아람계 주민이 국내에 유입된 결과 기원전 12세기경부터 아람인이 사용하던 아람어가 아시리아 중심부

그림 4-3　점토판과 파피루스(또는 양피지)에 글을 쓰는 두 서기를 그린 틸 바르시프Til Barsip 왕궁의 프레스코화(복제)

의 표준 언어인 아카드어와 나란히 국내 공용어의 자격을 갖게 되었다.

아시리아 왕국의 아람어 사용은 이미 기원전 9세기에 표준이 되었다고 볼 수 있다. 샬마네세르 3세가 칼후에 건설한 군관구의 궁전에서는 노동자가 벽돌을 정확하게 쌓기 위해 적은 것으로 보이는 아람어 알파벳 기호를 볼 수 있다. 이 기호는 궁전 건축에 사용된 에나멜 장식 벽돌에서 발견되었다. 또한 샬마네세르 3세가 발라와트에 있는 건축물의 문에 장식한 청동제 띠 모양의 부조에도 아람어가 표현된 것을 확인할 수 있다. 그 부조에는 두 서기가 나란히 그려져 있는데, 그중 한 사람은 점토판에 쐐기문자 아카드어를 갈대 펜으로 적고 있고 다른 사람은 파피루스 또는 양피지에 아람어의 알파벳 선문자를 쓰고 있는 것으로 확인되었다. 이 부조는 가장 오래된 사례로 아시리아 각지의 왕궁 내벽을 장식하는 석판 위의 부조나 프레스코화에도 비슷한 도안이 발견되었다. 아카드어를 점토판에 기록하는 동시에 아람어 문서를 남겨서 기록을 확실히 보존·활용하는 방법을 실천했음을 엿볼 수 있다(그림 4-3).

메소포타미아의 문화적 전통을 구현하는 종교문학 문서나 과학 문서는 수메르어와 아카드어로 쐐기문자를 사용해 주로 점토판이나 왁스 라이팅 보드(제8부 제6장 '세계 최초의 국립도서관 아슈르바니팔의 도서관'에서 설명)에 기록했다. 한편, 행정 문서나 일상적인 기록의 경우에는

그림 4-4 이자와 짚단을 결제하는 화물에 붙여 놓은 아람어 점토제 짐표. 뒷면의 날짜(림무명)는 기원전 676년을 나타낸다.

아람어와 아카드어가 동등하게 중요한 언어로 사용되며, 이중 언어 사용이 표준으로 자리 잡았다. 시간이 흐를수록 공용어로서 아람어의 비중과 영향력은 점차 확대되었다고 볼 수 있다. 그러나 파피루스, 양피지, 목제 라이팅 보드 등 아람어를 쓰는 기록 매체는 점토판과 달리 화재나 부식으로 소실되는 경우가 잦아서 소량의 오스트라카(도기 조각)나 점토판에 잉크로 쓴 것(그림 4-4)을 제외하고 신아시리아 시대의 아람어 문서는 거의 남아 있지 않다.

✤
서아시아 최초의 '세계 강국'으로 부상

터글라트 필레세르 3세가 통치하는 동안 배로 늘어난 아시리아의 고유 영토에는 다양한 언어·민족 집단이 원래의 공동체가 해체되며 다른 공동체와 복잡하게 섞이고 각 행정주 안에서 새로운 주민 구성으로 동거하는 복잡한 정치적 통일체가 생겨났다. 또한 그통일체는 이미 절대적인 권력을 쥔 왕과 신뢰할 수 있는 몇몇 신하에 의해 통치되었으며, 병합된 여러 나라의 인재와 부가 왕국 중심부에 모여 그 번영을 뒷받침하는 구조를 지닌 거대 국가가 성립했다. 이 국가의 주변에 만들어진 영향권에는 아시리아 왕의 정치적결정에 동조하며 정기적으로 공납하는 많은 종속국이 딸려 있었다.이것은 바로 '제국'의 정치적 통일체 구조다.

무엇을 기준으로 '제국'이라 부르는지, 또 세계에서 가장 오래된제국이 어느 나라인지는 오래전부터 논의되어 온 주제다. 한편으로는 일정 규모 이상의 지역에 영향력을 행사하는 국가라면 무엇이든제국이라고 부르는 경향도 간간이 보인다. '제국'이라는 말은 언어적으로는 라틴어의 '황제'(임페라토르imperātor)에서 파생되었으며 '제국'의 원형은 다양한 문화와 언어를 가진 주민이 거주하는 광대한영토를 많은 행정주로 분할해서 통치한 로마 제국을 모델로 탄생했다. 그러나 그것과 비교할 수 있는 광역 지배 국가는 훨씬 더 오래전 시대에서도 찾을 수 있다.

　고대 서아시아 연구에서는 기원전 24~23세기에 아가데Agade를 수
도로 하고 각지에 행정관을 배치해서 메소포타미아와 시리아의 넓
은 지역을 지배한 아카드 왕국을 '제국'이라고 부를 수 있는지에 대
해 논의되었다. 아카드 왕조의 왕 사르곤Sargon 1세와 나람 신은 기원
전 2000년대 이후 메소포타미아에서 '세계의 지배자'로 평가되었고
이들을 소재로 한 전설이나 문학 작품이 만들어지면서 아카드 시대
는 '전설적 과거'로 기억되었다. 최근 아카드 왕국의 행정 문서가 메
소포타미아 · 시리아와 그 주변에서 발견되어 연구가 진행되었는
데 특히 나람 신의 치세와 그 이후 단기간 존속한 아카드 왕국은 다
양한 민족을 대상으로 일률적인 행정 규범을 정한 '제국'적 국가 체
제를 실현했다는 견해도 제기된다.

　또한 앞에서 언급했듯이 기원전 14~12세기 무렵의 중아시리아
왕국은 왕의 즉위 의식 중에 영토를 확장하는 정책을 국가의 이념
으로 표명하고 상메소포타미아에 큰 판도를 구축했다. 그리고 히타
이트 신왕국과 이집트 신왕국도 본국인 아나톨리아 중앙부나 나일
강 유역을 넘어 시리아로 진출해 야심적인 광역 지배 목표를 일시
적으로나마 실현했으며 일부 연구자들은 이런 국가들을 제국으로
부르기도 한다.

　하지만 다양한 민족으로 이루어진 다민족 · 다언어 주민에게 이
주 정책을 적용해 인구 구성을 개혁하고 광대한 세계를 행정주로
재편해서 일원적으로 통치했을 뿐만 아니라 주변에 수많은 조공국

을 유지해 가며 복잡한 행정 시스템과 외교 정책으로 다스렸던 절대 왕정 국가로서의 티글라트 필레세르 3세의 치세 이후 아시리아는 질적으로나 규모 면에서도 차원이 다른 초대국이었다. 또한 국가의 내정에 관련해서도 충분한 사료가 뒷받침되어 이 시기의 아시리아가 제국의 조건을 갖추고 있었다고 평가할 수도 있다.

여하튼 아시리아 제국의 광역 지배는 뒤를 이은 대영역 국가인 신바빌로니아나 아케메네스Achaemenes 왕조 페르시아의 여러 제도에 영향을 주었다. 또한 메소포타미아의 후대 역사 예언 문서《제왕조예언》, 헤로도토스의《역사》, 구약성경의 '다니엘서' 등 아케메네스 왕조 말기부터 헬레니즘 시대에 쓰인 문헌에서는 서아시아에서 차례로 부상한 아시리아, 바빌로니아, 메디아, 아케메네스 왕조 페르시아 가운데 아시리아를 가장 먼저 등장한 '세계적 강국'으로 기억했다. 후대의 쐐기문자 아카드어, 그리스어, 히브리어로 된 저작물에서도 아시리아는 '제국'의 원형, 또는 '가장 오래된 제국'으로 간주되었다.

✦
이스라엘의 수도 사마리아를 정복한
샬마네세르 5세

티글라트 필레세르 3세가 사망한 후 아들이자 정당한 왕위 계승자인 샬마네세르 5세(재위 기원전 726~722년)가 즉위했다. 샬마네세

그림 4-5   왕궁 부조에 그려놓은 왕 티글라트 필레세르 3세(왼쪽)와 왕
세자 울룰라유Ululayu(오른쪽). 왕세자는 왕과 같은 '머리띠'를 둘렀다

르 5세가 왕세자 시절에 탄생명인 울룰라유의 이름으로 왕 티글라
트 필레세르 3세에게 보낸 서신(점토판 문서) 4통이 칼후에서 발견되
었다. 이 편지에서 왕세자 울룰라유는 부왕이 원정을 떠난 동안 본
국의 행정을 관리하고 왕에게 근황을 전하는 편지를 보냈음을 알
수 있다. 티글라트 필레세르 3세의 왕궁 내벽의 장식 석판에 그려
놓은 관을 쓴 왕을 마주한 인물은 아마 왕세자 울룰라유였을 것이
다(그림 4-5).

그림 4-6　사자 모양의 추(칼후 출토). 각각의 추에는 아람어와 쐐기문자로 무게를 기록해 놓았다.

　바빌로니아 기원의 편년 사료 〈바빌로니아 연대기〉는 기원전 727년의 테베투 월에 티글라트 필레세르 3세가 사망하자 같은 달에 샬마네세르 5세가 아시리아와 바빌로니아의 왕으로 즉위한 것을 기록했으며 왕위 계승은 확실히 신속하게 진행되었다. 그러나 샬마네세르 5세의 5년이라는 짧은 치세에 관해서는 아무것도 알려지지 않았다. 샬마네세르 5세의 왕 비문으로는 그 이름을 기록한 사자 모양의 청동제 추 여러 개가 칼후에서 출토된 것 이외에는 전혀 알려진 바가 없다(그림 4-6). 샬마네세르 5세의 업적으로 알려진 유일한 사건은 이스라엘 왕국의 수도 사마리아를 점령한 것이다. 〈바빌로니아 연대기〉는 '샬마네세르가 사마리아를 파괴했다'라고 짧게 기록했으며 후대의 역사 기술인 구약성경('열왕기 하' 17장 3~6절, 18장

9~11절)과 티투스 플라비우스 요세푸스Titus Flavius Josephus의 《유대 고대사》(9권 15절)도 샬마네세르 5세의 사마리아 점령을 기록했다.

'림무 연대기'에 남아 있는 샬마네세르 5세의 치세와 관련된 몇 줄은 거의 파손되었는데 왕이 다른 군사 원정을 떠난 것으로 추정되나 정확한 내용은 알 수 없다. 샬마네세르 5세에 이어 왕이 된 사르곤 2세가 통치하는 동안 이미 사마리아와 아다나Adana 평원의 쿠에Kue(고전 고대의 킬리키아Cilicia)가 아시리아의 행정주로 편입된 사실이 사르곤 2세 시대의 사료를 통해 확인된다. 따라서 이 지역들의 병합은 샬마네세르 5세의 치세 기간에 일어난 것으로 추측할 수 있다.

제5부

사르곤 2세와
사르곤 왕조

메소포타미아 최초의 제국 건설과
통일을 이끈 사르곤 왕조

❖
사르곤 2세는 왕위 찬탈자인가?

〈바빌로니아 연대기〉에 따르면 살마네세르 5세는 치세 5년(기원전 722년)의 테베투 달에 사망하고 사르곤 2세(재위 기원전 721~705년)가 그달 12일에 왕위에 올랐다. '사르곤'이라는 이름은 히브리어 성경(구약성경)에서 사용된 것으로 구약성경 '이사야서' 20장 1절에는 "아시리아 왕 사르곤이 보낸 장군이 아시도드Ashdod에 와서 그곳을 공격해 약탈한 해"라는 기록이 전한다. 아시도드는 가자Gaza 북쪽에 위치하는 펠리시테의 주요 도시로, 아시리아에 거듭 반란을 일으켰으나 기원전 711년 사르곤 2세의 징벌 원정으로 정복되었다. 이 사실은 사르곤의 두르 샤루킨 왕궁에 남아 있는 연대기에 기록되어 있으며, 이때 세워진 아시리아의 기념비 조각 또한 아시도드의 유적에서 발견되었다.

사르곤의 이름은 아카드어로는 샤루킨/켄šarru-kīn/kēn이며 '진짜 왕' 또는 '왕은 진실하다'를 의미한다. 그런데 사르곤 2세라고 부르는 이유는 고아시리아 시대(기원전 19세기)의 사르곤(샤루킨) 1세를 잇는 같은 이름을 가진 아시리아 왕이라고 여겨졌기 때문이다. 샤루킨의 이름은 기원전 23세기에 메소포타미아를 통일한 아카드의 사르곤(샤루킨)을 모방한 것이라고 생각해 왔다. 그러나 이 이름은 고아시리아 시대의 사르곤 1세 이후 아시리아에서는 오랫동안 사용한 적 없는 왕명이다. 신아시리아 시대에는 아다드 니라리, 샬마네세르, 투쿨티 니누르타, 샴시 아다드, 아슈르나시르팔, 티글라트 필레세르와 같은 특정 이름을 왕명으로 반복해서 채용해 왔다. 사르곤 2세의 이름은 이러한 전통에서 벗어난 '진짜 왕'으로서 자신의 왕권을 정당화한 것으로 추측된다.

티글라트 필레세르 3세가 그랬듯이 사르곤 2세도 수많은 기념 비문을 남겼지만 비문에서 자신의 출신을 다룬 적이 거의 없다. 게다가 즉위 직후에 작성된 비문에 따르면 사르곤 2세는 전임자 샬마네세르 5세가 아수르시의 특권적 지위를 존중하지 않고 악의적으로 시민을 징용했다고 판단했다. 그래서 주신 아슈르는 샬마네세르 5세를 버리고 사르곤 2세를 새로운 왕으로 임명했다고 주장했다. 덧붙여 사르곤 2세는 즉위 초기 아시리아인 범죄자 6,300명을 시리아의 하마드로 추방하고 그곳에 살게 했다고 다른 비문에 기록되어 있는데 즉위 당시 내란이 있었다는 사실을 암시한다.

이러한 상황 증거를 토대로 사르곤 2세는 종종 전임자를 힘으로 제거하고 왕위에 오른 왕위 찬탈자로 간주되어 사르곤 2세와 그 후계자들은 그가 창시한 개별 왕조 '사르곤 왕조'에 속한다고 추측해 왔다.

출신을 둘러싼 수수께끼

사르곤 2세의 출신을 둘러싸고 몇 가지 근거가 전한다. 아수르 건축물 벽면을 장식한 도자기 장식판 몇 점에 사르곤의 계보가 기록되어 있는데, 거기에는 '아시리아 왕 티글라트 필레세르 3세의 아들'로 언급되어 있다. 또한 바빌로니아에서 왕 사르곤 2세에게 보낸 서신에도 사르곤 2세의 아버지로 '티글라트 필레세르'의 이름이 등장한다. 이러한 증거들을 받아들인다면 사르곤 2세는 티글라트 필레세르 3세의 아들, 전임자 샬마네세르 5세의 형제 또는 이복 형제이며 아시리아 왕실의 혈통을 이어받은 인물이었다는 뜻이 된다.

표의문자와 음절문자로 다양하게 표기할 수 있는 사르곤의 이름은 앞에서 말했듯이 일반적으로는 샤루킨/켄('왕은 진실하다')이라고 읽는데 샤루 우킨šarru-úkin('신은 왕을 확고한 자로 삼았다'라는 뜻)으로 표기하는 경우가 많다. 샤루 우킨은 신하 등에게도 사용될 수 있는 이름이었기 때문에, 이를 즉위명으로 보기 어렵다는 해석이 있다. 그리고 사르곤 2세가 즉위한 후에 이 이름이 샤루킨('왕은 진실하다')으로 재해석되었다는 견해도 있다.

이렇듯 사르곤 2세의 출신이나 이름은 여전히 불명확한 점이 꽤 많지만 사르곤 2세와 그의 자손은 그때까지의 아시리아 왕 계보와는 선을 그으며 새로운 시대와 왕조를 운영하려는 의지를 가진 것처럼 보인다. 사르곤 2세의 왕위를 계승한 아들들의 이름은 센나케리브·에사르하돈·아슈르바니팔로, 모두 이전에 아시리아 왕통에서 반복적으로 채용된 즉위명과 다른 점은 상징적이다. 또한 바빌로니아 기원의 왕명표 〈바빌로니아 왕명표A〉에는 플루Pulu(티글라트 필레세르 3세의 별칭)와 울룰라유(샬마네세르 5세의 별칭)를 '발틸Baltil(아수르) 왕조'에 속하는 것으로 기록하는 한편 사르곤과 센나케리브는 '하비갈Habigal 왕조'에 속하는 것으로 언급하며 샬마네세르 5세와 사르곤 2세 사이의 왕조가 단절되었음을 나타냈다.

이러한 일련의 자료에서 도출되는 결론은, 설령 사르곤 2세의 아버지가 티글라트 필레세르 3세였다고 하더라도, 사르곤 2세의 어머니는 하비갈이 시사하듯 하니갈바트, 즉 아시리아 서방 지역 출신이었을 가능성이 있다는 점이다.

사르곤 2세의 형제로서 '재상'sukkallu으로 행정에서 충실한 역할을 수행했던 신 아후 우수르Sin-ahu-usur, 사르곤 2세의 아들이자 후계자인 센나케리브, 그리고 에사르하돈의 아들로 한때 왕위 계승자로 예정되어 있었던 왕자(아슈르바니팔의 형) 신 나딘 아플리Sin-nadin-apli가 모두 서방 지역에 기원을 둔 달의 신 '신Sin'을 신명神名 요소로 포함한 이름을 지니고 있었다는 사실은 그 일족이 달의 신 신과 어떤 관련을 맺고 있었음을 보여준다.

또한 뒤에서 다시 언급하겠지만, 사르곤 2세가 건설한 새로운 수도 두르 샤루킨의 왕궁에 인접하여 조성된 신전 구역의 주신이 달의 신 신이었을 것으로 보인다는 점 역시 사르곤 2세가 서방 지역의 달의 신 숭배 중심지와 밀접한 관계를 맺고 있었으며 그의 계통이 샬마네세르 5세까지 이어지는 왕의 계보와는 일정한 선을 긋는 특징이 있었음을 암시한다.

✤

두 구의 유골 중 사르곤의 어머니는 누구?

사료가 풍부한 신아시리아 시대, 특히 아시리아 제국기에 관해서는 서신 사료를 필두로 계약 문서, 행정 문서, 왕 비문에서 왕의 친족에 관한 정보를 찾을 수 있다. 그 가운데 왕의 친족에 대해 놀랄 만한 정보를 제공한 것은 1988~1989년 이라크 발굴단의 조사로 칼후 북서 궁전의 남쪽 부분에 있던 왕족의 거주 구역 바닥 아래에서 발굴된 왕비들의 무덤 네 기다. 기원전 9~8세기에 지어진 그 무덤들은 구운 벽돌, 흙벽돌과 석탄암으로 만들어진 아치형 천장이 있는 여러 개의 묘실로 구성되었다. 내부에서는 관에 들어간 유골 외 보석, 장식품, 토기, 매장 비문 등이 발견되었다. 같은 형식의 무덤은 아수르의 왕묘에서도 볼 수 있다.

　네 무덤 중 하나(49실 지하의 무덤Ⅱ)에서는 두 여성의 유골을 위아래로 겹쳐서 넣은 관이 여러 부장품과 함께 발견되었다. 묘실에서 찾은 매장 비문에는 다음과 같은 글이 있었다.

샤마시신, 에레슈키갈Ereshkigal 여신과 아눈나키Anunnaki(수메르 및 아카드 신화에 등장하는 신들의 집단-역자) 신들의 명령으로 운명이 왕비 야바를 죽음으로 데려갔고 그녀는 조상들에게 가는 길을 걸어갔다. 앞으로 몇 명이든 —옥좌에 앉는 왕비든 왕에게 사랑받은 궁정의 여인이든—나를 내 무덤에서 제외하거나 누군가 다른 사람을 함께 두거나 악의적으로 내 보물에 손을 뻗거나 그 무덤의 봉인을 해제하는 자는 그 영혼이 (땅) 위에서는 태양 아래 목이 말라 황야를 떠돌고 아래에서는 명계에서 아눈나키의 신들과 함께 쏟아진 물, 맥주, 포도주, 보릿가루를 얻지 못하기를. (RINAP 1, 2003)

　이 비문에는 야바가 누구의 왕비인지 쓰여 있지 않지만 같은 무덤에서 발견된 금사발 두 개에는 그 소유자를 나타내는 비명 '아시리아 왕 티글라트 필레세르 3세의 비(아내) 야바의 소유물'이라고 되어 있어 묘실과 관이 티글라트 필레세르 3세의 비 야바라는 사실을 암시한다.

　그러나 이미 말한 대로 야바의 매장 비문에 기록된 금기를 무시한 채 그 관에는 다른 시신이 함께 들어 있었다. 또한 묘실에는 야바 이외의 두 여성의 소유물도 남아 있었다. '아시리아 왕 샬마네세르 5세의 왕비 바니투의 소유물'이라는 글이 새겨진 금사발과 청동 화장 상자 및 '아시리아 왕 사르곤 2세의 비 아타리아의 소유물'이라는 글이 새겨진 금사발, 크리스털 병, 청동 거울이다.

　대부분의 연구자들은 두 시신은 기존 무덤의 주인이 분명한 야바와 연대적으로 가장 후대의 인물인 아타리아일 것이라고 추측했다. 야바의 매장 비문에도 개의치 않고 또 다른 시신이 함께 매장된 것은 아타리아가 야바와 같은 집안 사람이었기 때문이라고 생각하면 설명될 듯하다. 하지만 그렇다면 바니투는 어떻게 된 것일까?

　영국 옥스퍼드대학교의 스테파니 달리 교수는 야바가 북서 셈어로 '아름답다(야파jaffa)'라는 뜻이며 바니투는 아카드어 번역이라고 생각했다. 그래서 두 사람은 동일 인물이라고 주장하며 두 구의 시신은 야바(=바니투)와 아타리아라고 설명한다. 또한 달리 교수는 야바와 아타리아의 이름은 히브리어이며 외교적 혼인에 의해 유다 왕국의 예루살렘에서 와서 아시리아의 하렘(왕궁의 부인들이 거처하는 방)으로 들어간 여성들일 것이라고 추측했다. 사실 아시리아 제국의 왕비가 북서 셈어와 아카드어의 이중 이름을 갖는 경우는 훗날 에사르하돈의 어머니가 나키아Naqia/자쿠투Zakūtu(서셈어와 아카드어로 '맑다, 깨끗하다')라는 두 이름으로 불렸다는 점을 감안하면 있을 법한 일이다. 따라서 연구자들은 이 가설을 매우 진지하게 고려

했다.

그러나 야바나 아타리아의 이름은 히브리어, 페니키아어, 아람어, 아라비아어 등일 가능성이 있어 유다 왕국의 딸이라고 분명하게 확정할 수 있는 것은 아니다. 또한 이 가설을 따르면 티글라트-필레세르 3세의 아내이자 그의 아들 샬마네세르 5세의 아내가 동일 인물이었다는 뜻이 된다. 게다가 사르곤 2세의 쿠데타로 제거된 샬마네세르 5세의 아내였던 바니투와 사르곤 2세의 아내 아타리아가 과연 같은 무덤에 묻혔을까 하는 의문도 남는다. 좀 더 설득력 있는 시나리오로는 바니투의 소유물이 사르곤 2세의 쿠데타 때 얻은 전리품으로 넘어가 아내 아타리아에게 전달되었고, 아타리아가 사망한 후 그 소유물과 함께 부장품으로 묘실에 넣어졌을 가능성을 생각할 수 있다.

과연 사르곤 2세는 야바가 낳은 아들일까, 아니면 다른 여성이 낳은 아들일까? 정확한 진실은 알 수 없지만 사르곤 2세의 아내 아타리아가 사르곤 2세의 아버지 티글라트 필레세르 3세의 아내 야바와 함께 서셈 계통이라고 생각할 수 있는 이름을 가졌다는 점은 매우 흥미롭다. 제국기 아시리아의 하렘에는 서쪽에서 온 여성들이 꽤 있었고 사르곤 2세와 그 자손들은 기꺼이 서쪽 출신의 여성을 왕비로 선택했던 것으로 보인다.

서아시아 전역으로 뻗어간 아시리아의 전성기

'사르곤 왕조'에 속하는 것으로 여겨진 사르곤 2세의 세 후계자, 센나케리브 · 에사르하돈 · 아슈르바니팔 시대에 아시리아 제국은 전성기를 맞이한다. 이 시대에 아시리아의 지배는 고대 서아시아 전역에 미쳤고 그 영역은 소아시아, 동지중해, 아라비아반도 북부, 북아프리카, 코카서스 지방, 메소포타미아, 자그로스 지역을 포함하여 리디아Lydia, 페니키아 국가들, 이스라엘과 유다, 아랍 유목민, 바빌로니아, 엘람, 메디아 국가들까지 아시리아에 대항하는 나라들은 전부 점령되거나 조공국으로 아시리아의 지배를 받아들였다.

이러한 아시리아의 전성기에 대해서는 아수르, 칼후, 두르 샤루킨, 니네베 등 아시리아 중앙의 주요 도시뿐만 아니라 변경까지 포함한 제국 판도의 각지에서 발견된 건축 유구와 많은 양의 다양한 문서 사료가 알려준다.

점토로 만든 각기둥, 원통 인장, 점토판, 건축물이 있는 각지와 각종 기념비에 새겨진 다양한 왕 비문은 군사 원정과 건축 사업에 대해 이전 시대보다 훨씬 많은 정보를 제공한다. 아시리아와 바빌로니아에서 편집하고 여러 점토판에 써서 남긴 연대사 2종 '림무 연대기'와 〈바빌로니아 연대기〉는 연대기 형식의 왕 비문과 나란히 이 시기의 사건을 역사적으로 재구성할 수 있게 해준다.

또한 왕궁의 내벽 등에 조각해 놓은 부조는 군사, 건설 사업, 의례에 대한 귀중한 도상 자료를 제공한다. 덧붙이면 칼후와 니네베에서는 왕, 관료, 관리, 학자, 제사장 사이에서 주고받은 서신을 비롯해 행정 · 경제와 사회 내정을 엿볼 수 있는 행정 문서와 계약 문서, 역사적 사건을 반영한 점 문서, 의례 문서, 문학 작품 등 수천 점에 달하는 온갖 다양한 문서 사료가 발견되어 이 시대의 역사, 사회, 문화를 입체적으로 복원할 수 있게 도와준다.

제2장

사르곤 2세, 군사 원정으로
바빌론 지배를 확립

✤
즉위 후의 반란 진압과 제국의 질서 회복

왕위를 찬탈해 즉위한 사르곤 2세는 내부 혼란을 수습하느라 첫
해에는 원정에 나설 수 없었다. 주변의 여러 나라에서는 불안정한
왕위 계승에 따른 아시리아의 내정 혼란을 '아수르의 속박'에서 벗
어날 절호의 기회라 여기고 반란의 기운이 높아졌다. 바빌로니아에
서는 남부 칼데아 비트 야킨Bit Yakin족의 마르두크 아플라 이디나Marduk-
apla-iddina(구약성경의 므로닥 발라단Melodach-baladan)가 바빌론의 왕위를 빼
앗고 동쪽의 대국 엘람과 동맹을 맺어 바빌로니아를 제압했다. 바
빌론은 아시리아의 지배에서 벗어났고 사르곤 2세는 바빌로니아
지배를 쉽게 회복하지 못했다.

서쪽의 전선에서도 하마드의 야후비디Yahu-Bihdi(일루비디Ilu-Bihdi—역

191

그림 5-1 기원전 1000년대의 레반트

자)가 아르파드, 지밀라, 다마스쿠스, 사마리아 등 한때 티글라트

필레세르 3세와 샬마네세르 5세에 의해 아시리아에 병합된 유력

도시를 선동해서 반아시리아 동맹을 형성했다. 이곳에서 사르곤 2

세는 반란을 진압하고 반란을 일으킨 여러 주를 굴복시켜 재병합에

성공했다(그림 5-1).

구약성경('열왕기 하' 17장 6절)은 샬마네세르 5세의 사마리아 침공

기사에 이어 '아시리아의 왕'이 사마리아의 수많은 주민을 포로로 잡아 시리아 카부르강 삼각지대의 구자나, 아시리아 중심 지역의 할라프, 그리고 멀리 동쪽의 메디아에 보낸 것을 기록했다. 이른바 이스라엘의 '잃어버린 10부족'을 포획한 '아시리아의 왕'이 샬마네세르 5세인지, 아니면 사르곤 2세인지에 대해서는 꾸준히 논의되어 왔다.

구약성경이 어떻게 사실을 반영했는지 하는 문제는 제쳐놓고 일반적으로 샬마네세르 5세가 사마리아를 정복했고 이후 사르곤 2세가 사마리아의 반란을 진압하고 다시 주민을 포로로 연행했다고 본다. 또한 지중해 해안 남부의 펠리시테 지역에서도 속국인 가자가 이집트와 결탁해 아시리아에 반기를 들었다. 하지만 반란군은 가자의 남쪽에 있는 라파Rafah에서 격파당하고 이집트군은 패배했다.

이 승리로 제국의 질서를 회복하는 데 성공하자 사르곤 2세는 서쪽에서 더 많은 영토 확대에 성공한다. 기원전 717년 사르곤 2세는 북시리아에서 가장 유력한 신히타이트계 국가인 카르케미시Karkemish를 공략했다. 조공국으로 아리시아와 조약을 맺고 그 지배를 받아들인 카르케미시의 왕 피시리스Pisiris는 무스키의 미타(서양 고전 프리기아의 미다스Midas)와 반아시리아 동맹을 맺어가며 반란을 계획했다. 아시리아의 징벌 원정으로 피시리스는 가족 및 기마대, 보병과 함께 붙잡혀서 아시리아에 끌려갔다. 정복당한 카르케미시에는 아시리아의 백성이 들어온 데다 공납과 납세가 부과되었고 이후 이 지역은 새로운 행정주로 재편되었다.

유프라테스강 도하 지점에 위치하며 메소포타미아, 시리아, 아나톨리아의 교역 중계점으로 번영한 카르케미시의 보물 창고에서는 금 10달란트(약 300킬로그램)와 은 2,100달란트(약 63톤)를 포함한 보물이 약탈되어 아시리아로 넘어갔다. 그 막대한 양의 은은 그때까지 구리 본위였던 아시리아의 재정 체제를 은 본위로 전환시킬 만큼 큰 경제적 영향력을 미쳤다. 이러한 풍부한 재정적 기반을 바탕으로, 같은 해에는 칼후 북쪽에서 새 수도 두르 샤루킨의 건설 사업이 시작되었다.

✤

반란 지원 세력 우라르투 격퇴를 기록한
'신에게 보내는 편지'

당시 아시리아 변경 지역의 치안 유지에서 가장 큰 과제는 북쪽 반호 주변을 중심으로 아시리아의 영토를 넓게 에워싸듯이 세력을 넓히고 변경 각지에서 종종 반아시리아적 반란을 지원한 우라르투 왕국을 봉쇄하는 것이었다. 기원전 714년 사르곤 2세가 우라르투로 떠난 외정의 자세한 내용은 그가 아슈르신에게 보낸 편지 서식으로 기록되었다. 25cm×38cm의 큼지막한 점토판에 430줄에 걸쳐서 쓴 이 문서는 '아슈르신─신들의 아버지, 에 후르 사그 갈 쿠루쿨라E-hursag-gal-kurkurra('온 세상의 위대한 산과 같은 신전'이라는 뜻─감수자), 그 위대한 신전에 거하시는─께서는 진정으로 평안하시기를 바라

194

옵나이다'라는 아슈르 신에 대한 발송인 사르곤 2세의 정중한 인사로 시작되며 원정의 상세한 내용을 묘사하고 그 성공과 대량의 전리품 획득을 자세히 보고했다. 이와 함께 아시리아 쪽의 희생자가 적음을 강조하며 다음과 같이 끝맺는다. '전차의 마부 한 명, 기병 두 명, 보병 세 명이 (원정에서) 살해당했다'.

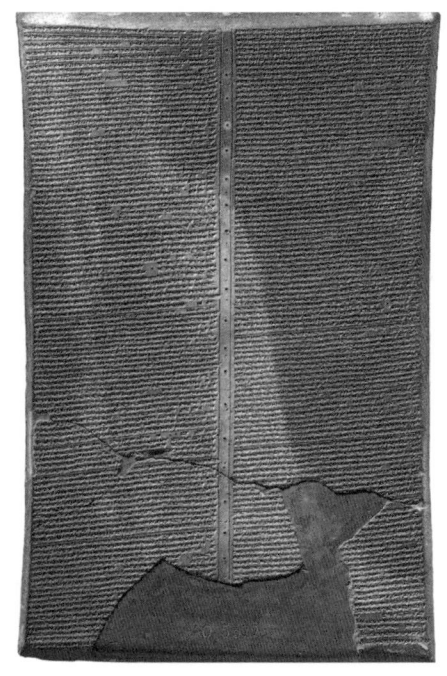

그림 5-2　사르곤 2세의 신에게 보내는 편지(겉)

이 '편지'는 아시리아군이 원정에서 귀환한 후 수도 칼후에서 치른 의식에서 낭독한 것으로 추측해 왔다. 이 '신에게 보내는 편지'는 자세한 행군 경로와 군사 작전을 드러내며 일반적인 왕 비문에서는 볼 수 없는 문학적 표현이 풍부하다. 행군 중에 지나간 두려움을 느끼게 하는 깊고 어두운 숲이나 하늘을 찌를 듯이 우뚝 솟은 험준한 산악 지역의 모습, 외국의 흥미로운 습관이나 풍속 등도 묘사했다 (그림 5-2). 이 군사 원정에서 사르곤 2세의 군대는 자그로스의 서쪽 기슭에 있는 자무아에서 만나이를 거쳐 북상했고 우르미아호 부근의 우와우스Uwaus산(사르곤 2세의 제8차 원정로를 재구성한 스테파니 달리 교수는 우와우스를 현재 이란의 사한드Sahand산 부근으로 추정한다─감수자)에 이르러 우라르투의 왕 루사Rusa의 군세를 뚫었다. 또한 그 중심 지역을 혼란에 빠뜨린 후 성지 무사시르Musasir에 있는 우라르투의 국가 신 할디Haldi의 신전을 약탈하고 귀환했다.

✦

'왕의 길'과 '역참', 최초의 광역 소통 시스템

신아시리아 시대의 왕실 서신 약 3,000점 중 1,200점 정도가 사르곤 2세의 치세에서 유래한다. 그중 1,150점은 니네베, 50점은 칼후, 2점은 두르 샤루킨에서 발견되었다. 니네베는 사르곤 2세가 사망한 후 아들인 센나케리브가 수도로 정하고 왕궁(남서궁)을 세운 곳으로, 그곳에서 편지 1,150점이 발견되었다. 시모 파르폴라의 연구 결과에 따르면 칼후에서 출토된 편지는 사르곤 2세의 치세 초 5년 동안 작성된 것이고 니네베에서 출토된 편지는 사르곤 2세의 치세 말기에 쓰인 것이라고 한다. 중간인 기원전 716~711년 기간에 작성된 편지는 남아 있지 않다.

사르곤 2세는 즉위 초부터 칼후를 통치의 중심지로 삼았으며 말년에는 바빌론에 머문 뒤 짧은 기간을 니네베에서 지내다가 완공된 두르 샤루킨의 왕궁으로 들어갔다. 아마 사르곤 2세의 사후 센나케

리브는 칼후와 두르
샤루킨에 보관된 사르
곤 2세 시대의 서신 일
부를 기록 · 보존할 목
적으로 니네베에 이관
했을 것이다.

사르곤 2세 시대의
서신은 당시의 왕궁을
중심으로 한 소통 시

그림 5-3 '왕의 도장' 인장

스템이 어떻게 기능했는지 많은 정보를 제공해준다. 서신은 가로세
로 1:2의 스마트폰 정도 크기의 에기르투Egirtu(에기르투 점토판이라는
매체에 담긴 서신을 말함—감수자)라고 하는 통일된 모양의 점토판에
쐐기문자 아카드어로 작성되었다. 대부분은 아시리아 중심부에서
사용한 구어인 아시리아 방언으로 쓰였는데 바빌로니아 지방과 주
고받은 편지는 바빌로니아 방언의 구어로 쓰였다.

서신을 쓴 점토판은 1~2mm 정도 두께의 점토 봉투에 봉인되었
는데 봉투에는 편지를 쓴 발신자와 수신인이 쓰여 있고 발신자의
인장이 찍혔다. 왕실 서신은 왕과 먼 지역의 신하 사이를 여러 사람
의 손에서 손으로 릴레이 형식으로 전달되었기 때문에 다른 사람이
편지의 내용을 보지 않고 수신인에게 전달하도록 만전을 기했다.
왕이 관리를 임명할 때는 아시리아 왕실의 인장이 달린 반지를 수

여하고 그 인장을 편지봉투에 찍어서 편지가 국가의 공적 문서임을 증명했다. 이 인장에는 왕이 칼로 사자를 죽이는 장면이 담긴 도안이 통일적으로 조각되어 있는데 한눈에 왕의 신임을 받은 사람이 쓴 서신임을 알 수 있었다(그림 5-3).

로마의 아피우스 가도Appian Way처럼 고고학적으로 확인되는 포장된 도로는 알려지지 않았는데 서신에서 수집한 데이터를 통해 국가의 사자나 왕실 서신을 운반하는 사람이 지나다니는 '왕의 길'ḫūl šarre이라는 도로가 정비되었음을 알 수 있다. 도로에는 일정한 여정마다 '역참'bēt mardēte을 설치해 놓았고 노새를 탄 사자가 편지를 운반했다.

노새는 수컷 당나귀와 암컷 말의 교배종인데 노새의 순종적이고 참을성 있는 성격과 말의 커다란 몸집을 겸비했고 성장은 느리지만 5년 정도 자라면 다리에 힘이 생겨 튼튼하며 20년 정도나 건강하게 걷는다. 1대 잡종으로 번식이 어려운 탓에 매우 비싼 가축이었다. 물론 아시리아인에게도 노새가 새끼를 낳지 못하는 사실은 잘 알려진 모양이다. 서약을 깬 사람에 대한 저주 글에는 "노새가 자손을 갖지 못하듯이 당신의 이름, 자손, 당신의 아들들과 딸들의 자손이 이 땅에서 사라지길 바란다"라고 되어 있다.

정보 전달에는 사자가 메시지를 들고 목적지까지 이동하거나 릴레이식으로 노새를 갈아타며 사자 여러 명이 교대로 편지를 운반하는 방법이 있었다. 사자 한 명이 목적지까지 직접 이동하면 복잡한 상황에 대응하기에는 유리했지만, 신속한 통신이 필요할 때는 릴레이 방식의 파발꾼kalliu을 이용했다. 역참에 건강한 노새를 대기시켜 놓고 여러 사자가 역참에서 역참으로 노새를 갈아타고 릴레이식으로 길을 재촉했다. 가장 유명한 왕의 길로는 현재 남동 튀르키예의 아다나 평원(당시 쿠에) 서쪽 끝에서 동쪽의 아시리아 중심부까지 직선거리로 약 700km에 이르는 길이 알려져 있다. 이 길로 가려면 도중에 유프라테스강, 티그리스강을 건너야 하는데 파발꾼들은 가죽 부대를 타고 강줄기를 건너 5일이라는 놀라운 속도로 이동한 사실이 밝혀졌다.

이러한 시스템을 개발해 광역 지배에 유용하게 활용한 것은 아시리아 제국이 최초이며 이 방법은 헤로도토스의 《역사》에 실린 글을 통해 잘 알려진 아케메네스 왕조 페르시아의 역참제 등으로 계승되었다.

✤
바빌론 전통문화에 심취했던 왕

사르곤 2세는 기원전 716~711년 동안 군사 원정을 통해 아시리아의 세력 범위를 한층 더 넓혔으며, 그 원정의 방향은 북쪽의 우라르투, 동쪽의 메디아 여러 나라, 남서쪽의 시리아 사막 아랍 여러 부족으로 향했다. 이러한 원정으로 아시리아의 고유 영토 판도는 각지에서 확대되었고 그렇게 얻은 영토는 새로운 행정주로 재편되었다.

동쪽 자그로스 지역 케르만샤Kermānshāh 지방에서는 키샤슈Kishsassu

와 하르하르Harhar(키샤슈와 하르하르는 고대 이란 제국 메디아를 견제하기 위해 점령해야 할 전략적 요충지로, 오늘날 이란의 케르만샤주 자그로스 산맥 계곡 지역으로 추정—감수자)가 정복당하고 아시리아풍의 카르 네르갈Kar Nergal, 카르 샤루킨Kar-Šarrukin으로 개명된 후 행정주 도시가 되었다. 그리고 몇십 명이나 되는 메디아의 제후들이 아시리아에 공납했다. 서쪽에서는 지중해 해안의 그리스계 해적 집단을 몰아내고 펠리시테 도시 아시도드의 반란을 진압하여 그곳을 행정주로 병합, 동지중해 해안에 영향권을 행사하며 이집트와 좋은 관계를 유지했다. 또한 아나톨리아에서는 무스키의 미타(그리스어 문헌에서는 프리기아의 미다스)와 대치하며 그 영향권에 있는 나라들을 아시리아의 지배하에 거둬들이고 중앙 아나톨리아의 타발Tabal과 남동 아나톨리아의 마르카스Marqas(구르굼)를 병합해 행정주로 삼았다.

그 후 기원전 710년 사르곤 2세는 다시 한번 바빌로니아에 표적을 정했다. 칼데아의 참주 마르두크 아플라 이디나(구약성경의 므로닥 발라단)는 12년 동안 바빌론 왕의 지위에 있었는데 믿었던 엘람과의 동맹이 흔들렸다. 사르곤 2세의 공세로 마르두크 아플라 이디나가 도망치자 바빌론의 시민은 사르곤 2세를 맞아들였다. 그의 군대는 마르두크 아플라 이디나를 그의 연고지인 비트 야킨('바다 국가')의 중심 도시 두르 야킨까지 추격해서 그 도시의 성벽을 파괴했다. 하지만 마르두크 아플라 이디나와 그의 일족 측근들은 엘람으로 달아났다. 이렇게 해서 바빌로니아 대부분의 지배를 확립한 사르곤

그림5-4 볼록한 형태의 사르곤 2세 각기둥 비문

2세는 바빌로니아에 새로운 행정 질서를 구축하고 북부 바빌론과 남부 감불루Gambulu(바빌로니아 남동쪽 관문으로 아시리아의 숙적인 엘람의 침입을 막고 남부 부족들의 반란을 통제하기 위한 최전방 요충지-감수자)로 행정주를 나눠서 아시리아의 행정관에게 지배하게 했다(그림 4-2 참조).

기원전 710년부터 기원전 707년까지 사르곤 2세는 많은 시간을 바빌론에서 보냈다. 그는 바빌론에서 봄의 신년 아키투 축제에 해마다 참여하고 딜문(현 바레인)과 야드나나(현 키프로스) 같은 페르시아만과 지중해 먼 지역에서 보내는 공물을 받았다. 사르곤 2세는 바빌론의 전통문화에 심취한 것으로 보인다. 사르곤 2세의 치세 말에 기록한 왕 비문의 내용은 그가 바빌로니아에 보낸 경의를 반영한다. 예를 들면 두르 샤루킨의 건축물 각지에 많이 매설된 볼록한 모양의 각기둥 비문은 다음과 같은 내용으로 시작된다(그림 5-4).

사르곤, 엔릴신이 왕위에 앉힌 자, 네샤크 신관, 아슈르신이 바라는 자, 아누Anu신과 다간Dagan신이 총애한 자, 위대한 왕, 강한 왕, 세계의 왕, 아시리아의 왕, 사방 세계의 왕, 위대한 신들이 좋아하는 인물. 올바른 목자, 아슈르신과 마르두크신에 비할 바 없는 통치로 그 평판을 높인 자. 시파르, 니푸르, 바빌론의 면세 특권을 확립하는 자. 그러한 (도시)의 약한 자를 수호하는 자. 그들이 입은 피해를 회복하는 자, 중단한 바르틸(아수르)의 특권을 정하고 데르의 노고를 없애는 자······ (RINAP 2, 43)

여기에서는 아시리아의 주신 아슈르와 나란히 바빌론의 주신 마르두크신에게 동등한 경의를 표하며 시파르, 니푸르, 바빌론이라는 바빌로니아 주요 도시의 권리를 보호하는 사람이라는 점을 아수르의 특권 옹호에 앞서서 강조했다. 그리고 이 비문은 특히 바빌로니아 사람들의 마음을 끌기 위해 만들어진 것이 아니라 아시리아의 행정 중심인 새 수도에 건축 기념비로 세워진 것이다. 그전까지는 아시리아의 왕이 바빌로니아의 신들에게 아슈르신과 동등하거나 그 이상으로 경의를 표한 적이 없었다. 아수르와 바빌로니아를 어떻게 균형있게 통치할 것인가라는 새로운 과제는 이후 아시리아 왕궁에 골칫거리가 된다.

제3장

새 수도 두르 샤루킨과
사르곤 2세의 죽음

✦
새 수도 건설과 천도를 감행한 까닭

사르곤 2세는 기원전 707년 바빌로니아에서 아시리아로 돌아갔다. 이듬해 기원전 706년 2월, 12년에 걸친 새 수도 두르 샤루킨의 건설이 끝나자 사르곤 2세는 그곳의 신왕궁에 들어갔다. 그러나 그 이듬해 그는 아나톨리아에서 전사하고 만다. 후계자 센나케리브는 불길한 기운이 감도는 두르 샤루킨을 피해 남쪽의 니네베로 수도를 옮겼다. 그 때문에 완성된 새 수도는 오랫동안 왕도로 기능하지 못했다.

그럼에도 당시까지 도시조차 존재하지 않았던 미개척지에 방대한 자재와 노동력을 들여 치밀한 도시 계획에 따라 단번에 건설된 두르 샤루킨은 어떤 도시였는지, 그리고 그 안에 사르곤 2세의 어떤 의도가 담겨 있었는지를 살펴보는 일은 매우 흥미롭다. 거기에 는 사르곤 2세의 제국 지배 사상이 응축되어 나타났기 때문이다.

두르 샤루킨은 사르곤 2세의 치세 5년(기원전 717년)에 건설되기 시작했다. 사르곤 2세는 즉위하자마자 이 새 수도의 건설을 계획한 것으로 보인다. 그는 왜 150년 넘게 수도로 기능한 대도시 칼후를 떠나 새로운 도시로 수도를 옮기려 했을까?

그 이유는 사르곤 2세가 즉위했을 때의 정치적 환경에서 찾을 수 있다. 앞에서 설명했듯이 사르곤 2세는 왕 계보의 방계로서 힘으로 전임자인 샬마네세르 5세를 물리치고 왕위를 찬탈한 것으로 생각 된다. 그래서 즉위한 직후에는 변경에서 반란이 끊이지 않았고 국 내의 적대자도 많았다. 사르곤 2세는 그러한 적대 세력이 수도 칼 후에 여전히 남아 있음을 경계했을 것이다.

✦

단기간 집중적으로 완공된 '사르곤의 요새'

사르곤 2세의 수많은 왕 비문이 두르 샤루킨의 건설에 대해 기록 하고 있다. 대부분은 두르 샤루킨(현재의 코르사바드)에서 출토된 것 인데 니네베나 서쪽 튀르키예 남동부의 아르슬란테페Arslantepe(말라티 아Malatya)에서 발견된 비문에도 두르 샤루킨 건설을 기록한 내용이 있다. 또한 칼후와 니네베에서 발견된 왕과 신하 사이에서 주고받 은 편지 1,000여 점이 남아 있으며 대부분이 두르 샤루킨의 집중적

건설 사업과 관련된 노동력이나 건축 자재 조달, 배분을 비롯한 각
종 현실적인 문제를 다룬다. 이 사료들은 사르곤 2세가 왕으로서
12년이라는 매우 짧은 기간에 집중적으로 완공한 공사의 진행 상황
을 늘 지켜보고 종종 직접 지시를 내렸다는 사실을 보여준다.

두르 샤루킨 왕궁에 있는 여러 홀의 내벽을 장식하는 석제 패널
위의 비문이나 왕궁과 나부 신전 등 시타델(성채)의 여러 곳에서 발
견된 볼록한 모양의 각기둥 비문을 비롯한 문서에는 두르 샤루킨의
건설 사업이 상세하게 묘사되어 있다.

그 내용에 따르면 왕은 무즈리Muzri 산기슭의 마가누바Maganubba라는
촌락을 새 수도 건설의 장소로 정하고 땅의 소유자에게 은, 청동,
대체할 땅을 줬다고 한다. 왕은 벽돌을 쌓아서 기초를 만들게 하고
에아Ea, 신Sin, 닝갈Ningal, 아다드, 샤마시, 니누르타의 대좌를 설치했
다. 그리고 그 신들의 명령을 따라 상아나 흑단, 떡갈나무, 무스칸
나무, 백향목, 사이프러스, 노간주나무, 테레빈 등 목재를 이용해
왕궁을 세우고 시리아풍의 포르티코Portico(건물 입구에 기둥을 받쳐서
만든 현관 지붕-역자)를 왕궁 문 앞에 설치했다. 그 위에 진실과 정의
를 지키고 힘없는 자를 이끌며 약한 자를 상처 입히지 않도록 신
들이 부여한 자신의 이름(샤루킨 '왕은 진실하다'=사르곤)에 어울리는
1만 6,280큐빗(1큐빗은 50~60cm) 길이의 성벽을 쌓고 네 방향을
향한 성벽의 한 변에 성문 두 개씩 총 여덟 개를 열었다고 한다.

또한 왕궁을 수메르어로 '견줄 만한 것이 없는 궁전'을 의미하는

에갈 가바리 누투쿠아é-gal gaba-ri nu-tuku-a라는 이름을 붙였고 도시 주위에는 아마누스Amanus산을 모방한 대정원을 조성했다는 기사도 남아있다.

✦

천 년의 기억을 품은 도시, 두르 샤루킨 발굴

칼후에서 북쪽으로 약 45km, 니네베에서 북동쪽으로 약 15km 떨어진 곳에 위치한 현재의 코르사바드에 있는 두르 샤루킨 유구는 1843~1844년 프랑스의 폴 에밀 보타Paul Emile Botta가 발굴을 진행하며 그 모습이 처음으로 드러났다. 당시는 서아시아 전역을 통치한 오스만 제국의 국력이 기울기 시작하고 산업혁명을 이루며 동방의 식민지 지배에 적극적으로 나선 영국과 프랑스의 외교관과 학자들이 서아시아 각지에도 진출한 시대다. 그러한 지식인 중에는 구약성경이나 헤로도토스의 《역사》에서 묘사한 거대 국가 아시리아에 관심을 두고 니네베로 대표되는 도시 유구를 찾아내려고 대규모 유적을 계속해서 조사하는 사람도 있었다.

그렇게 해서 영국과 프랑스의 발굴단이 이라크 북부 티그리스강 중류 지역에서 두르 샤루킨, 칼후, 니네베를 차례로 발굴하여 고대 아시리아의 도시 유구를 밝혀냈다. 그곳에서 발견한 놀라운 모습의 날개 달린 인면 사자와 수소의 조각상, 전투 · 사냥 · 의례 등의 장면을 그린 부조, 비문을 새겨 놓은 석판은 유럽으로 반출되어 프랑

그림 5-5 코르사바드에서 출토된 날개 달린 인면 수소상(미국 시카고대학교 고대문화연구소 소장)

스 파리의 루브르미술관과 영국 런던의 영국박물관에서 공개되며 센세이션을 불러일으켰다. 이후 서구 여러 나라의 더욱 적극적인 발굴과 고대 문학의 해설·연구가 시작되었다(그림 5-5).

두르 샤루킨은 이러한 메소포타미아의 조사·연구가 새롭게 시작되는 시기에 발견된 최초의 아시리아 도시 유구였다. 발굴을 진행한 폴 에밀 보타는 처음에 니네베를 발견했다고 생각했다. 하지만 그 후 영국의 오스틴 헨리 레이어드가 칼후와 니네베를 발굴해 연구가 진전됨에 따라 유적은 사르곤 2세가 세운 두르 샤루킨이었음이 확실해졌다. 훗날 레이어드의 서술에 따르면 중세(12~13세기)

의 아랍인 지리학자 야쿠트 알 하마위Yaqut Al-Hamawi는 이 장소가 사라운 또는 사라군(사르곤)으로 불렸다고 기록했는데 이곳이 사르곤 2세가 세운 도시였다는 점이 당시 어느 정도 기억되고 있었다는 것을 엿볼 수 있다.

두르 샤루킨은 그 후 1928~1935년에 미국 시카고대학교 동양학 연구소(현재는 고대문화연구소), 1956년에는 이라크 고고국에서 조사했고 2019년부터는 프랑스와 이라크의 조사단이 조사를 진행하고 있다. 지금까지의 세밀한 조사와 연구로 두르 샤루킨의 도시 계획은 어느 정도 분명해졌으며 특히 왕궁과 신전이 집중되어 있는 성채 지구와 그 주변에서는 많은 건축 유구가 확인되었다.

이에 따르면 도시의 성은 흙벽돌로 만든 두꺼운 성벽이 거의 정사각형(정확히는 사다리꼴)으로 둘러싸고 각 변은 길이 1,760m, 1,830m, 1,620m, 1,850m이며 총면적은 약 275헥타르였다. 칼후와 마찬가지로 성벽을 따라 약간 높은 성채 두 곳이 설치되었고 넓이 약 20헥타르인 거대한 왕궁이 있는 주요 성채(시타델)가 성벽의 북동변을 따라 구축되었다.

제2 성채는 주요 성채에서 떨어진 성벽의 남동변을 따라 지어졌다. 그곳에는 병사 열병식이 진행되는 궁전review palace이 있는 군관구도 설치되었다. 두 성채 모두 성벽에 맞닿아 그 선 밖으로 일부가 돌출된 벽에 둘러싸인 테라스 위에 지어져 '아랫동네'와는 확실히 구분되었다(그림 5-6).

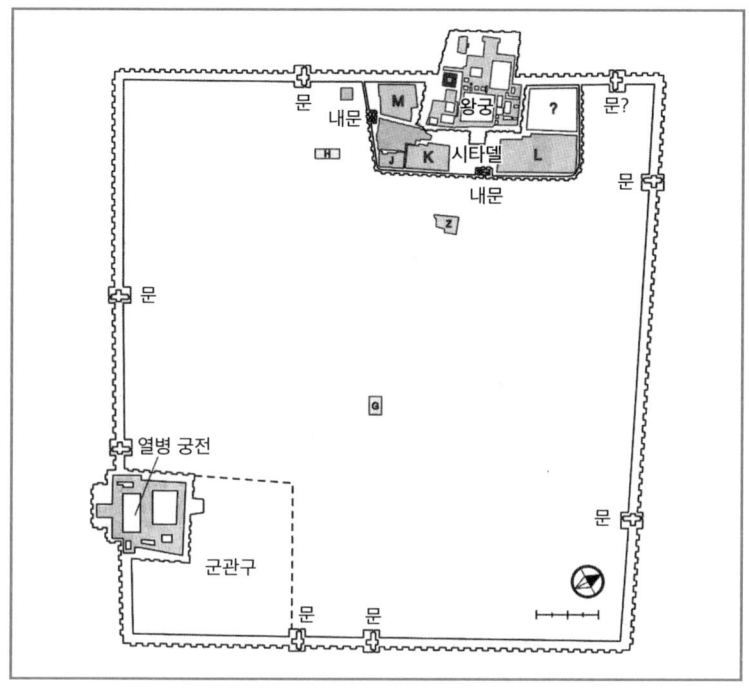

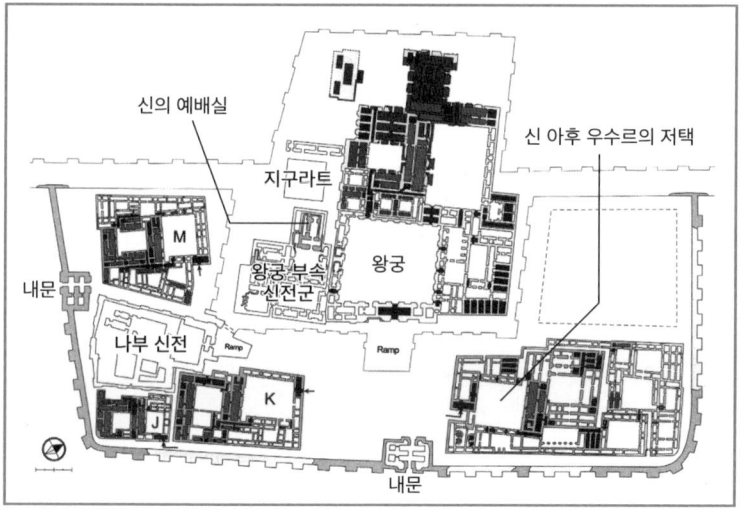

그림 5-6 두르 샤루킨 도시 계획. 전체도(위)와 성채 부분(아래)

✤

왕권을 과시하는 왕궁과 신전의 위용

주요 성채에는 왕궁, 여러 신전, 왕의 형제이자 재상으로 왕에 버금가는 지위에 있는 신 아후 우수르의 저택을 포함해 여러 공적 건물이 자리잡고 있었다. 왕궁은 약 250m×190m 규모로 성채 안에서 가장 크고 웅장하며 화려한 건물이다. 이곳은 거대한 조각상과 얕은 돋을새김으로 조각한 석판으로 내벽이 장식된 수많은 홀로 이루어져 있었다. 왕궁과 그에 부속하는 복합 신전 및 인접하는 나부 신전은 성채 안의 다른 부분보다 층이 훨씬 더 높게 만들어진 테라스 위에 위치하며 왕궁과 함께 가장 높은 지위를 시각적으로 과시했다.

벽에 둘러싸인 이 성채에는 '아랫동네'에서 두 내문을 지나야 들어갈 수 있는 구조이며 왕궁과 그에 인접한 복합 신전과 왕의 친족 궁전은 '아랫동네' 거주자들의 출입이 통제되어 엄중하게 지켜졌다. 이 도시 계획에서 신전 성채는 왕의 행정구에서 직접 닿을 수 있게 배치하고 왕은 잘 방어된 영역에서 나오는 일 없이 제사장의 역할을 수행할 수 있었다.

사르곤 2세는 군장, 주임 헌작관, 궁내경, 왕궁 보도관 등 대대로 이어진 고급 관료직에 더하여 중아시리아 시대 이후 오랫동안 폐지되었던 '대재상' 직책을 부활시켰다. 그리고 형제인 신 아후 우수르를 이 직책에 임명하고 성채 안에 그의 궁전을 지어서 가까이에 두었다. 또한 왕세자인 센나케리브도 행정에 중용하는 등 권력의 중추를 친족으로만 구성했다. 찬탈자로서 힘으로 왕위를 장악하고 그 권력을 유지하기 위한 이러한 정책이 두르 샤루킨의 도시 계획에도 반영되었다.

일반적으로 메소포타미아의 전통 도시에는 예로부터 믿어 온 도시 수호신을 모시는 대규모 신전이 있었다. 그런데 미개척지에 만들어진 두르 샤루킨에는 그러한 제사 전통이 존재하지 않았다. 사르곤 2세의 비문에도 도시의 수호신이 어느 신이었는지에 대해서는 아무 기록이 없다. 그러나 왕궁에 부속하는 복합 신전에 갖춰진 예배실 중 달의 신 신Sin, 그의 아내 닝갈과 왕자 태양신 샤마시의 예배실은 특히 큰 규모여서 그 중요성을 알아챌 수 있다. 신Sin의 예배실에 인접하는 지구라트도 신Sin에 대응해서 지어진 것으로 추측할 수 있다. 또한 부동산 매매 계약 문서 중에는 계약 체결 후에 이의를 주장하는 사람에 대한 벌칙으로 "10미나의 정제된 은과 1미나의 순은을 두르 샤루킨에 거처하는 신Sin에게 바쳐라"라고 기록된 내용으로 보아(SAA 14, 220) 신Sin이 두르 샤루킨에서 주신이었음을 짐작할 수 있다.

✤
여덟 개 성문에 새겨진 사르곤의 원대한 사상

사르곤 2세의 여러 비문에는 거의 정사각형을 이루는 성벽의 네

변에 두 개씩 설치된 총 8개의 성문과 이중으로 된 성벽의 이름이 기록되어 있다. 이 명칭들은 사르곤 2세가 두르 샤루킨을 어떤 도시로 구상했는지 보여준다. 성문과 성벽의 이름은 다음과 같다.

'산에서 부는 바람'의 방향을 가리키는 샤마시문과 아다드문의 이름은 '샤마시신 : 내 목적을 달성하게 하는 자', '아다드신 : 그 (도시의) 풍요를 가져오는 자'.

'똑바로 부는 바람'의 방향을 가리키는 엔릴Enlil문과 물릿수Mullissu(아시리아 최고의 여신으로 아슈르/엔릴의 아내-감수자)문의 이름은 '엔릴신 : 내 도시의 초석을 확립하는 자', '물릿수 여신 : 풍요를 만들어 내는 자'.

'아무루에서 부는 바람'의 방향을 가리키는 아누문과 이슈타르문의 이름은 '아누신 : 내 손안의 일을 성공으로 이끄는 자', '이슈타르 여신 : 그 (도시의) 주민을 번영하게 하는 자'.

'수투에서 부는 바람'의 방향을 가리키는 에아문과 벨레트 일리Belet-Ili문의 이름은 '에아신 : 그 심연의 샘을 풍족하게 흐르게 하는 자', '벨리트 일리 여신 : 그 (도시의) 사람을 많이 태어나게 하는 자'.

내벽의 이름은 '아슈르신 : 그 건설자인 왕이 오랫동안 치세하게 하고 그의 군대를 지키는 자'.

외벽의 이름은 '니누르타신 : 그 도시의 기초를 장래에 걸쳐서 견고하게 하는 자'.

각 문은 샤마시문, 아다드문 등 신들의 이름을 붙인 단순한 문의 실명과 제례를 드릴 때 신의 이름을 설명하는 메시지 성격이 강한 제례명으로 불렸다. 또한 이중으로 된 성벽에도 제례명을 적용했다. 두르 샤루킨을 발굴하며 성벽 위에 성문의 흔적이 확인되었는데 문서에 언급된 문 여덟 개가 고고학적으로 확인된 문 중 어느 것에 해당하는지에 관한 논의는 아직 진행 중이다.

두르 샤루킨의 성벽 네 변은 각각 아카드어로 '산에서 부는 바람', '똑바로 부는 바람', '아무르에서 부는 바람', '수투에서 부는 바람'의 방향을 가리킨다고 쓰여 있다. 기상학자 존 폰 노이만_{John von Neumann}에 따르면 메소포타미아에서 방향을 나타내는 네 개의 바람은 티그리스강과 유프라테스강 줄기를 타라 북서쪽에서 남동쪽으로 가장 자주 부는 '똑바로 부는 바람'의 방향을 기준으로 '산에서 부는 바람'은 북동쪽, '똑바로 부는 바람'은 북서쪽, '아무루에서 부는 바람'은 남서쪽, '수투에서 부는 바람'은 남동쪽을 나타낸다고 한다.

성문과 성벽의 이름에 주목하면 모든 것에 신들의 이름이 붙었음을 알 수 있다. 메소포타이아에서는 성문에 신들의 이름을 붙이는 것은 흔한 일이지만, 그렇다고 대도시 성벽에 있는 성문의 이름을 반드시 신들의 이름으로 일률적으로 붙인 것은 아니다. 이를테면 고도 아수르의 성문에는 아슈르문, 샤마시문, 세루아문 등 신들의 이름이 붙은 것도 있지만 대장장이문, 왕이 입장하는 문, 지구라트문, 입상立像의 문, 강의 평안을 위한 문, 불복종 금기의 문, 산의

문, 양의 문, 백성의 문 등 다양한 이름을 볼 수 있다. 역사적 도시
에서는 도시의 발전과 함께 성벽을 다시 만들었다. 성문도 오랜 세
월이 흐르면서 추가되거나 개명된 것을 고려하면 성문의 이름이 고
르지 않은 것은 어느 정도 이해할 수 있다. 그에 비해 미개척지에
단번에 만들어진 두르 샤루킨의 성문과 성벽의 이름은 일관되게 정
비되어 도시 전체가 왕의 사상을 반영하도록 구성되어 있다.

네 쌍의 신 중 샤마시와 아다드는 점술을 관장하는 중재의 신과
내장 점술(뒤의 제7부 제3장 '왕의 신변 보호를 위한 점술과 액막이'에서 설
명)을 하는 신들이며 다른 세 쌍은 하늘, 지상계, 지하 우주 세 부분
을 각각의 영역으로 삼는 남신 아누, 엔릴, 에아와 그 짝을 이루는
여신들이다. 이 신들과 함께 성벽에 이름이 오른 아슈르와 니누르
타는 아시리아의 국가 신과 그의 아들인 전투의 신이다. 따라서
성문과 성벽으로 이루어지는 도시의 방어 시스템은 지상의 질서와
운명을 주관하는 신들의 완벽한 방어를 상징한다.

여기에서 아시리아의 오랜 라이벌이며 사르곤 2세가 심취했던
바빌로니아의 수도 바빌론에 있는 성곽의 성문 여덟 개의 이름과
유사성이 있다는 점에 주목해야 한다. 바빌론의 건축물 이름을 망
라해서 제례 도시 바빌론을 찬양하는 문서 '틴티르Tintir=바빌론'의
내용에 따르면 바빌론의 성벽에도 문 여덟 개가 있다. 우라시Uraš문,
자바바Zababa문, 마르두크문, 이슈타르문, 엔릴문, 왕의 문, 아다드
문, 샤마시문이며 '왕의 문'을 제외하면 전부 신들의 이름이 붙었

다. 이 이름들은 바빌론이 기원전 2000년대 전반 남메소포타미아의 중심 도시가 되고 그 주신 마르두크가 메소포타미아 신들의 왕으로 인정받아 천지를 창조했다는 신화 '에누마 엘리시'Enûma Eliš가 성립·유포된 후 바빌론에 있는 성벽의 문에 통일적으로 붙인 것이다.

두르 샤루킨의 왕궁으로 들어가기 전 한동안 바빌론에 머물렀던 사르곤 2세는 바빌론의 이중 성벽 임구르 엔릴Imgur-Enlil('엔릴신이 흡족해했다', 내성)과 네메드 엔릴Nemed-Enlil('엔릴신의 뒷받침', 외성)을 재건했다. 그는 바빌론에 대하여 경의를 표하며 이를 모방해서 성벽과 성문에 통일적으로 신들의 이름을 붙이고 세계의 중심으로서 두르 샤루킨을 연출했을지 모른다.

✦

피정복민에게 아시리아인의 정체성 심기

사르곤 2세는 정복한 각지에서 데려온 사람들을 두르 샤루킨에 주민으로 살게 하고 그들에게 아시리아 백성으로서 행동하도록 가르쳤다. 이는 여러 왕 비문에 다음과 같은 공통적인 내용으로 기록되어 있다.

다양한 외국어로 말하는 모든 나라의 백성들, 모든 것의 주인인 '신들의 태양'(샤마시신)이 주관하는 산들과 평원의 주민들, 내가 아슈르신의 명령을 따라 내 왕홀의 힘을 써서 포로로 연행한 사람들. 나는 그들을 하나로 모아서 통치하고 그곳(두르 샤루킨)에 살게 했다. 나는 모든 지파에 정통한 아시리아 백성을 그들의 감독자, 지도자로 임명하고 그들(포로들)에게 올바른 행동을 이해하고 신과 왕을 두려워하도록 가르치게 했다. (RINAP 2, 43 외)

이탈리아의 역사가 마리오 리베라니Mario Liverani는 이 구절을 '아시리아 제국주의 선언'이라고 하며 피정복민을 아시리아 시민으로 교육해서 아시리아인과 공통적인 정체성을 형성하도록 계획한 것이라고 강조한다. 이러한 시도는 아시리아에서 중심부는 물론 여러 행정주에서 실천한 것으로 보인다. 특히 일찌감치 아시리아의 고유 영토가 되어 포로들이 이주해 수 세대를 거친 북메소포타미아의 주요 도시에서는 이미 이러한 아시리아인으로서의 정체성 형성이 진행되었다.

다양한 민족과 언어 집단을 인구로 받아들인 결과 아시리아의 군대와 행정도 다민족으로 이루어진 뛰어난 직업 집단의 능력과 활력으로 강화되었다.

한편 아시리아는 지방의 종교적·문화적 전통도 허용했으며 포로들이 가진 원래의 문화적 정체성을 정책적으로 완전히 소멸시키려고 한 것은 아니었다. 아시리아 중심부에서 멀리 떨어져 있고 병합된 지 얼마 안 된 지역에서는 백성이 아시리아의 정치적 지배에 복종하는 동시에 공동체의 전통을 유지한 경우도 많았을 것이다.

제국 전성기를 이끌던 사르곤 2세의 죽음

사르곤 2세는 서쪽에서 날뛰는 그리스계 해적을 소탕하고 동지중해 지역의 치안을 개선하며 야드나나를 지배했다. 또한 북쪽에서는 우르라투 왕국을 봉쇄하고 메소포타미아의 모든 지역을 손에 넣었다. 그리고 새 수도 두르 샤루킨의 건설을 완성해 그의 치세는 정점에 달한 것처럼 보였다.

그러나 사르곤 2세가 두르 샤루킨에 담은 태평한 세상에 대한 오래된 기대는 즉시 배신으로 돌아왔다. 두르 샤루킨이 완성된 다음 해에 그가 아나톨리아에서 전사한 것이다. 이 불명예스러운 사건을 왕 비문 등에 기록할 리가 없기에 이 사건에 관련된 정보는 거의 남아 있지 않다. 아시리아의 '림무 연대기'와 바빌로니아에서 유래하는 〈바빌로니아 연대기〉에 남은 짧은 단편적인 기사가 이 사건에 관한 약간의 정보를 제공한다.

〈바빌로니아 연대기〉는 사르곤 2세의 치세 17년(기원전 705년)의 기사로 사르곤 2세가 '타발로 [원정을 떠난]' 것을 기록하는데 안타깝게도 연대기의 점토판이 파손되어 기사의 뒤 내용은 알 수 없다. 한편 '림무 연대기'는 '아메디Amedi의 행정주 총독 나스루 벨Nashru-Bêl이 림무인 해(기원전 705년), 왕은 [타발에…] 쿨룸마Kulumma의 구르디Gurdi를 상대로 [싸워 …] 왕이 살해당하고 아시리아 왕의 진지는 함락[당했다…]. 아부 월 12일에 센나케리브가 [아시리아와 바빌로니

217

아의 왕으로 즉위했다]'라고 기록한다. 이러한 단편적인 정보를 통해 사르곤 2세가 중앙 아나톨리아의 타발에 직접 군을 이끌고 원정했는데 쿨룸마의 구르디라는 인물의 병력과 싸우는 도중 전사했고 왕의 진지는 적에게 공략당했음을 추측할 수 있다.

❖
반란의 땅 타발 원정과 적장 구르디에 의한 최후

현재의 튀르키예 카이세리 지방을 나타내는 중앙 아나톨리아의 타발은 산악 지역 분지에 흩어져 있는 여러 신히타이트 계통 도시 왕권의 영역으로 이루어져 있으며, 그러한 도시 왕권에 의해 루비어luwian(쐐기문자로 쓰인 고대 아나톨리아어계 언어-역자) 상형문자로 작성된 석비가 각지에서 발견되고 있다(그림 5-7).

아시리아는 타발과 남쪽의 쿠에(아다나 평야)를 사이에 두고 서쪽 무스키의 미타(프리기아의 미다스)와 긴장 관계에 있었다. 쿠에는 이미 아시리아의 행정주로 병합되어서 타발의 도시 영주들은 티글라트 필레세르 3세의 치세에 아시리아의 종주권을 받아들이고 조공했다. 그런데 무스키가 이 지역들에 영향력을 행사하기 위해 종종 군사를 이끌고 출정해 아시리아에 대한 반란을 부추긴 탓에 이 지역들에서 아시리아의 지배는 불안정했다.

사르곤 2세는 타발의 영주 중 한 명인 비트 푸루타스Bit-Purutaš의 암바리스Ambaris를 지원했는데 자신의 딸을 아내로 주고 지참금 대신

그림 5-7 타발 지역에서 발견된 루비어 상형문자 비문(구르디, 즉 쿠르디
스를 언급하지만 문맥이 명료하지 않다)

그 영토를 넓혀서 아시리아의 영향 아래에 두려고 했다. 그러나 암
바리스는 무스키, 우라르투와 결탁해 반란을 일으켰고 아시리아의
영토인 쿠에로 진격하려고 했다. 사르곤 2세는 군대를 보내 암바리
스의 반란을 진압하고 타발의 땅을 행정주로 재편해 아시리아에 병
합했다. 무스키의 미타는 아시리아와 화평 협정을 맺었지만 그 후
에도 타발 제후의 반란은 해결되지 않았다. 그러는 도중 기원전
705년 사르곤 2세는 군대를 직접 이끌고 타발에서 일어난 반란을

진압하러 나섰다가 예기치 않게 전사했다.

사르곤 2세를 죽인 적장 구르디Gurdi의 이름은 타발 지역의 루비어 상형문자 문서를 통해 알려진 쿠르티스Kurtis에 해당한다고 생각할 수 있다. 사르곤 2세가 통치한 시기의 서신 한 통(SAA 1, 76)에서 왕과 구르디라는 인물 사이에 맺어진 종주宗主-속왕屬王 조약이 언급된다. 또한 사르곤 2세의 후계자인 센나케리브가 치세 중이던 기원전 695년에 '타발의 국경에 있는 도시' 틸 가림무Til-Garimmu에서 아시리아에 대항하여 봉기한 구르디라는 영주가 센나케리브의 왕 비문(RINAP 3/1, 17)에 언급되었다. 이러한 인물 중에 몇 명 또는 모두가 동일인물일 가능성이 있다. 만약 동일인물이라면 사르곤 2세를 죽인 '쿨룸마의 구르디'는 틸 가림무의 참주였을지도 모른다. 틸 가림무는 고아시리아 사료나 히타이트 사료의 테가라마Tegarama, 구약성경의 도갈마Togarmah와 같은 장소이며 오늘날 튀르키예의 엘비스탄Elbistan과 같은 지역으로 여겨진다.

❖
불길한 징조, 고국으로 돌아오지 못한 왕의 시신

왕이 죽으면 즉위식을 치르는 장소이기도 한 고도 아수르에 매장하는 것이 관습이었는데 사르곤 2세의 시신은 고국으로 돌아오지 못했다. 이는 앞에서 말한 두 연대기에 기록되지 않았는데 후대에 쓰인 교훈문학 문서 '사르곤의 죄'(뒤의 제7부 제1장 '바빌론 재건을 서둘러야 했던 이유'에서 설명)는 왕이 전사해서 그의 집에 돌아오지 못했다고 기록한다. 이 사태는 매우 불길한 사건으로 분명히 아시리아인들에게 큰 충격을 줬을 것이다. 당시 사람들은 뜻밖의 죽음을 맞아 무덤에 들어가지 못한 망자의 영혼이 지하 명계에서 악령이 되어 지상에 나타나 사람들을 홀리며 해를 끼치는 존재라고 믿었기 때문이다.

당시 사르곤 2세의 사망 직후 아시리아 왕실에 드나든 가장 중요한 지식인이며 사르곤 2세 비문의 편집자이기도 한 것으로 추정되는 나부 주쿠프 케누Nabû-zuqup-kenu가 필사한《길가메시 서사시》의 최종 서판(12서판)에는 막역한 친구 엔키두Enkidu가 길가메시에게 명계의 모습을 말하는 장면이 묘사된다. 그 서판에는 죽은 사람들이 명계에서 어떻게 지내는지 엔키두의 입을 통해 다양한 사례가 언급되어 있다.

그 마지막 예가 전쟁터에서 살해당한 뒤 시신이 황야에 남겨진 사람이며 그 영혼은 자손에게 장례 음식을 대접받지 못하기 때문에 길에 버려진 빵 부스러기를 찾아다닌다고 쓰여 있다. 에카르트 프람 교수는 사르곤 2세를 가까이에서 보좌했던 나부 주쿠프 케누가 왕을 떠올리며 이 문서의 사본을 베끼고 분명히 비탄에 잠겼을 것이라고 추측했다.

사르곤 2세의 죽음은 제국 아시리아에 불길한 징조로 받아들여져 주변국들의 반란을 불러왔다. 그뿐만 아니라 후대 왕들 역시 그의 비극적인 최후를 두려워하며, 도대체 사르곤 2세가 어떤 과오로 그런 불우한 죽음을 맞았는지 진지하게 묻게 되었다. 이에 대해서는 뒤에서 다루기로 하겠다.

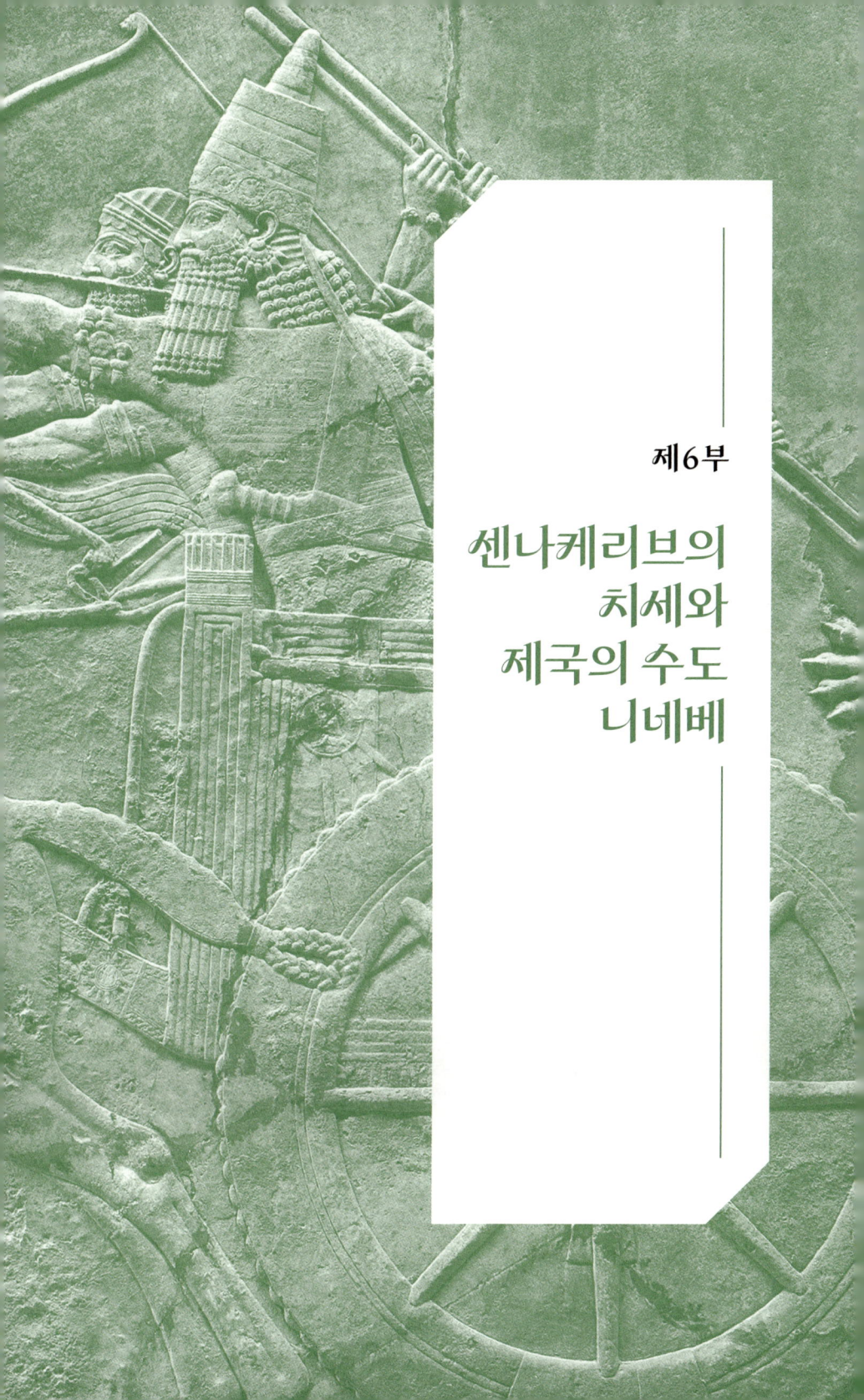

제6부

센나케리브의
치세와
제국의 수도
니네베

제1장

사르곤 2세의 죽음이 불러온
반란과 힘겨운 대응

✦

왕위에 오른 센나케리브, 부왕과의 거리두기

아시리아의 원정은 일반적으로 봄부터 초여름에 걸쳐서 시작되었다. 이를 고려하면 '림무 연대기'에 기원전 705년 아부 월 12일이라고 기록된 센나케리브의 즉위는 부왕 사르곤 2세의 충격적인 죽음 후 얼마 지나지 않아 이루어졌음을 알 수 있다. 센나케리브는 구약성경의 히브리어 원문에 나오는 이름이며 원어인 아카드어는 신 아헤 에리바Sin-aḫḫē-erība다. 이 이름은 '달의 신 신은 (죽은) 형제들을 보상해줬다'를 의미한다. 센나케리브에게는 형이 여럿 있었는데 그들은 어린 나이에 죽었고 그 후에 태어난 대망의 남자아이였다는 점을 드러낸다.

센나케리브는 이미 사르곤 2세가 통치한 시기부터 왕을 도우며

225

국가 행정의 중추에 있었다. 이것은 센나케리브가 사르곤 2세에게 보낸 여러 통의 서신을 통해 알려져 있다. 센나케리브는 아버지의 왕위를 이을 왕세자로 이미 국가의 엘리트층에게 인정받고 있었다. 따라서 왕위 계승은 문제없이 진행되었다.

센나케리브는 아버지 사르곤 2세와 밀접하고 원만한 관계를 유지하고 있었음에도 사르곤 2세의 불길한 기억으로부터 온힘을 다해 거리를 두었다. 센나케리브의 수많은 왕 비문 중 자신이 사르곤 2세의 아들이라고 기록한 것은 하나도 없다.

센나케리브가 즉위 후에 처음으로 시행한 건축 사업 중 하나는 니네베 북서쪽의 타르비수Tarbisu(현 셰리프 칸Sherif Khan)에 있는 네르갈 신전 에갈 람메스Egal-lammes(수호정령들이 거주하는 큰 궁전—감수자)의 복원이다. 이 건축 사업은 센나케리브가 즉위한 이듬해 기원전 704년 말에 진행된 바빌로니아 원정을 기록하는 비문의 말미에 언급되었다. 에카르트 프람 교수가 지적하듯이 이 건축 사업을 서두른 이유는 사르곤 2세의 전사戰死를 감안하여 지하세계의 지배자이자 전투의 신인 네르갈신의 분노를 가라앉혀 액막이하려는 데 있었다고 생각할 수 있다.

✤
잇따르는 주변국의 반란과 바빌로니아 원정

사르곤 2세의 전사는 아시리아에게 이보다 더할 수 없는 불길한 징조였으며, 이는 제국의 변경 각지에서 아시리아에 대한 반란을 촉발했다. 센나케리브는 사르곤 2세에게서 바빌론 왕의 지위를 무사히 계승했지만 정세는 즉시 나빠졌다. 치세 1년(기원전 704년) 남쪽의 바빌로니아에서는 마르두크 자키르 슈미Marduk-zākir-šumi 2세가 바빌론에서 왕위를 찬탈했다. 그런데 불과 한 달 후에는 오랜 숙적인 마르두크 아플라 이디나가 동쪽의 대국 엘람 왕국을 동맹국으로 삼아 바빌론의 왕권을 빼앗았다.

또 서쪽에서는 아시리아의 여러 행정주와 조공국이 세금과 공물을 바치지 않겠다고 거부하며 반기를 들었다. 이러한 각지의 반란을 전체적으로 진압하느라 센나케리브는 치세 초반 4년에 걸친 세월을 허비했다.

치세 1년을 다루는 '림무 연대기'의 원문은 심하게 파손되었는데 남아 있는 일부 문맥으로 보아, 센나케리브가 전사한 아버지 사르곤 2세의 원수를 갚기 위해 사르곤 2세가 전사한 쿨룸마 지역에 신하인 장군을 파견한 사실을 기록한 것으로 여겨진다. 그러나 이 전쟁은 센나케리브의 왕 비문에 기록되어 있지 않은 점을 감안할 때 큰 성공을 거두지 못했을 것으로 추측된다.

같은 해 후반부터 바빌로니아를 향한 군사행동이 2년 정도 지속되었고 그러는 사이에 아시리아군은 격렬하게 저항하는 바빌로니아의 여러 도시, 엘람, 아람 부족들, 칼데아 부족들, 아랍 부족들의 동맹군을 힘겨운 싸움 끝에 물리치고 바빌로니아 지배를 회복하는 데 성공했다. 마르두크 아플라 이디나는 다시 한번 도망쳤고 센나케리브는 바빌론 유력자의 혈통이며 아시리아의 궁정에서 키운 벨 이브니Bel-ibni를 아시리아의 꼭두각시 왕으로 바빌론의 왕위에 앉혔다.

유다 원정과 예루살렘 포위로
패권 강화에 나서다

반아시리아 세력을 물리치기 위한
센나케리브의 서방 원정

센나케리브는 바빌로니아의 혼란을 진압하는 데 성공한 후 기원
전 702년 동쪽 자그로스 산지의 촌락을 광범위하게 에워싸고 반아
시리아적 지방 영주를 굴복시켜 패권을 강화했다. 그리고 이듬해
(기원전 701년)에는 서쪽 여러 나라의 반란에 대처하기 위해 출정했
다. 이 서방 원정은 센나케리브의 수많은 왕 비문에서 자세히 보고
할 뿐만 아니라 구약성경에도 상세하게 기록되어 있어 많은 연구자
의 주목을 받았다.

센나케리브의 비문은 다음과 같은 전말을 전한다. 아시리아군이
지중해 해안에 다가가자 페니키아 해안의 유력 도시인 시돈의 왕
루리Luli는 아시리아군을 겁내며 지중해로 도망쳤다. 아마 키프로스

로 도피했을 것이다. 센나케리브는 투발루_{Tuba'lu}(에트바알_{Ethba'al})를 시돈의 왕으로 대신 세우고 시돈에 다시 속국의 의무를 부과했다. 그외 페니키아 도시 아르바드와 비블로스, 펠리시테의 아시도드, 요르단강 동안의 모압, 에돔을 포함하는 수많은 지중해 연안 국가의 왕들은 4년 동안 체납한 많은 공물을 실어 나르고 아시리아 왕에게 엎드려 절했다.

그러나 펠리시테 도시 에크론_{Ekron}에서는 반아시리아 세력이 아시리아에 충실한 왕 파디_{Padi}를 폐위시키고 유다 왕국의 왕 히즈키야_{Hezekiah}(구약성경의 히스기야—역자)에게 죄수로 넘겼다. 그리고 유다와 에크론은 아시리아군에 대항하기 위해 남쪽 대국 이집트에 지원군을 부탁했다. 이 요청을 받은 이집트는 군대를 펠리시테 해안으로 파병했지만 아시리아군은 엘테케_{Eltekeh} 평원에서 이집트와 누비아_{Nubia}의 병력에 맞서 전투를 벌인 끝에 격파했다. 아시리아군은 반란을 일으킨 에크론의 지도자들을 붙잡고 파디를 유다 왕국의 수도 예루살렘에서 풀어주었다고 한다.

✣
예루살렘 포위와 히즈키야의 복종

유다 왕국의 히즈키야를 상대로 아시리아군은 유다의 도시 46곳을 공략해서 20만 150명이나 되는 사람들과 수많은 가축을 전리품으로 빼앗은 후 수도 예루살렘을 포위하고 히즈키야를 '새장 안의

새처럼 가뒀다'고 한다. 예루살렘을 포위당한 히즈키야는 수도 니
네베로 돌아간 센나케리브에게 예루살렘의 방어를 담당한 정예부
대, 금 30달란트, 은 800달란트, 상아와 목제 가구, 형형색색의 옷,
청동, 철, 구리로 만든 도구류, 전차(채리어트), 방패, 창, 검, 활과
화살과 같은 무기 등 대량의 물품에 더하여 히즈키야의 딸들, 궁정
의 여인들, 남녀 가수들을 사자와 함께 보내서 복종의 뜻을 표시했
다고 기록되어 있다.

　또한 센나케리브는 유다 원정의 결과, 유다를 비롯한 사방의 여
러 나라에서 데려온 사수 1만 명과 방패병 1만 명을 자신의 군대에
추가했고 전리품을 아시리아의 행정관과 주요 도시의 주민에게 나
눠줬다고 한다.

✦

센나케리브 왕 비문과 대조되는
성도 예루살렘 불멸 신화

　이렇듯 센나케리브의 왕 비문은 서쪽 지역에서 아시리아의 군사
작전이 성공했다고 주장한다. 이에 대하여 구약성경의 '열왕기'와
'이사야서'는 같은 사건을 다른 시점으로 묘사했다.

　구약성경의 기사('열왕기하' 18장 13절~19장 36절, '이사야서' 36장 1절
~37장 38절, '역대하' 32장 1~23절)는 히즈키야왕이 남유다 왕국의 거
점 라키시Lachish에 진을 친 아시리아 왕에게 사자를 보내 항복할 뜻

을 알리고 수많은 금과 은을 공물로 내놓았다고 말한다. 뒤이어 센나케리브의 왕 비문에는 없는 상세한 내용을 다뤘는데 '아시리아 왕'은 '군장', '환관장'rab ša-rēši, '주임 헌작관'이 이끄는 대군을 라키시에서 유다 왕국의 수도 예루살렘에 보내어 히즈키야를 치고 예루살렘을 포위한 장면을 묘사한다. 그곳에서 아시리아군을 이끄는 랍샤케가 포위된 예루살렘의 성 밖에서 센나케리브의 메시지를 전했는데 "이집트는 '부러진 갈대'라서 의지해도 소용없다, 아시리아군은 이스라엘의 신(야훼 즉 여호와)의 명령에 따라 군사 작전을 펼쳤다, 반아시리아주의자인 유다 왕 히즈키야를 따르지 말고 항복하면 유다 백성은 다른 지역에 데리고 가기는 하지만 죽이지 않을 것이다" 라는 것을 '유다 언어'(히브리어)로 말해서 설득했다고 한다.

그에 반해 히즈키야왕은 궁지에 처한 상황을 예언자 이사야Isaiah에게 알렸고 예언자는 야훼가 예루살렘을 보호해 아시리아군은 예루살렘을 공략하지 못할 것이라는 신의 계시를 히즈키야왕에게 일러주었다. 그리고 그날 밤 '주'(신 야훼)의 사자가 나타나 아시리아의 진영에서 18만 5,000명을 죽였고 센나케리브는 니네베로 돌아갔으나 신전에서 제례를 행하는 중에 자신의 아들 아드람멜렉Adrammelech과 사레셀Sharezer에 의해 살해당했다고 한다.

이 성도 예루살렘 불멸을 주장하는 구약성경의 스토리는 센나케리브의 왕 비문과 대조되어 다양한 논의가 이루어졌다. 현 상황에서 연구자들은 양쪽이 분명히 하나의 사건을 다룬다는 점, 그리고

그림 6-1 라키시 공성도(니네베 남서 궁전의 부조)

그림 6-2 라키시 유적(이스라엘 남부). 주요 성문이 보인다

구약성경의 편집자들이 야훼 일신교와 예루살렘의 신성성을 강조하는 유다 왕국의 신학적 관점에 동기부여가 되었으며 이로 인해 많은 부분에서 사건을 정확히 묘사하면서도 이 원정의 결과를 상당히 각색했다는 점에 대체로 동의한다.

한편 구약성경이 기록하는 내용에는 예루살렘이 포위당했을 때 랍샤케의 연설이나 센나케리브의 라키시 포진 등 센나케리브의 왕 비문에는 나와 있지 않지만 그 신빙성을 평가해야 하는 것으로 판단되는 부분도 있다. 센나케리브의 주요한 왕 비문은 아시리아군이 공략한 유다의 '요새 도시 46군데'의 이름을 기록하지 않았다. 하지만 니네베에 있는 센나케리브의 왕궁(남서궁) 부조에는 설명을 새긴 글이 라키시의 포위와 정복 장면을 그린 그림과 함께 남아 있으며 실제로 라키시의 유적 발굴로 아시리아군의 공격을 받은 흔적이 확인되었다(그림 6-1, 6-2).

제3장

제국의 참신한 수도
니네베 재건

✦

바빌로니아 평정 후 찾아온 6년간의 평화

센나케리브가 서쪽의 반란을 진압하는 동안 바빌로니아에서는 다시 아시리아에 대항하는 움직임이 나타났다. 아시리아군이 바빌로니아에서 쫓아낸 칼데아의 비트 야킨족 지도자 마르두크 아플라 이디나가 칼데아 계통의 비트 닥쿠리Bit-Dakkuri족의 무셰집 마르두크Mushezib Marduk와 결탁하고 센나케리브가 즉위시킨 아시리아의 꼭두각시 왕 벨 이브니에 대항해 반란을 일으키며 왕위 찬탈을 시도했다.

기원전 700년 센나케리브는 바빌로니아에 출정해 칼데아 계통의 두 리더를 동쪽 엘람으로 추방하는 데 성공했다. 그리고 이번에는 바빌로니아 통치를 위한 히든카드로 자신의 장자 아슈르 나딘 슈미

Ashur-nadin-shumi를 왕위에 올렸다. 아슈르 나딘 슈미가 즉위한 지 약 6년 동안 바빌로니아의 정세는 한동안 안정적이었다.

비교적 평온한 이 기간에 아시리아군은 쿠에 등 남동 아나톨리아의 국경 지역에서 군사 작전을 펼쳤다. 센나케리브가 직접 군사 원정을 이끄는 일은 거의 없었고 본국에 머무르며 치세 초기에 시작한 수도 니네베 건설 사업에 전념했다.

✤

옛 도시 니네베, 전략적 요충지에서 제국 수도로

니네베는 오늘날 이라크 북부 주요 도시 모술의 중심지에서 볼 때 티그리스강 맞은편(동안)에 위치한다. 1930년대에 진행한 영국 발굴단의 조사 결과에 따르면 메소포타미아 남부에서 기원전 4000년대 후반에 시작된 도시화의 물결로 니네베는 기원전 4000년대 말에는 이미 중요한 도시가 되었다고 볼 수 있다. 그 후에도 니네베는 기원전 23세기의 아카드 왕조를 시작으로 우르 제3왕조(기원전 21세기), 아무루인 왕 삼시 아드두(샴시 아다드 1세), 바빌론 제1왕조 함무라피(기원전 18세기), 미탄니 왕국 등의 영향을 받으며 문서 사료에 주요 도시로 언급되었다.

기원전 2000년대 중반 이후 니네베는 아시리아의 영토에 포함되었고 아시리아 왕들은 니네베의 이슈타르 여신에게 특별한 경의를 표하며 왕궁을 세우는 등 니네베에서 건설 사업을 활발히 진행했

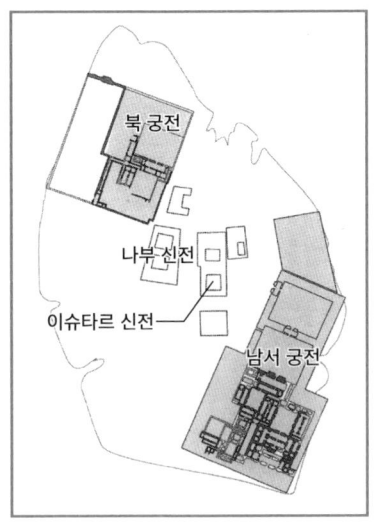

그림 6-3 니네베 도시 계획. 전체도(오른쪽)와 쿠윤지크의 성채(시타델) 부분(왼쪽)

다. 그래서 아시리아의 주요 도시로서 니네베의 지위는 이미 확고했다. 두르 샤루킨을 새 수도로 건설한 사르곤 2세도 두르 샤루킨의 왕궁에 들어가기 전 해에는 니네베에 거주했다.

이러한 역사적 배경에 더하여 니네베는 티그리스강을 배로 항해할 수 있는 북쪽 한계에 해당하며 아시리아가 서쪽으로 원정할 때의 출발점에 위치한다는 전략적 이점을 고려하면 불길한 두르 샤루킨을 멀리한 센나케리브가 니네베를 수도로 선택한 것은 충분히 설득력이 있다.

미개척지를 선택해 완전히 자유로운 도시 계획으로 세운 두루 샤루킨의 경우와 달리 이미 유력한 도시였던 니네베에는 건축물이 수두룩했다. 센나케리브는 이 대부분의 건축물을 과감하게 개축하고 성을 크게 넓혀서 참신한 제국 수도의 건설을 시도했다(그림 6-3).

✤
니네베 건설 과정을 보여주는 다양한 유적들

센나케리브가 건설한 니네베의 모습은 서로 다른 여러 가지 발굴 자료를 통해 분석되었다. 먼저 센나케리브가 지은 왕궁이나 성벽 등 각종 건축물은 19세기 중반 영국의 오스틴 헨리 레이어드가 진행한 '보물찾기' 같은 발굴을 효시로 하는 조사를 통해 끊임없이 발굴되며 자세하게 연구되었다. 또한 센나케리브의 왕궁에서 발견된 얕은 돋을새김 조각(릴리프)은 당시의 건설 과정을 상세히 묘사하고 있으며 센나케리브의 손자인 아슈르바니팔 왕이 센나케리브의 왕궁 북쪽에 지은 왕궁(북궁전)에서도 완성된 니네베의 모습을 보여주는 릴리프가 발견되었다.

그림 6-4 센나케리브의 각기둥 비문(니네베 출토)

그리고 니네베와 아수르에서 대량으로 발견된 센나케리브의 기념 비문은 니네베의 건설 사업을 특히 상세하게 묘사했으며 그 건설 과정이나 각종 건축물에 관해서도 많은 정보를 제공한다. 완결되지 않은 건설 사업을 이미 완성된 것처럼 보고하는 경우도 있어 주의해야 하지만 다른 연도에 쓰인 이 비문들의 내용을 대조해보면 건설의 진행 과정을 어느 정도 확인할 수 있다.

니네베의 성벽 유적에서 발견된 기원전 694년에 편집한 센나케리브의 다양한 각기둥 비문은 치세 초기에 시작된 공사가 10년 남짓한 세월을 거쳐 최종 완결되었을 때의 모습을 그렸으며 이 문서의 증언은 재건 후 니네베의 모습을 꽤 정확하게 묘사했다고 할 수 있다(그림 6-4).

✥

도시 니네베를 채운 주요 성채와 호화로운 왕궁 및 신전

센나케리브는 기존의 성곽을 크게 확장해서 토지 750헥타르를 에워싸는 둘레 12km 길이의 성벽과 그 벽에 설치된 성문 18개를 건설했다. 이 성곽의 면적은 칼후의 거의 두 배, 두르 샤루킨의 거의 세 배에 달한다. 성벽 남서쪽의 라인을 따라 약간 높게 쌓아 올린 크고 작은 성채 지구(시타델)가 있으며 북쪽의 커다란 성채(쿠윤지크 Kuyunjiq)에는 대왕궁이 건설되었다. 또 남쪽의 작은 성채(네비 유누스

Nebi Yunus)에는 군관구가 만들어졌다. 이 성채들은 각각 성벽에 에워싸여서 두르 샤루킨의 경우와 마찬가지로 성벽 밖의 '아랫동네'와는 차별을 두어 허락 없이 외부인이 드나드는 것을 금지했다.

쿠윤지크의 성채 지구에서 가장 큰 건물인 왕궁은 서쪽에 티그리스강과 코세르강Khosr River이 합류하는 지점을 바라볼 수 있는 성채 지구의 남서쪽 끝에 있는데 발굴자가 이곳에 '남서 궁전'이라는 이름을 붙였다. 왕 비문에 따르면 센나케리브는 오래전부터 있던 왕궁 건물을 부수고 근처를 흐르는 티그리스강의 흐름을 동쪽으로 옮겨 넓은 건설 용지를 확보했다. 그리고 그곳에 흙벽돌과 돌을 쌓아서 거대한 기초를 세우고 벽돌 190층 분량의 높이를 가진 테라스를 만든 뒤 그 위에 왕궁을 건설했다.

왕궁 입구에 세워 놓은 날개 달린 수소상의 비문 내용에 따르면 왕궁의 규모는 약 450m×200m였다. 이는 사르곤 2세가 두르 샤루킨에 세운 왕궁의 크기보다 두 배는 더 크다. 발굴을 통해 왕궁의 남쪽 절반 정도만 출토되었는데 그곳에서는 왕의 옥좌가 있는 방, 거대한 안마당 두 군데, 행정 집무실이었을 넓은 홀, 왕비 타슈메투샤라트Tashmetu-sharrat의 방을 포함하는 거주 구역이 발견되었다.

센나케리브의 비문에 따르면 왕궁은 다양한 목재, 석재, 금속을 이용해서 장식했으며 홀의 내벽에는 레바논의 산과 시라라Sirara산 (현 레바논·시리아 국경 지역의 헤르몬산—역자)에서 운반한 백향목과 사이프러스를 깔았고 홀의 출입구에는 금속 띠가 달린 문을 설치해 놓았다. 여러 가지 홀은 유약을 뿌린 벽돌로 장식했다. 센나케리브는 주요 홀의 출입구에 부적으로 수많은 조각상을 달았고 내벽에 전쟁, 건설 사업, 의례 등 다양한 장면을 부조로 묘사한 석판을 사방에 둘렀다. 이러한 조각상과 석판 부조는 19세기 중반부터 시작된 발굴 조사를 통해 발견되었으며 대부분 영국박물관으로 옮겨졌다.

왕 비문은 혁신적 기술을 활용하여 청동이나 구리를 거푸집에 흘려서 거대한 상이나 출입구의 문을 주조한 것도 기록했다. 센나케리브는 이 호화로운 대궁전을 사르곤 2세의 궁전 에갈 가바리 누투쿠아와 마찬가지로 '비할 데 없는 궁전'을 의미하는 에갈 자구디 누투쿠아Egal-Zagdi-Nutuku라는 수메르어 이름으로 불렀다. 센나케리브는 다른 아시리아 왕들에 비해 신들에 대한 신앙심이 깊지 않은 인물로 평가되기도 하는데 성채 안에서 달의 신 신sin과 그의 배우자 여신 닝갈, 태양신 샤마시와 그의 배우자 여신 아야Aya, 그리고 '니네베의 귀부인'으로 불리는 니네베의 이슈타르 여신 등을 모시는 신전을 새로 짓거나 재건했다.

니네베의 전통적 수호신인 니네베의 이슈타르 여신 외의 신들이 달의 신 신과 그의 아들인 태양신 샤마시를 중심으로 하는 천공신 및 그의 배우자인 점은 두르 샤루킨의 시타델에서 사르곤 2세의 왕궁에 부속하는 복합 신전 예배실에 모셔진 신들이 신sin이나 샤마시와 그의 여신이었던 점과 공통적이며 여기에서도 '사르곤 왕조'의 가족 신으로 여겨지는 달의 신 신의 중요성을 확인할 수 있다.

✦

이중 성벽으로 에워싼 니네베 성의 위용

센나케리브의 비문 내용에 따르면 기존의 니네베 둘레는 9,300큐빗(약 5km)이며 이중 성벽은 존재하지 않았다고 한다. 센나케리브는 도시의 성을 확대해서 성곽의 둘레를 총 2만 1,815큐빗(약 12km)으로 하고 이를 이중 성벽으로 에워쌌다. 석회암으로 쌓은 기초 위에 높이 벽돌 180층 분량, 너비 벽돌 40개 분량의 내벽을 만들고 그 내벽을 수메르어로 바드 니갈비 루쿠르 슈슈(내벽)Bad niggalbi lukur shushu('그 광채가 적을 압도하는 벽'), 돌로 만든 외벽을 바드 니기에림 플루하(외벽)Bad nigierim puluha('적을 두렵게 하는 벽')라고 이름 붙였다.

이 이중 성벽의 모습은 왕궁 부조에도 그려졌고 현재도 그 흔적이 두드러져 보인다. 그 일부는 이라크 고고국이 조사, 복원했는데 성벽의 두 문 부근에서 시행된 발굴에 따르면 내벽의 너비는 약 15~16m였다. 이를 토대로 계산하면 내벽의 높이는 약 25m, 돌로 만든 외벽도 너비가 약 11m, 높이는 약 4.5m였다는 사실을 알 수 있다(그림 6-5, 6-6).

센나케리브의 치세 초기 비문은 성벽에 설치한 문 14개의 이름을 열거하는데 문의 수는 건설 진행 과정을 반영하며 비문이 새로워질 정도로 늘어나서 최종적으로는 18개가 되었다. 모든 성문에는 두르

그림 6-5 니네베의 성벽을 그린 왕궁 부조

그림 6-6 복원된 니네베 성벽(외벽)과 성문(마스키문Mashki Gate)

샤루킨과 마찬가지로 실명과 제례명이 표시되어 있다. 문의 이름은 신의 이름과 연관되는 것이 많은데 두르 샤루킨과는 달리 한 패턴으로 통일되어 있지 않고 다양한 명칭이 뒤섞여 있다. 이는 니네베가 기원전 3000년대부터 오랜 시간을 들여서 재건을 거듭한 전통 도시이며 예전부터 있었던 문의 이름도 일부 문의 명칭에 반영되었기 때문일 것이다.

✤
니네베 시민의 편의를 위한 정원과 대규모의 수로

센나케리브는 왕궁 근처에 '아마누스산의 복제품'이라는 거대한 정원을 만들어 그곳에 여러 가지 나무를 심었다. 또한 성벽 밖의 북부 근교에서도 새로 일군 땅에 정원과 공원을 조성하고 시리아나 칼데아를 비롯한 각지의 나무들을 심어 니네베 시민에게 제공했다고 한다. 이러한 정원이나 공원을 만들고 유지하려면 물이 많이 필요한데 센나케리브는 이 지역들에 수로를 파고 많은 노동력을 동원해 물을 공급하는 설비를 마련했다.

치세 초기인 기원전 702~699년 무렵 센나케리브는 첫 대규모 치수 공사에 착수하고 니네베에서 북쪽으로 15km 정도 떨어진 키시리시 근처의 코세르강에서 물을 끌어왔다. 그리고 물이 불어나는 시기에 물의 흐름이 늘어나는 것을 제어하고 쓸모없는 물을 배수하기 위해 성벽 동쪽에 늪지대를 만들었다. 이 지역에는 바빌로니아

그림 6-7 제르완에 남은 센나케리브의 도수로 유적

의 화초를 심고 동물을 풀어놓아 새, 멧돼지, 노루 등의 동물이 무리를 이뤘다고 한다.

그 후 니네베의 건설 사업이 진전되며 더 많은 수자원이 필요해지자 기원전 700~694년 시기에 또 한 번 대규모 수리 사업을 시행했다. 니네베의 북동쪽 무즈리산 및 두르 이슈타르, 쉬바니바, 수르Sur의 도시 일대에 있는 여러 샘에서 세 운하를 통해 코세르강으로 물을 끌어와 양이 늘어난 강물은 니네베 상·하류의 땅을 적셨다. 센나케리브는 그 후에도 대규모 치수 공사를 계속해서 적어도 운하 16개를 건설하고 니네베에 풍부한 수자원을 제공했다.

이러한 사업의 일환으로 조성된, 거대한 석회암 블록을 일렬로 배열해 만든 대규모 수로가 니네베에서 북쪽으로 약 50km 떨어진 이라크 다후크Duhok주의 히니스(제르완Jerwan)에서 발견되었다. 수로의 석회암 표면에는 센나케리브의 각종 명문이 조각되어 있다. 이 경이적인 규모의 구조물은 1933년 미국 시카고대학교 동양학연구소의 소킬드 제이콥슨Thorkild Jacobsen과 세턴 로이드Seton Howard Frederick Lloyd가 연구했는데 최근에는 다후크주를 조사하는 이탈리아 우디네대학교의 '니네베 땅 프로젝트'가 이 지역에서 새롭게 조사를 진행하고 있다(그림 6-7).

✦
열병 궁전을 갖춘 군관구

센나케리브는 주요 성채에서 왕궁을 건설한 후 남쪽 제2 성채 군관구(네비 유누스)에 몇 년에 걸쳐 군의 열병을 거행하는 열병 궁전을 건설했다. 아시리아 제국이 확대되어 가는 과정에서 서방 지역이 가장 중요한 원정 대상이 되면서 티그리스강을 따라 가장 북쪽에 위치한 니네베는 일찌감치 서방 원정의 기점이 되었다. 따라서 이곳에도 칼후나 두르 샤루킨과 마찬가지로 열병 궁전을 갖춘 군관구를 짓게 되었다.

비문 내용에 따르면 센나케리브는 비좁아진 낡은 궁전을 부수고 좀 더 넓은 건설 용지를 확보하자 벽돌로 지은 테라스 위에 새로운 열병 궁전을 세웠다. 이 궁전은 좌우 두 동과 넓은 안마당으로 구성되었다. 한 동은 시리아풍, 다른 한 동은 아시리아풍으로 만들어졌는데 왕궁과 마찬가지로 여러 곳을 조각상으로 장식해 놓았다고 한다.

'예언자 요나'를 의미하는 네비 유누스의 유구 정상에는 이슬람교도가 세운 예언자 요나의 사당이 있어 그동안 본격적인 조사가 거의 이루어지지 않았다. 그러나 2014년 '이슬람 국가'ISIL가 이 장소를 배교자가 더럽힌 장소라며 파괴했고 그 후 '이슬람 국가'가 지역에서 구축된 후인 2017년 그 지하에 묻힌 갱도를 조사하다 아시리아의 부조 석판이 발견되었다.

✦
누구도 침범할 수 없는 도로, '왕의 길'

센나케리브의 비문은 니네베 시가지의 광장과 도로를 넓혀서 정비한 것을 자랑하며 너비 52큐빗(25m 정도)의 도로를 건설했다고 한다. '아랫동네'의 조사는 대체로 시행되지 않았지만 성채와 바로 북쪽에 위치하는 네르갈문 사이의 한 구획에서 돌을 사용해 포장한 도로의 흔적이 확인되었다. 또한 쿠윤지크와 네비 유누스의 유구 근처에서 왕의 모습과 신들의 문장과 비문을 기록한 높이 1~1.2m의 석비 여러 개가 발견되었다.

석비는 전부 윗부분을 반원형으로 제작한 것으로 같은 모양의 석판에 같은 내용의 비문이 새겨져 있다. 비문은 왕의 길인 니네베의 도로 폭을 넓힌 것을 기록한 후 다음과 같이 끝맺는다. "언제든 이 도시의 주민 누구라도 낡은 집을 부수고 새로운 집을 지을 때 그 집

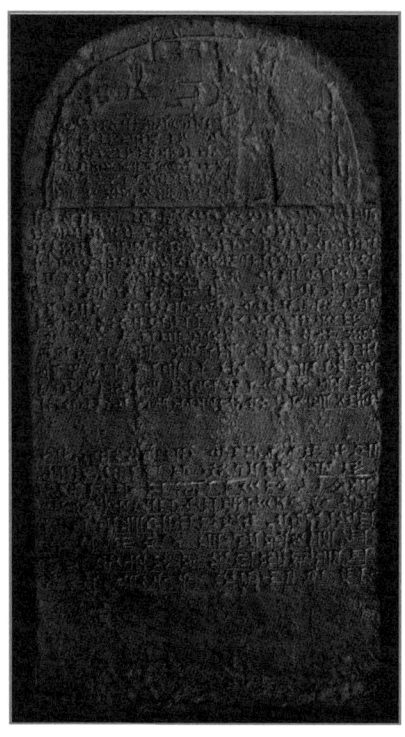

그림 6-8 '왕의 길' 석비

의 기초가 왕의 길로 밀려 들어온다면 그자는 그 집 위에 세운 말뚝에 매달릴 것이다"(RINAP 3/1, 38).

이 도로는 성벽의 남쪽 끝에서 네비 유누스와 쿠윤지크라는 두 성채 근처를 지나며 도시 구역을 남북으로 종단해 북쪽 끝까지 이어진 것으로 보인다(그림 6-8).

제4장

아시리아와 바빌로니아의
갈등과 경쟁

✦

문제의 발단, 여러 민족이 뒤섞인 복잡한 전투

왕궁이 완성되고 니네베의 건설 사업이 일단락된 기원전 694년 센나케리브는 잠깐의 침묵을 깨고 군사 원정에 나선다. 비트 야킨족은 센나케리브의 공격을 피해 해로를 통해 엘람 땅에 정착했는데, 센나케리브는 그들을 뒤쫓아 물리치기로 결심하고 적의 배후를 찌르기 위해 페르시아만 해로를 거쳐 엘람에 쳐들어갈 계획을 세웠다.

니네베에서 함선을 건조하고 항해 기술이 뛰어난 페니키아인과 그리스인 선원이 배를 조종해서 아시리아군을 태운 선단이 티그리스강을 타고 내려갔다. 아시리아군은 페르시아만에서 해로를 거쳐 비트 야킨족 일파가 도망친 엘람의 여러 도시를 공략했다. 이 작전

그림 6-9 기원전 1000년대의 바빌로니아·엘람·메디아

은 성공한 것처럼 보였지만 그 후 센나케리브의 예상과 달리 엘람
과 바빌로니아의 여러 세력이 뒤섞이는 복잡한 전투로 발전했다(그
림 6-9).

아시리아군이 엘람에 진격한 틈을 타서 엘람 왕 할루슈Khallushu(할
루타쉬 인슈시나크Hallutash-Inshushinak)는 센나케리브의 군대를 남쪽에 내
버려두고 내륙으로 북상하여 디얄라강을 따라 바빌로니아 북부에
침입했다. 엘람군이 바빌론 북쪽에 위치하는 주요 도시 시파르를
점거하자 바빌로니아 사람들은 할루슈와 협정을 맺고 바빌론 왕이
었던 센나케리브의 아들 아슈르 나딘 슈미를 엘람군에게 넘겼다.

엘람의 꼭두각시인 바빌로니아 명가 출신 네르갈 우셰집Nergal-ushezib 은 바빌론의 왕위에 앉았다. 아슈르 나딘 슈미는 엘람으로 끌려가 아마 살해당한 것으로 추정된다.

완전히 속아넘어간 센나케리브의 아시리아군은 엘람에서 육로를 따라 북으로 올라와 바빌로니아에서의 전투를 계속했다. 전투는 이 듬해에도 이어졌는데 센나케리브는 니푸르의 전투에서 간신히 네 르갈 우셰집을 이기고 그를 붙잡아 니네베로 귀환했다. 그러나 아 시리아는 바빌론의 왕위를 회복하지 못했고 기원전 693년 오랜 적 인 칼데아인 무셰집 마르두크가 엘람의 지지를 얻어 바빌론의 왕위 를 장악했다. 그리고 센나케리브가 또다시 바빌로니아에 침공할 것 을 대비해 동맹군을 조직했다.

✤
아들의 원수를 갚기 위한 바빌론 공략

기원전 692년 센나케리브는 살해당한 아들 아슈르 나딘 슈미의 원수를 갚기 위해 바빌로니아에서의 전투를 계속했다. 엘람에서 쿠 데타가 일어나 할루슈가 제거되고 쿠티르 나훈테Kutir-Nakhkhunte가 엘 람의 왕위에 오르자 센나케리브는 엘람을 상대로 싸움을 걸었다. 엘람의 국경 지역을 공격해서 왕도 마닥투Madaktu에 다가갔지만 성 을 함락하지 못하고 겨울을 맞아 귀환했다.

이듬해 기원전 691년 센나케리브의 군대는 바빌로니아로 다시 진격했다. 무셰집 마르두크와 칼데아 계통 여러 부족, 아람 계통 부족, 엘람으로 이루어진 동맹군과 오늘날의 사마라Samarra에 가까운 할룰레Halule에서 전투를 벌였다. 센나케리브의 비문은 이 격렬한 전투를 아시리아군의 승리인 것처럼 묘사하지만 〈바빌로니아 연대기〉는 아시리아군의 퇴각을 기록했다. 여하튼 무셰집 마르두크가 바빌론의 왕위를 유지한 사실이 보여주듯이 아시리아는 결정적 승리를 거두지 못했다.

그러나 일시적인 퇴각 후 아시리아군은 다시 한번 공세를 퍼부어서 기원전 690년 중반까지는 바빌론을 포위했다. 바빌론은 15개월 정도나 되는 오랜 포위를 견딘 끝에 기원전 689년 키스리무 월 1일에 마침내 함락되었다.

센나케리브는 무셰집 마르두크를 그 가족과 함께 아시리아로 연행했다. 아시리아군은 바빌론의 재물을 약탈하고 신상들을 파괴했다. 니네베 북쪽 히니스의 절벽에 새겨 놓은 센나케리브의 바비안Bavian 석비는 도시를 불태우고 도시 중심까지 운하가 파여서 그곳을 통해 옮겨진 물로 홍수가 난 것처럼 도시가 물에 잠겨 도시와 신전이 있는 장소도 알 수 없게 되었다고 기록했다.

✤
바빌론 멸망은 마르두크신의 심판인가?

오랫동안 고통스러운 전쟁 끝에 센나케리브는 바빌론을 철저하게 파괴했다. 이는 아들을 죽인 적에 대한 극심한 분노에서 비롯된 결정이었을 가능성이 크다. 동시에 아버지 사르곤 2세의 비명횡사가 바빌로니아를 지나치게 편애한 데 따른 결과라는 생각이 이러한 극단적인 행동을 재촉했을 가능성도 있다. 그럼에도 바빌론의 완전한 파괴는 이례적인 폭거였기에 어떤 형태로든 설명이나 대응이 요구되는 사건이었다.

바빌론은 메소포타미아 도시 문명의 고향인 바빌로니아의 수많은 유력 도시 중에서도 돋보이는 존재였다. 당시 메소포타미아에서 유포된 창세 신화 '에누마 엘리시'에서 신들의 왕이 된 마르투크가 이 세상을 창조했을 때 세계의 중심으로 만든 도시가 마르두크의 신전 에사길Esagil을 가진 바빌론이며 아시리아는 바빌론에서 여러 가지 문학, 종교문화, 과학을 수입·수용했다. 바빌론은 메소포타미아 종교문화의 '중심'으로 인정받았고 경의를 표해야 하는 도시였다.

아시리아의 지식인들은 바빌론의 파괴를 바빌로니아 주민이 성실하지 못했기 때문에 마르투크신이 바빌론을 버린 결과로 이해하려고 했다. 또한 일부 사람들은 기묘한 주석서를 써서 바빌로니아의 아키투 축제가 본래처럼 마르두크신이 혼돈을 제압한 것을 기념, 축하하는 의식이 아니라 마르두크신을 범죄자로 규정해 처벌하고 투옥한 것을 축하하는 행사라는 급진적인 해석, 이른바 '마르두크 심판'을 당당히 내놓았다.

또한 바빌로니아 창세 신화 에누마 엘리시를 개정해 신화 속에 나타나는 마르두크의 이름을 아슈르로 바꿔서 마르두크가 아니라 아슈르야말로 신들의 왕이며 천지 창조자임을 나타내려고 하는 시도도 있었다. 그리고 이를 의례적으로 실천하기 위하여 센타케리브는 아수르시의 서쪽 성벽 밖에 아키투 축제를 위한 새로운 소신전을 만들게 하고 아수르의 제례 의식 공간을 바빌론의 신전을 모방해 재구축했다. 이 신전에는 수메르어로 '바다가 그곳에서 살해당한 집'을 의미하는 '에 아바 우가'E-aba ugga라는 이름이 붙었다. 이는 마르두크가 적인 티아마트Tiamat(바다)를 죽이고 그 유해를 이용해 세계를 창조했다는 에누마 엘리시의 스토리를 근거로 하며 이 창조의 업적을 이룬 신은 아슈르신뿐이라고 주장하는 것이었다.

이후에도 아시리아와 바빌로니아의 종교문화적 · 정치적 긴장 관계는 아시리아 제국의 변천에 큰 반향을 일으켰다.

제5장

왕위 계승 문제와
센나케리브 암살

'아시리아의 평화' 뒤에 싹튼 불온한 권력 투쟁

아시리아 제국의 안정기인 기원전 700년부터 기원전 630/620년 정도의 기간을 가리켜 '로마의 평화'(팍스 로마나Pax Romana)에 비유해서 '아시리아의 평화'(팍스 아시리아카Pax Assyriaca)라고 부르는 경우가 있다. 센나케리브가 바빌론을 파괴한 후 바빌로니아에서 8년 정도는 〈바빌로니아 연대기〉에서 '왕이 없는 시대'라고 일컬은 시대가 이어졌다. 이 기간에 아시리아 제국의 영토 내부에서는 커다란 전란이 일어나지 않았다. 그러나 궁정에서는 불온한 권력 투쟁의 조짐이 싹텄다.

센나케리브는 원래 자신의 후계자로 장자 아르다 물리수Arda-Mulissu를 생각했는데 기원전 683년 무렵에 그 뜻을 뒤집고 어린 아들 에사르하돈을 왕세자로 임명했다. 왕궁의 하렘에 있는 많은 여성들이 왕의 총애를 다퉜는데 아르다 물리수와 에사르하돈은 서로 다른 여성에게 태어난 센나케리브의 아들이었던 것으로 보인다. 원래 왕의 예상을 뒤엎고 에사르하돈이 왕세자로 선택된 데에는 이 시기에 궁정 안에서 점점 힘을 강화해 나간 에사르하돈의 모친 나키아의 영향이 있었던 듯하다.

왕위 계승을 둘러싼 갈등과 에사르하돈 비문의 '증언'

후계자 변경으로 기대가 무너진 아르다 물리수와 그의 지지자들이 분개하여 왕의 결정을 뒤집으려고 시도한 것은 쉽게 상상할 수 있다. 그러나 센나케리브는 이러한 반발에도 결정을 번복하려고 하지 않은 모양이다. 반면 에사르하돈은 자신을 향한 불만 세력의 위협이 커졌다고 판단하여 본국을 떠나 서방으로 피신해야 했다. 이 때의 경위에 대해서는 에사르하돈이 즉위한 후 꽤 시간이 지난 기원전 672년에 작성된 왕 비문에 다음과 같이 기록되어 있다.

> 나는 형제들 중에서 어렸지만 아슈르, 신Sin, 샤마시, 벨, 나부, 니네베의 이슈타르, 아르벨라의 이슈타르의 명령에 따라 나를 낳은 아버지는 나를 형제들 중에서 높은 지위로 확실히 끌어올렸고 '이 자가 내 뒤를 잇는 아

들이다'라고 알렸다. 왕(센나케리브)은 샤마시와 아다드의 신탁을 받들어 신들의 긍정적인 대답을 확인했다. 신탁은 '그가 네 후계자다'라는 것이었다. 그(센나케리브)는 신들의 무게 있는 말에 경의를 표하며 아수르에 백성들, 노약자들, 내 형제들, 내 아버지 집안의 혈통을 잇는 친족을 모았다.

아슈르, 신Sin, 샤마시, 나부, 마르두크, 아시리아의 신들, 천지에 사는 신들의 어전에서 그(부왕)는 내 왕위 계승 결정을 지키기 위해 그들에게 엄숙하게 맹세하게 했다. 길월 길일에 그들(신들)의 숭고한 명령을 따라서 나는 왕권(장악)의 운명이 정해진 두려워해야 할 왕위 계승자의 저택에 환희로 가득 차서 들어갔다.

박해와 질투의 기운이 내 형제들의 마음을 가득 채워 그들은 신들(의 결정)을 잊었다. 그들은 그들의 거만한 행위를 믿고 나쁜 계략을 꾸몄다. 그들은 신들의 뜻을 거스르며 나에 대한 사악한 소문, 험담, 중상모략을 흘렸고 아무런 근거도 없는 거짓말, 적대적인 사항을 내 배후에서 끊임없이 말했다. 그들은 신들의 뜻을 거스르며 아버지의 호의를 나에게서 물리쳤지만 그(부왕)는 마음속으로 언제나 나를 배려해주었고 그는 늘 내가 왕권을 행사하는 계획을 눈여겨봤다. (RINAP 4, 1).

뒤이어 비문은 니네베에서 형제들이 "신들과 백성을 불쾌하게 만드는 모든 일을 하며 악행을 꾸미고 그들의 검을 뽑아서 왕권을 행사하기 위해 새끼 염소처럼 뿔을 맞대고 싸웠다"라고 기록했다. 그

257

후 서쪽의 하니갈바트로 피신한 에사르하돈은 니네베에서 일어난 비정상적인 사건에 대해 듣자마자 니네베로 진군해서 반란자들을 물리쳤고 무사히 즉위했다는 전말을 분명히 전한다.

✦

과연 누가 센나케리브를 암살했는가?

인용한 에사르하돈의 비문 중 한 구절은 니네베에서 일어난 모반으로 센나케리브가 암살당했음을 암시한다. 한편 〈바빌로니아 연대기〉는 다음과 같이 센나케리브의 암살을 담담하게 기록한다.

(기원전 681년) 테베투 월 20일 반란 중 아시리아 왕 센나케리브를 그의 아들이 살해했다.

이 사건이 아시리아 제국과 그 변경에 충격을 준 것은 쉽게 상상할 수 있다. 〈바빌로니아 연대기〉의 담담한 기술과는 대조적으로 구약성경('열왕기하' 19장 37절, '이사야서' 37장 38절)은 센나케리브의 죽음을 성도 예루살렘을 포위한 불손함에 대한 벌로 묘사했다. 센나케리브는 니네베의 니스록Nisroch 신전에서 예배를 드리는 도중에 두 아들 아드람멜렉과 사레제르(사레셀)의 칼에 찔려 살해당했고 암살자들은 아라라트Ararat 땅으로 도망쳤다고 말한다.

이 구약성경의 기사에 나타나는 센나케리브의 아들 이름(특히 첫

째 아들의 이름)은 정확하지 않아서 혼란스러운데 이 암살자들을 아시리아의 문서 사료에서 오랫동안 특정하지 못했다. 연구자 중에는 암살자가 사실은 에사르하돈이고 에사르하돈의 왕 비문에 새겨진 주장은 자신이 찬탈자라는 사실을 은폐하려고 허위로 지어낸 이야기일지 모른다고 생각하는 사람도 있었다.

그러나 1979년 덴마크 코펜하겐에서 열린 국제 아시리아 학회에서 발표된 핀란드 헬싱키대학교 시모 파르폴라의 연구 결과(1980년 출판)는 이 모호한 상황을 훌륭하게 해석해 냈다. 시모 파르폴라는 니네베에서 출토된 서신 조각에서 센나케리브에 대한 음모 계획을 동료와 약속해 맹세하고 반란을 꾀하려고 한 아르다 물리수의 모습을 묘사한 구절을 해독한 뒤 아르다 물리수의 이름이 어떻게 아드람멜렉으로 잘못 기재되었는지 논증했다. 그 후 에사르하돈의 비문과 구약성경의 비문이 공통으로 나타내듯이 센나케리브를 살해한 사람은 에사르하돈의 형들과 그들의 지지자이며 에사르하돈의 비문에 기록된 주장이 옳다고 대체로 인정하게 되었다.

제7부

에사르하돈의
위업과
고뇌

제1장

바빌론 재건을
서둘러야 했던 이유

✦

반란 진압과 에사르하돈의 즉위

에사르하돈의 치세와 관련해서는 수많은 왕 비문을 비롯해 점 신탁 문서, 서신, 계약 문서 등 온갖 아시리아 문서 사료가 풍부하다. 또한 〈바빌로니아 연대기〉와 〈에사르하돈 연대기〉라는 두 편년 사료가 사건의 역사를 정교하고 치밀하게 재편성하는 데 기여한다. 〈바빌로니아 연대기〉는 에사르하돈이 즉위하는 경위에 대해 앞서 인용한 센나케리브 암살 기록에 뒤이어 "아시리아에서 일어난 반란은 테베투 월 20일부터 아다루 월 2일까지 이어졌으며 그달 28일(또는 18일, 파손된 탓에 분명하지 않다)에 에사르하돈이 아시리아에서 즉위했다"고 기록한다.

에사르하돈은 형제들의 음모를 알아채고 서쪽으로 피신했으나 센나케리브가 암살당한 사실을 알자 서둘러 군을 이끌고 니네베로 돌아왔다. 그리고 약 40일 만에 반란을 진압하자마자 정식 왕위 계승자로 즉위했다. 에사르하돈은 바빌론이 아직 황폐한 가운데 바빌론의 왕으로 즉위하지 않고 '아시리아의 왕, 바빌론의 총독šakkanak Bābili, 수메르와 아카드의 왕'이라고 칭했다.

✦
선대의 잘못을 되풀이하지 않기 위해

조부 사르곤 2세가 전쟁터에서 불길하게 전사한 일에 이어서 아버지 센나케리브가 충격적인 암살을 당하는 비운이 일어난 이유를 두고 에사르하돈은 조부와 아버지 모두 어떠한 잘못을 저질렀기 때문에 신벌을 받았다고 생각했다.

에사르하돈 시대에 작성되었고 연구자들이 '사르곤의 죄'라는 제목을 붙인 교훈문학적 작품에서는 죽은 센나케리브의 영혼이 나타나서 다음과 같이 조언한다. "센나케리브의 영혼은 사르곤 2세가 죽은 원인을 점술로 밝히려 하면서도 자신은 바빌로니아 신들을 소홀히 했기 때문에 살해당한 것을 후회하며 후계자(에사르하돈)에게 아시리아와 바빌로니아의 모든 신들, 특히 아슈르와 마르두크에게 충분히 배려하라"는 내용이다.

'사르곤의 죄'가 암시하듯이 에사르하돈과 그 주변의 엘리트들이 사르곤 2세의 죽음은 바빌로니아의 신들을 너무 열심히 모셨기 때문이고 센나케리브의 죽음은 마르두크를 소홀히 하고 그 성지인 바빌론을 파괴한 탓이라고 생각한 것으로 보인다. 할아버지와 아버지가 저지른 잘못을 되풀이하지 않도록 에사르하돈은 각별히 주의를 기울여 아슈르 신전 재건 계획을 세우고 공사에 임하며 심각하게 파괴된 바빌론을 재건했다.

재건과 부흥으로 칭송받은 에사르하돈

바빌론 재건에 관한 상세한 내용을 기록하는 에사르하돈의 여러 비문은 센나케리브의 이름을 바빌론의 파괴자로 직접 언급하기를 회피한다. 그와 동시에 '전대 왕의 치세 중' 사람들이 바빌론에서 의례를 올바르게 드리지 않고 신전의 재산을 엘람에 팔아넘기는 불성실한 행위를 한 탓에 바빌론의 신 마르두크가 격노하여 그 땅과 주민을 파괴하도록 운명을 정했다며 바빌론을 파괴한 원인을 설명한다. 또한 그 결과로 아라크투Arakhtu강의 물이 홍수처럼 덮쳐서 바빌론 도시를 폐허로 만들고 신들은 새처럼 날아가 버렸으며 주민은 다른 장소로 피신했다고 한다.

이어지는 구절에서는 '(파괴된 바빌론의) 방치 기간을 70년이라고 정했는데도 인정 많은 마르두크신은 그 마음을 달래며 위아래로 숫자를 뒤집어서 11년째에 재건을 명령했다'라고 한다. 70은 쐐기문자로 60을 나타내는 세로의 쐐기와 10을 나타내는 부메랑 모양의 쐐기(윙클하켄winkelhaken)를 나란히 놓고 '60+10'(𒁹𒌋)이라고 쓴다. 그러나 60을 나타내는 세로 쐐기는 배열에 따라 60이 아니라 1을 나타내기도 한다. 따라서 두 쐐기문자의 순서를 바꾸면 '10+1'로 11(𒌋𒁹)이 된다. 이렇게 신비한 방법으로 마르두크신은 바빌론의 재건을 원래 예정보다 59년이나 앞당기도록 명령했다고 한다. 이런 논리로 도시의 파괴를 결정했던 성난 마르두크신이 예상 밖으로 신속한 재건을 명령한 이유를 설명한다.

에사르하돈은 마르두크의 신전 에사길과 지구라트인 에 테멘 앙키Etemenanki, 바빌론의 이중 성벽 임구르 엔릴과 네메드 엔릴을 재건했다. 또한 전란 중 아시리아와 엘람에 빼앗긴 신상들을 각각 원래 장소인 데르Der, 시파르, 라르사Larsa, 우루크 등 바빌로니아의 도시에 되돌려 놓고 바빌로니아 각지의 부흥을 도왔다. 그와 동시에 바빌론 시민에게 부여된 면세 특권을 회복해 나라 밖으로 흩어진 사람들을 바빌론 시민으로 귀환시켜 도시 재건을 앞당겼다. 에사르하돈이 바빌론에 지사로 앉힌 행정관이 보낸 서신에 따르면 바빌론 시민은 에사르하돈이 파견한 행정관을 호의적으로 받아들였고 바빌로니아 각지에서 에사르하돈을 칭송하는 사람들의 목소리가 들렸다고 한다.

아시리아 본국의 시민과 신들의 기대를 저버리지 않기 위해 에사르하돈은 아수르, 니네베, 아르벨라 같은 아시리아 중심부의 주요 도시에서도 신전 복구 작업에 힘을 기울여 각 도시들의 균형을 맞

쳤다. 그리고 행정 중심인 칼후나 니네베에서 각각 제2 성채인 군
관구에 열병 궁전을 재건하기 위해 아수르와 타르비수에서도 왕궁
건설 사업을 진행했다.

이집트 원정 성공과
에사르하돈의 시련

✦

어떤 왕도 도달한 적 없는 군사 원정

에사르하돈은 잦은 병치레로 늘 건강을 살펴야 했음에도 여러 차
례 군사 원정을 계획했다. 장군에게 군의 지휘를 맡겨 군사 작전을
펼칠 때도 있었지만 종종 군을 직접 이끌고 출정했다. 서쪽에서는
킬리키아의 쿤디Kundi와 시스Sissu의 왕 산두아리Sanduarri(현지어 루비어
아자티와다Azatiwada)가 일으킨 폭동을 진압하고 국경을 위협하던 킴메
리아인Kimmerioi의 세력을 몰아냈다.

또한 페니키아 해안의 유력 도시 시돈의 반란에 징벌 원정을 떠
나 바다로 도망친 시돈 왕 아부디 밀쿠티Abdi-milkutti를 포획하고 시돈
을 파괴했다. 그 영토의 일부는 아시리아의 행정주로 재편되었고
근교에 새로운 아시리아 도시 카르 아슈르 아하 이디나('에사르하돈

269

그림 7-1　에사르하돈의 전승 비문(튀르키예 남동부 진지를리Zincirli 출토)

의 항구'라는 뜻)가 세워졌다(그림 7-1).

북쪽으로는 아버지 센나케리브를 살해한 하수인들의 도피처인 슈브리아Shubria의 소왕국으로도 원정을 떠났다.

또한 그는 동쪽 자그로스 산악 지대를 넘어 메디아로 향하면서 이전의 어떤 왕도 도달한 적 없는 먼 지역, 다쉬테 카비르Dashte Kavir와 동일시되는 '소금 사막'까지 군을 이끌고 나아갔다. 에사르하돈이 수행한 여러 원정 중 이집트 원정이 가장 두드러진다.

이집트군의 허를 찌른 멤피스 공략

에사르하돈은 이집트에 세 번 출정했는데 기원전 674년에 떠난 첫 원정은 실패로 끝났다. 이 사건에 대해 에사르하돈의 비문은 실패를 감추고 침묵했는데 〈바빌로니아 연대기〉는 간결하지만 단정적으로 "(에사르하돈) 7년(기원전 674년) 아다루 월 5일 아시리아군이 이집트에 패배했다"고 기록한다. 그러나 3년 후인 기원전 671년 세 번째 이집트 원정은 아시리아에 좋은 결과를 가져왔다.

에사르하돈은 펠리시테 해안에서 이집트로 들어가는 일반적인 경로인 해안가 루트(이른바 '바닷길')를 피하고 과감하게 물이 적어 험난한 시나이Sinai 사막 루트를 골랐다. 그리고 현지 길에 능통한 아랍계 주민의 안내를 받으며 진군해 이집트군의 허를 찔렀다. 이집트 제25왕조(누비아Nubia 왕조) 타하르카Taharqa의 군대와 세 차례 맞붙어 격렬하게 전투한 끝에 타하르카를 남쪽 상이집트로 쫓아내고 에사르하돈의 군대는 나일 델타Nile Delta에 있는 이집트의 수도 멤피스를 함락했다.

에사르하돈은 나일 델타의 지방 영주 열두 명을 아시리아의 수호자로 삼아 그대로 남겨놓고 아시리아인 감독관을 배치해 그들의 행동을 감시하게 했다. 이 방법으로 이집트를 통치할 수 있기를 기대하며 에사르하돈은 대량의 전리품과 장인 및 점술가를 포함한 수많은 이집트인을 이끌고 아시리아로 귀환했다. 이 원정으로 아시리아는 누구도 발을 들여놓지 못했던 땅 이집트를 정복하며 지배권을 확립했고 제국의 영토는 건국 이래 가장 넓은 판도를 이루게 되었다.

하지만 그 후 얼마 지나지 않아 이집트에서 반란이 일어나고 에사르하돈은 치세 말기에 다시 한번 이집트 원정에 나서게 된다.

✦

왕의 잦은 병치레는 국가 기밀사항

눈부신 성공 뒤에 에사르하돈의 일상은 고민이 많았던 것처럼 보인다. 그의 치세와 관련해 왕의 사업 수행을 도와서 안전과 건강을 유지하기 위해 각종 정보와 의견을 제공하는 지식인, 제사장, 관리들과 왕 사이에 주고받은 내용을 기록한 서신이 여러 편 남아 있다. 이러한 서신 덕분에 아시리아 제국의 어느 왕보다도 에사르하돈의 개인적 상황과 주변에서 일어난 사건을 더 많이 알 수 있다.

기원전 671년 이집트 원정에 성공하기 얼마 전에 에사르하돈의 건강 상태가 나빠지기 시작했다. 그 후 에사르하돈은 자주 어떤 병에 걸렸고 식사도 제대로 하지 못하고 누워 지내며 사람을 멀리하기도 했다. 또한 가장 사랑한 아내 에샤라 하마트_{Ešarra-ḥammat}가 기원전 672년에 죽고 또 애지중지했던 아들마저 어린 나이에 잃자 에사르하돈은 크게 낙담한 듯 슬픔에 잠겨 지냈다.

이런 왕의 우울증을 암시하는 서신 몇 통이 남아 있으며, 의사들의 편지는 왕의 병 상태를 종종 언급하는데 구토, 발열, 코피, 귀 통증, 설사 등에 시달려 기분이 좋지 않았고 피부도 거칠어져 병이 깊어 보였다고 기록했다. 당시 병은 신들이나 악령에 의해 생기기 때문에 왕의 병은 신의 가호가 왕에게서 멀어진 것이라고 해석될 우려가 있었다. 따라서 왕의 병이 외부에 알려지지 않도록 일부 가까운 사람 외에는 왕의 병에 대해 엄격하게 숨겼다고 생각할 수 있다.

✦

반란으로부터 왕을 지켜낸 첩보 시스템

왕의 심신 상태가 좋지 않음을 알았는지 기원전 671년 이집트 원정을 전후로 에사르하돈에 대한 반란이 제국 각지에서 일어났다. 각종 서신이 그러한 반역에 대해 왕에게 보고하고 있다.

수도 니네베에서는 환관장이 왕위를 찬탈하려고 계략을 꾸몄다. 또 서쪽의 주요 도시 하란Harran(현재 튀르키예 남동부의 샨르우르파Sanliurfa 근교)에서는 여성 예언자가 '센나케리브의 이름과 자손을 끊어버려라'라는 계시를 말하며 사시Sasi라는 인물의 왕위 찬탈을 지지했다. 또한 성도 아수르에서는 아수르시의 행정관이 아이가 무덤 안에서 나타나 왕권의 상징인 지팡이를 자신에게 건네주는 꿈을 꿨다고 주장하며 에사르하돈에 맞서 반역을 꾀했다. 그러나 반란은 다 적발되었고 반란자는 처형당한 사실을 〈바빌로니아 연대기〉의 짧은 기사로 알 수 있다. 그 내용에 따르면 "(에사르하돈) 치세 11년(기원전 670년) 아시리아에서 왕이 많은 고관들을 칼로 죽였다"라고 한다.

수많은 서신이 보여주듯이 각지에 뻗어 있는 감시망이 내란을 미리 방지했다. 제국 각지에는 왕에게 충성을 맹세한 수많은 신하가 존재했고 그들은 사소한 일이라도 왕에 대한 중상이나 반역의 시도를 듣거나 목격하면 반드시 왕에 알리도록 맹세했다. 그리고 주저 없이 고발하도록 장려되었고 이를 게을리하는 것은 죽음을 의미하는 엄격한 규칙이 적용되었다. 이러한 감시, 첩보, 통보 시스템은 정치, 외교, 점술, 의료, 의례 등 왕의 모든 관심사에 걸쳐 있었다. 훗날 헤로도토스나 플루타르코스Plutarkhos 같은 고대 그리스의 역사가들이 '왕의 눈, 왕의 귀'라고 한 아케메네스 왕조 페르시아 첩보 시스템의 전례가 될 만큼 조직적 정보 네트워크가 왕을 반역으로부터 효과적으로 지켜냈다.

제3장

왕의 신변 보호를 위한
점술과 액막이

❖

길흉의 징조를 읽는 아시리아 왕실의 지식인들

불길한 사건의 징후를 재빨리 발견해서 미리 막는 방법은 현실 세계에서의 첩보 활동이 전부가 아니다. 에사르하돈을 주변에서 보좌하는 당시의 지식인들은 이 세상의 운명을 지배하는 신들의 영역에 파고들어 신변에 심한 불안을 느낀 왕의 안전과 실패 없는 성공을 위해서 움직였다.

고대 메소포타미아인들은 주변에서 일어나는 모든 현상 속에서 가까운 미래에 일어날 사건을 암시하는 징조를 읽을 수 있다고 믿었다. 이는 현재 점성술이나 점괘를 통해 가까운 미래를 예견하려고 하는 믿음과 유사하다. 나쁜 기운을 물리치고 길조를 기원하는 등 앞으로 닥칠 재앙을 멀리하고 불길하고 위험한 상황에서 벗어나기 위해서 액운을 씻는 액막이 의식은 지금도 널리 행해지고 있다. 그들은 신들을 통해 밝혀지는 다양한 징조의 의미를 매우 진지하게 받아들였는데 흉조일 경우 이에 대한 대책을 마련해서 신변을 보호하려고 했다.

아시리아 왕의 주변에서는 점술과 그 결과를 반영한 대책을 각별히 공들여서 시행했다. 에사르하돈과 그의 아들 아슈르바니팔이 통치하는 동안 왕궁과 연관되어 주술, 의술, 점술, 의례, 기도 등에 통달한 '학자'들이 왕에게 보낸 수많은 편지는 주술적·의술적 수단을 다 동원해서 왕을 보호하려고 하는 일련의 활동에 대해 많은 자료를 제공한다.

✤
불길한 징조와 액운을 씻는 액막이 의식

왕은 원정과 건축 공사를 비롯해 중요한 일을 시작하거나 전환점을 맞을 때는 길조라고 여겨지는 달이나 길일을 선택해서 기도를 올리고 성공을 기원했다. 해, 달, 행성 등 천체의 움직임과 하늘에서 관찰되는 현상, 도시와 경작지, 강과 그 주변에서 볼 수 있는 지형, 사건, 새·가축·들짐승과 같은 동물이나 인간의 행동, 그리고 꿈에서 본 내용까지도 앞으로 일어날 일의 징조로 받아들여 이러한 징조를 바탕으로 행동하기 전에 운이 좋고 나쁨을 문제 삼았다. 명쾌하게 이해할 수 있는 징조가 늘 운 좋게 나타난다고 할 수 없지만 징조의 의미를 확인하거나 적극적으로 행운과 악운을 분명히 해야 하는 경우에는 인간계에서 신들에게 판단을 구했다.

그중에서도 특히 내장 점술extispicy이 자주 시행됐다. 이 점술은 미리 '……가 일어날 것인지 네, 아니오로 대답해 주십시오'라는 질문을 적은 문서를 제시하고 점술의 신인 샤마시신과 아다드신에게 계시를 바라며 가축의 내장(특히 간)을 꺼내어 그 상태를 살폈다. 그리고 살펴본 것을 해석해서 신들의 답이 네인지 아니오인지 알려고 했다. 그런 식으로 신들에게 한 질문을 기록한 점토판 문서가 에사르하돈과 아슈르바니팔의 치세에 약 350점이 발견되었다. 내장 점술 외에도 물에 떨어뜨린 기름의 모양, 뿌려진 가루가 퍼지는 모습, 연기가 피어오르는 방식, 새가 나는 모습 등 다양한 수단을 사용하여 인간은 적극적으로 신들의 계획을 알려고 노력했다.

불길한 징조가 나타난 경우에는 이를 단순히 운명으로 받아들이지 않고 징조가 보여준 방해물을 없애기 위해 액막이 의식을 행했다. 에사르하돈의 아들 아슈르바니팔의 '도서관'에는 적어도 점토판 137점으로 이루어진 남부르비Nam-búr-bi(수메르어로 '그것을 없애버리기'라는 뜻)라는 액막이 의식에 관한 매뉴얼이 잘 알려져 있으며 이런 종류의 의식이 실제로 왕성하게 이루어졌다.

이 의식에서는 먼저 운명의 심판을 주관하는 재판관인 태양신 샤마시 등의 신들에게 기도를 드리고 안 좋은 결정이 바뀌고 악한 자로부터 벗어나기를 바라며 사악한 존재가 홀리려고 하는 사람에게 지혜·주술·의례의 신인 에아와 아살루히Asarluhi의 도움을 빌려 물, 식물, 횃불, 분향 등으로 정화 의례를 행했다. 그리고 사악한 존재를 점토 같은 작은 조각상에 주술적으로 옮겨서 이를 불태우거나 물에 던져서 액운을 막으려 했다.

✦

불운을 떠안고 희생될 '대역 왕'을 세우다

가장 주목할 만한 액막이 의식으로는 에사르하돈과 그의 아들 아슈르바니팔이 통치한 기원전 680년부터 기원전 666년 사이, 여덟 번의 일식·월식 때마다 행해진 '대역 왕' 의식이다. 밤과 낮의 하늘을 이동하는 가장 큰 천체 달과 해가 보여주는 모습은 가장 중요한 징조의 기원이었다. 특히 일식과 월식처럼 둘 중 하나의 천체가 어둠에 가려지는 현상은 가장 심각한 흉조였는데 아시리아와 바빌로니아에서는 왕의 죽음을 예견하는 징조로 해석했다.

이처럼 최악의 흉조에 대해서는 점토로 만든 작은 조각상에 부정을 옮겨 위험을 막는 방식으로는 부족하다고 생각했다. 그래서 왕을 대신해 흉조가 암시하는 불운을 떠안고 희생될 '대역 인간'이 필요해졌다. 대역이 될 인물로는 전쟁 포로, 사형수, 왕의 적대자 등이 뽑혔다. 그들에게 왕의 장비를 대충 지니게 하고 대역 왕비를 동행시켜 왕좌에 앉혔다. 일식과 월식의 정도에 따라 액막이에 필요한 최장 100일 동안 진짜 왕은 공적인 자리에서 물러나서 '왕'의 칭호를 사용하기를 삼가고 '농부'ikkaru라고 자칭하며 일개 농부인 척했다. 대역 왕은 당연히 실제 왕권을 행사하지 않았으며 왕궁을 물러나 임시 오두막에 사는 농부가 행정 실권을 잡았다.

천체에 나타나는 불길한 징조를 점토판에 기록해 대역 왕의 옷에 매달았으며 대역 왕은 흉조를 걸치고 정해진 기간 동안 왕으로 지냈다. 에사르하돈의 치세 중(아마 기원전 679년이나 기원전 674년)에 왕의 최측근인 주임 서기가 왕에게 보낸 편지는 다음과 같이 기록하고 있다.

나의 주인 '농부'에게. 당신의 나부 젤 레이시. 주인님이 건강하시기를 바랍니다. 나부신과 마르두크신이 주인님을 오랜 세월에 걸쳐서 축복하시기를. 저는 천지에 일어나는 (징조)든 (동물)의 비정상적인 출산 (징조)든 샤마시신 앞에서 (그 신탁을 낭독)하든 모든 일을 당신께 써서 보냅니다. 그들 (대역 왕과 왕비)은 포도주를 마시고 물로 씻으며 기름을 발라서 정중한 대우를 받고 있습니다. 저는 지징한 새를 조리하게 해서 그들에게 식사로 내줬습니다. 아카드 땅의 대역 왕은 징조를 직접 받아들였습니다……

(SAA 10, 2)

일식과 월식이 천체의 어느 부분에서 일어나느냐에 따라 제국 각지의 어느 부분에 흉조의 영향이 미치는지 정해졌다. 에사르하돈은 아시리아와 바빌로니아의 왕권을 모두 장악했는데 이 편지가 문제

279

로 삼는 일식과 월식의 영향은 바빌로니아('아카드의 땅')에만 미치는 것을 알 수 있었기 때문에 바빌론에 대역 왕을 세웠다.

천체식이 끝나고 정해진 기간이 지나면 대역 왕과 왕비는 살해당해서 흉조는 그들과 함께 명계로 사라져갔다. 대역 왕과 왕비는 실제 왕과 왕비처럼 대우해서 매장했고 그가 앉았던 왕좌와 소지한 왕권의 상징물은 불에 태웠으며 주술사들이 각종 액운을 씻어내고 정화하는 의식을 왕궁과 왕에게 직접 시행하며 의례가 마무리됐다.

제4장

충성 서약에서 죽음의 원정까지, 에사르하돈의 마지막 여정

✦

주변을 놀라게 한 왕위 배분

에사르하돈의 근심거리는 현세에서 자신이 처한 운명뿐만이 아니었다. 아버지 센나케리브의 선택에 따라 왕세자로 임명되었으나 이에 불복하는 형제들이 아버지를 암살하고 반란을 일으켰다. 그런 위기를 극복하고 즉위한 경험이 있기에 에사르하돈은 왕위 계승이 내란도 불러일으킬 수 있는 경계해야 할 과제임을 알았다. 게다가 병치레가 잦아서 건강에 불안을 느낀 에사르하돈은 자신이 죽은 뒤 자신이 정한 아들에게 큰 혼란 없이 왕위가 계승될 방안을 일찌감치 생각했다.

서신에 나타난 정보로 기원전 674년에는 장자 신 나딘 아플리를 왕세자로 임명한 것을 알 수 있는데 아무래도 이 인물은 일찍 죽은 듯하다. 에사르하돈은 적어도 열두 명의 자녀가 있었지만, 그중 몇 명은 어린 나이에 죽었다. 가장 연장자로 왕위 계승자 후보였던 신 나딘 아플리가 사라지자 에사르하돈은 아들 중 아슈르바니팔에게 아시리아의 왕위를 넘기고 그보다 나이가 많은 아들 샤마시 슘 우킨Shamash-shum-ukin에게 바빌로니아 왕위를 상속하기로 결심했다. 아슈르바니팔과 샤마시 슘 우킨은 둘 다 〈바빌로니아 연대기〉에 그 죽음(기원전 672/671년 아다루 월)이 기록되어 있는 에사르하돈의 아내 에샤라 하마트의 아들이었을 가능성이 있다. 또는 두 사람이 이복형제지간이며 아슈르바니팔만 에샤라 하마트의 아들이었을 수도 있다.

어쨌든 에사르하돈이 혼자 장악하고 있던 아시리아와 바빌로니아의 통치권을 둘로 나눈 후 제국의 지배자로서 아시리아 왕의 지위를 더 젊은 아슈르바니팔에게 넘겨주고 형 샤마시 슘 우킨에게는 그보다 하위에 있는 바빌로니아 왕위를 맡긴 일은 주변 사람들에게 놀랄 만한 사건으로 받아들여졌을 것이다. 에사르하돈의 가장 친밀한 측근으로 신뢰가 두터운 주술사 아다드 슈마 우수르Adad-shuma-usur는 약간의 당혹감을 내비치며 왕의 결정을 칭송하는 다음과 같은 메시지(편지)를 보냈다.

내 주인 되시는 왕께서는 하늘에서 일어난 적도 없는 일을 지상에서 행하여 우리에게 보여주셨습니다. 당신은 자제분 중 한 명의 머리에 (왕세자

의 표시인) 피투투pitutu(머리 띠, 왕관의 일종-감수자) 천을 묶어서 그에게 아시
리아의 왕권을 맡겼으며 당신의 나이 많은 자제분을 바빌로니아의 왕권
(을 행사하는 지위)에 앉혔기 때문입니다. 당신은 첫째를 당신의 오른쪽에,
둘째를 당신의 왼쪽에 앉혔습니다! 우리는 이를 보고 내 주인 되시는 왕
을 축복하고 우리의 마음은 기쁨으로 가득 찼습니다. 아슈르신, 샤마시
신, 나[부신, 마르두크신]과 천지의 위대한 신들이 [내 주인 되시는 왕]을
위해서 그들(왕자들)의 성공을 베풀어 주시기를 바랍니다. 아슈르신, 아다
드신과 샤마시신이 각자 열 번씩 행[운]을 [내 주인 되시는] 왕과 그 자제
분에게 정해주시기를 기원합니다······ (SAA 10, 185)

✤
왕위 계승을 위한 서약식을 서두른 에사르하돈

기원전 672년 에사르하돈은 자신이 죽은 후 이 왕위 계승이 신속
하게 결정되도록 제국 각지의 주요 인사들을 니네베로 불러들여 서
약 의식을 거행했다. 이 의식의 모습은 이후 즉위한 아슈르바니팔
왕의 비문에 다음과 같이 묘사해 놓았다.

내 아버지, 날 낳아주신 부모님, 아시리아 왕 에사르하돈은 내가 왕권을
행사해야 한다고 하는 아슈르신과 물릿수 여신의 명령에 주의를 기울였
다. 아야루 월, 인류의 주인이신 에아신의 달 12일 길일, 굴라Gula신에게
빵을 바치는 날, 아슈르신, 물릿수 여신, 신Sin신, 샤마시신, 아다드신, 벨

신, 나부신, 니네베의 이슈타르 여신, 아르벨라의 이슈타르 여신, 니누르타신, 네르갈신, 누스카Nuska(누스쿠Nusku)신의 숭고한 명령에 따라 그는 아시리아 사람들, 위쪽 바다에서 아래쪽 바다까지 전부 소집하여 신들의 이름에 의한 서약(아데adê)을 지키게 하고 내 아시리아의 왕세자권과 훗날 왕권 행사를 수호하기 위해 그들에게 신들의 이름에 맹세(아데)하고 선언하게 하여 굳건한 계약을 맺게 했다. (RINAP 5/1, 11)

✦

후계자를 안정적으로 즉위시키기 위한 충성 서약 문서

에사르하돈의 왕위 계승에 관한 서약 문서 사본(점토판)은 1950년대 칼후에서 여덟 개, 아수르에서 조각 한 점이 발견되었다. 이후 2009년에는 서쪽 변경 지역인 튀르키예 남동부의 시리아 국경에 가까운 텔 타이나트Tell Tayinat에서 새로운 사본 조각 한 점이 발견되었다 (그림 7-2). 텔 타이나트는 당시 아시리아의 행정주 도시인 쿠눌루아Kunulua(또는 키날루아Kinallua)와 같은 곳으로 추정된다.

이 서약 문서들은 서두에서 '아시리아 왕 에사르하돈이 (아무개)와 맺은 아시리아 왕 에사르하돈의 아들이자 위대한 왕세자 아슈르바니팔에 관하여 그(아슈르바니팔)를 위해서 정하는 서약(아데)'이라고 규정한다. 어느 사본이나 약 40cm×30cm의 큼지막한 점토판에 길이 660줄 안팎의 원문이 쓰여 있으며 아슈르신의 세 가지 표시로 날인되었다. 일반적인 점토판은 왼쪽에서 오른쪽으로 글을 쓰며 위에

그림 7-2   에사르하돈의 왕위 계승 서약 문서(님루드 판)

서 아래로 써내려 가다가 점토판 아랫변에 이르면, 점토판을 가로
축(아랫변)으로 뒤집어 '앞면→아랫변→뒷면' 순으로 이어서 기록
했다. 반면 에사르하돈 서약 문서는 오늘날의 책처럼 앞면을 모두
쓴 후 세로축을 따라 점토판을 뒤집어 뒷면에 기록을 계속했다. 또
한 이 서약 문서 점토판은 꽤 두꺼워서 신전의 제단 근처에 신들의
문장이나 신상과 함께 세워 안치되었고 그 주변을 돌며 읽을 수 있
었던 것으로 추정된다.

텔 타이나트 판이 발견되기 전에는 보존 상태가 비교적 좋은 칼
후의 나부 신전(에지다Ezida)에서 출토된 적어도 여덟 개의 사본이 주
된 연구 대상이었다. 그런데 거기에는 서약자로 동쪽에 위치한 메

디아 지방 영주('도시의 주인')들의 이름이 쓰여 있었다. 그래서 이러한 서약 점토판은 특히 아시리아의 중심 지역에서 왕세자 보호를 맡은 메디아인 집단이 작성한 것이 아닌가 하는 학설이 제기되었다. 그러나 나중에 발견된 텔 타이나트 사본에는 '쿠눌루아의 행정주 장관'을 비롯해 '차관, 집사, 서기, 전차 마부, 촌장, 근위대장, 부족 지휘관, 기병대장, 학자, 방패잡이, 장인, (행정관 관할 아래에 있는) 모든 사람, 또한 계약 후에 태어날 사람들까지 포함해 아시리아 왕 에사르하돈의 왕권과 주권 아래 놓이는 모든 사람'이라고 쓰여 있고 행정주 쿠눌루아의 장과 그 궁정에 드나드는 사람들이 서약서의 대상이 되었다.

이는 아슈르바니팔의 왕 비문이 암시하듯이 제국의 행정주와 속국, 아시리아 궁정에 대해서도 모든 사람을 서약자로 가정하고 각 계약자에 맞춰 수신자 이름을 바꿔 사본을 대량으로 작성했음을 보여준다. 니네베에서 거행한 서약 의식 후 서약 점토판은 서약자가 담당하는 제국 각지에 가지고 돌아가 성소에 보관했을 것이다. 이탈리아 우디네대학교의 프레데릭 마리오 팔레스Frederick Mario Fales는 이렇게 작성된 서약 문서 사본이 200점 정도였다고 추정한다.

이 서약 문서에서는 아슈르바니팔을 아시리아의 왕위에 앉히고 샤마시 슘 우킨을 바빌로니아의 왕위에 앉히는 결정을 선언하며 이 결정을 지키기 위해서 해야 할 일과 하면 안 되는 일을 끝없이 설명한다. 문서에는 아시리아의 왕세자 아슈르바니팔을 주의를 기울여 보호하고 에사르하돈이 사망한 후 두 왕자를 신속하게 아시리아와 바빌로니아의 왕위에 앉힐 것을 규정한다. 그리고 모든 불온한 상황을 가정하여 모략에 넘어가지 말고 이를 방지해 배신자를 고발하고 그런 자를 물리쳐 서약을 준수하도록 엄격하게 요구한다. 또한 그 후에는 서약을 지키지 않을 경우 위반자와 그 관련자에게 일어날 여러 신들의 무서운 저주가 장황하게 쓰여 있다.

니네베에 소집된 사람들은 의식에서 이 문서의 일부를 직접 낭독하고 다른 사람은 이를 들으며 금기를 어길 경우 내려질 저주를 상징적인 의례를 통해 시각적으로 분명히 확인하고 거듭 주의를 받았을 것이다. 그 뒤 서약 점토판을 각자의 나라로 가지고 돌아가서 성소에 안치했을 것이다.

메디아의 제후에게 발행된 사본의 경우에는 칼후에서 잘게 부서진 상태로 발견되었다. 이는 아시리아 제국 말기 메디아의 군대가 아시리아의 주요 도시를 공략했을 때 메디아에서 칼후로 일부러 가지고 들어와 서약 파기를 선언하듯이 나부 신전에서 파괴한 것으로 보인다.

에사르하돈의 왕위 계승 서약 문서는 구약성경 '신명기'의 계약 신학과 저주를 연상시키는 내용과 글귀를 포함하고 있다. 따라서 이 서약 문서가 아시리아와 정치외교적, 종교문화적으로 접촉한 고대 이스라엘·유다 왕국 사람들을 통해 구약성경의 신학에 영향을 줬을 가능성도 논의되어 왔다. 아시리아의 신들과 왕에 대한 충성을 바라는 아시리아의 사상에 기반한 서약을 발판으로 민족의 신 야훼와 계약을 맺는 신학이 만들어진 것이 아닐까 하는 주장도 제기되었다.

✣

3차 이집트 원정 길에 죽음을 맞이하다

에사르하돈은 기원전 672년의 왕위 계승 의식과 이집트 원정(기원전 671년) 후 변칙적인 왕위 계승에 대한 불만과 왕의 건강에 대한 불안을 배경으로 하는 내란의 움직임을 미리 방지했지만 그로부터 얼마 지나지 않은 기원전 669년 3차 이집트 원정을 가는 도중에 병으로 쓰러져 사망했다. 이 원정의 목적은 2년 전인 기원전 671년 아시리아군에게 쫓겨 나일 델타에서 남쪽으로 달아난 이집트 왕 타하르카가 아시리아의 지배에서 벗어나려고 델타 지역에서 일으킨 반란을 진압하려는 데 있었다. 에사르하돈이 원정 길에서 사망하자마자 즉위한 아슈르바니팔은 이 사태에 대처하려고 2년 후인 기원전 667년에 아시리아군을 파견했다.

〈바빌로니아 연대기〉와 〈에사르하돈 연대기〉는 에사르하돈의 죽음에 대해 다음과 같이 담담하게 기록한다. "(에사르하돈의) 치세 12년(기원전 669년), 아시리아 왕은 이집트로 향했다. 그는 길 위에서 병에 걸려 아라흐삼나 월 10일에 사망했다. 에사르하돈은 12년 동안 아시리아를 통치했다."

제8부

아슈르바니팔과
아시리아의
번영

제1장

준비된 군주,
아슈르바니팔의 즉위

✤
왕세자의 제왕학 영재 교육

에사르하돈의 생전에 왕위 계승이 숙명으로 정해진 아슈르바니팔은 왕세자 시절에 다양한 영재 교육을 받았다. 이는 아슈르바니팔이 치세 초기 바빌론의 마르두크신 신전 에사길에 봉헌하려고 한 기념비의 초고에서 살펴볼 수 있다(그림 8-1). 문서 자체가 영재 교육 내용을 명확하게 표현하고 있다.

……신들의 아버지 아슈르신은 내가 아직 어머니의 뱃속에 있을 때 왕이 될 운명을 나에게 정해주셨다. 위대한 어머니 신 물릿수는 이 땅과 백성을 통치하기 위해서 나를 불렀다. 에아신과 벨레트 일리Belet-ili 여신은 내 모습을 주권자에게 어울리게 창조하셨다. 맑고 깨끗한 신 신Sin은 내가

왕권을 행사하는 것에 관하여 행운의 표시를 보여주셨다. [샤마시신과 아다드신]은 점술사의 방법, 변함없는 기술을 내게 내려주셨다. 신들 중 지혜자 마르두크신은 폭넓은 지혜와 매우 큰 지식을 내게 부여하셨다. 모든 서기 기술의 신 나부는 그 지혜의 습득을 내게 선물하셨다. 니누르타신과 네르갈신은 힘, 남자다움, 비교할 데 없는 강인함을 내게 주셨다. 나는 성인 아다파Adapa의 행동, 비밀로 감춰진 지식, 서기의 모든 기술을 습득했다. 나는 천지의 징조를 검사할 수 있고 이를 학자들의 모임에서 논의할 수 있다. 재주가 있는 점술사들과 '만약에 간肝이 하늘처럼 보이면'(집성集成)에 관해 생각을 나눌 수 있다. 나는 언뜻 답이 없는 것처럼 보이는 복잡한 문서를 해독했다. 나는 대홍수가 일어나기 전(의 태고)에 돌에 쓰였으나 그 의미가 봉인되어 막막하고 혼란한 비문을 유심히 연구했다.

엄선된 동료와 함께 내가 보낸 날들은 이러하다. 나는 준마를 몰고 달리려고 하지 않는 사나운 말을 익숙하게 탔다. 활을 들고 전사처럼 화살을 날렸다. 흔들리는 창을 마치 화살처럼 던졌다. 마부처럼 (말의) 고삐를 잡아서 전차를 끌고 돌아다녔다. 아리투 방패와 카바부 방패를 장인처럼 만들어냈다. 나는 모든 전문가의 기술에 능통했다.

아울러 나는 올바른 군주로서의 행동을 배우고 왕권을 휘두르는 방법에 익숙해졌다. 나를 낳아주신 왕 앞에 늘 서서 장관들에게 지령을 내렸다. 나 없이는 어떤 행정관도 임명받지 못했고 어떤 감독관도 내 동의 없이 지위에 앉을 수 없었다. (RINAP 5/2, 220)

그림 8-1 아슈르바니팔의 교육에 대해 기록해 놓은 점토판, 겉면과 뒷면

이 뒤에 이어지는 문서에는 기원전 672년 아야루 달에 니네베에서 왕위 계승 결정을 준수하게 하기 위해 에사르하돈이 거행한 서약 의식이 기록되어 있다. 아마 이 의례를 전후로 아시리아의 왕위에 앉은 왕세자 아슈르바니팔은 문무양도의 제왕학을 배우기 시작했을 것이다.

문필과 지식을 겸비한 아슈르바니팔

메소포타미아의 언어 수메르어와 아카드어를 쓰기 위한 쐐기문자의 문자 체계는 문자 600개 정도를 사용하며, 동일한 글자에 발음이 다르거나 발음이 같지만 글자가 다른 동음이의어도 많아 복잡하다. 그런 이유로 식자율이 낮고 왕이라고 해도 읽고 쓸 줄 아는

사람이 드물었다고 여겨진다. 기원전 2000년 무렵까지 남메소포타미아에서 사용한 수메르어는 음성언어로는 오래전에 사어가 되었는데 기원전 2000년대 고등서기교육에서는 전통적으로 수메르어로 쓴 종교문학 문서를 읽기 위한 학습이 이루어졌다. 그 후에도 서구 세계의 라틴어나 동아시아의 한어처럼 문화 언어로서의 역할을 유지했다.

아카드어는 수메르어가 사어가 된 후 기원전 2000년 중반 메소포타미아뿐만 아니라 서아시아 전체에서 국제 표준어가 된 언어다. 기원전 1000년대에 들어서면서 아카드어는 서아시아 지역에서 국제 표준어로서의 지위를 점점 아람어에 내주게 된다. 하지만 아시리아 제국기의 메소포타미아와 그 주변에서는 가장 중요한 언어로 기능했다.

고대 메소포타미아 왕 중에서 문인으로서 높은 교육을 받고 읽고 쓸 수 있는 능력을 분명히 내세운 왕으로는 아슈르바니팔 외에 기원전 21세기의 우르 제3왕조 슐기Shulgi와 기원전 20세기의 이신Isin 왕조 이쉬메 다간Ishme-Dagan 정도만 눈에 띈다. 둘 다 자신을 찬미하는 왕 찬가를 짓게 해 읽고 쓸 줄 아는 교양과 지적 능력을 자랑했다. 그러나 최근에는 여러 상황 증거에 비춰볼 때 기원전 2000년대 이후 메소포타미아에서는 왕, 관료, 고관, 유력한 상인 등은 정도의 차이는 있지만 웬만큼 읽고 쓸 줄 알았다는 견해가 검토되고 있다.

아시리아 왕은 신들을 섬기는 경건한 군주이며 국토와 백성을 옹호하는 사람이라는 고대 메소포타미아의 공통적인 왕 이미지에 더해 무인으로서 군대를 직접 거느리고 국토를 넓히는 강력한 모습을 왕 비문에서 특별히 강조했다. 이러한 전통에 비춰보면 아슈르바니팔이 난해한 문서를 마음껏 읽을 수 있는 문인의 일면을 강조한 것은 아시리아 왕 비문의 전통에서는 상당히 특별하다고 할 수 있다. 뒤에서 설명하겠지만 '아슈르바니팔의 도서관'으로 불릴 만큼 방대한 문서를 수집한 왕 아슈르바니팔은 뛰어난 문학적 표현력과 능숙한 솜씨로 기록한 왕 비문을 많이 제작하게 했다. 아슈르바니팔의 서기들이 슐기나 이쉬메 다간과 같은 먼 옛날의 메소포타미아 선조들의 왕 찬가를 참조해서 왕 비문에 그 요소를 구사했다고 해도 놀랍지 않다.

아슈르바니팔 즉위와
왕위 계승을 보장한 '자쿠투 계약'

기원전 669년 아라흐삼나 월 10일 에사르하돈이 이집트 원정을 가는 도중 병으로 사망하자 〈바빌로니아 연대기〉가 기록하듯이 다음 달 키스리무 월에 아슈르바니팔이 아시리아 왕으로 즉위했다. 아슈르바니팔의 즉위식이 거행되는 시점에서 에사르하돈의 어머니(아슈르바니팔의 조모) 나키아(아카드어명 자쿠투)는 여전히 살아 있었고 궁정에서 왕모로서의 영향력을 유지했다.

나키아는 샤마시 슘 우킨을 포함한 아슈르바니팔 형제들, 왕족, 고관, 관리를 소집해 아슈르바니팔의 지위를 위협하지 않고 수호하도록 그들에게 서약(아데)을 맺게 하고 왕위 계승에 관한 서약을 확인했다. '자쿠투 계약'이라고 하는 그 서약 문서(점토판)가 니네베에서 발견되었다.

〈에사르하돈 연대기〉에 따르면 아슈르바니팔이 아시리아 왕으로 즉위한 이듬해 기원전 668년 샤마시 슘 우킨이 바빌로니아 왕으로 즉위하고 센나케리브가 바빌론에서 빼앗아 아수르에 설치한 마르두크 동상은 아야루 월에 거의 20년 만에 바빌론으로 돌아갔다. 마르두크 동상을 바빌론으로 반환하는 일은 바빌론 재건을 추진한 에사르하돈이 목표로 삼았던 사업이었는데 그의 사후 자식들에 의해 비로소 성취되었다.

제2장

타하르카의 반격을 잠재우고
이집트 전역을 장악하다

✤

아슈르바니팔 치세 후반기에 대한 사료 부족

아시리아 제국 전성기의 마지막 대왕 아슈르바니팔의 치세는 다른 어느 왕보다도 다양한 왕 비문이 수두룩한 데다 왕실 서신, 점술 문서, 예언, 행정 문서, 법 문서 등 수많은 문서 사료가 풍부하다. 그러나 기원전 9세기 후반부터 아시리아의 원정과 주요 사건을 기록한 편년 사료인 '림무 연대기'는 아슈르바니팔 치세에 해당하는 부분이 거의 남아 있지 않으며 〈바빌로니아 연대기〉도 기원전 667년 이후의 기록은 알 수 없다.

이러한 편년 사료의 부족은 각기둥(프리즘)에 쓰여 있는 아슈르바니팔의 주요 왕 비문이 사건을 연대순이 아니라 지역별로 정리해서 보고하고 있다는 점과 맞물려 그의 치세 중에 일어난 사건을 역사적으로 정확하게 이해하기 어렵게 한다. 또한 많은 사실이 알려진 치세 전반과는 대조적으로 치세 후반에 관해서는 정보가 거의 없는 점도 주목해야 한다.

뒤에서는 여러 군사 원정과 그와 관련된 사건을 읽을 만한 스토리로 엮어 지역별로 정리해 이야기하는 아슈르바니팔 왕 비문의 내용에 어느 정도 맞추면서 아슈르바니팔의 치세 중 아시리아의 군사 원정과 관련된 사건을 살펴보겠다.

✦
타하르카 반격으로 시작된
아슈르바니팔의 이집트 원정

아슈르바니팔 치세 초기에 이집트는 가장 중요한 군사 표적이었다. 기원전 669년 에사르하돈이 이집트로 향하는 원정 길에 병으로 사망한 사건은 나일 델타 지역을 아시리아의 지배에서 해방시키려 했던 이집트 누비아 왕조의 타하르카에게는 바라마지 않던 일이었다. 아슈르바니팔의 왕 비문 내용에 따르면 타하르카의 병력은 에사르하돈이 임명한 지방 영주와 행정관을 물리치고 멤피스에 입성해서 아시리아의 지배를 벗어났다. 니네베에서 이 보고를 받은 아슈르바니팔은 정예부대를 이집트에 파견했다.

아시리아군은 진군하는 길에 에사르하돈이 통치하는 동안 조공국이 된 동지중해 해안 지역의 22개국에서 병력을 합류시켜 육로와

해로로 이집트를 공격했다. 아시리아군은 나일 델타의 카르 바니투
Kar-Banitu에서 이집트군과 싸워 완승했다. 이 소식을 듣고 타하르카는
나일강 중류 지역의 테베Thebes로 달아났지만 아시리아군은 테베를
장악하고 다시 한번 아시리아에 충성을 맹세한 이집트 제후들을 나
일 델타에서 테베까지 여러 도시에 재배치하여 그들과 협정을 맺고
이집트에 대한 아시리아의 주권을 회복했다.

그 후 타하르카와 결탁해 한층 격렬한 반란을 계획한 이집트 제
후들의 시도가 아시리아군에게 진압되고 반란자들은 붙잡혀 니네
베로 끌려왔다. 그러나 반란자 중에서 멤피스와 사이스Sais의 군주
였던 네코Necho만 죄를 용서받고 새로운 협정을 맺은 후 이집트 지배
의 핵심으로서 사이스의 군주 지위에 복귀했으며 아시리아 환관들
이 행정관으로 이를 감시했다.

✦
델타·멤피스에 이어 테베까지 확보

이집트의 타하르카가 사망하자 그의 친척 집안이던 샤바카Shabaka
의 아들 타누타마니Tanutamani가 파라오임을 선언하고 누비아에서 진
군하여 테베와 헬리오폴리스Heliopolis를 장악했다. 또한 아시리아군
이 있는 멤피스로 진군하여 이들을 포위했다. 아슈르바니팔은 니네
베에서 사건에 관한 소식을 전해듣자마자 신속하게 아시리아군을
이집트에 파견했다.

타누타마니는 아시리아군이 이집트로 들어올 것을 알아차리고 전투를 피해 멤피스에서 철수하여 테베로 돌아갔다. 아시리아군은 타누타마니를 몰아내고 테베를 점령했다. 그리고 왕궁에서 전리품을 빼앗고 백성을 연행해서 니네베로 돌아왔다. 전리품 중에는 금은보화와 함께 2,500달란트(약 75톤) 무게의 거대한 오벨리스크 2개가 포함되었다고 한다. 그 후 타누타마니가 델타에 침입했을 때 시리아로 달아난 네코의 아들 프사메티코스Psametikhos(프삼티크Psamtik)가 나일 델타로 돌아와서 아시리아와 종주-속왕 관계를 맺고 사이스와 멤피스를 통치했다.

제3장

페니키아, 아나톨리아, 자그로스 주변의 여러 나라

✦

상업 도시 티루스의 반란과 복종

동지중해의 해양 교역으로 번영한 아르바드, 비블로스, 티루스 등 페니키아인의 도시 국가는 아슈르바니팔 치세 초기에 조공국으로서 아시리아의 종주권을 받아들였다. 그러나 이 도시 국가들의 배후지를 지배하고 교역에 관세를 부과해 공물을 요구하는 아시리아에 대한 불만은 계속 반항의 불씨로 남아 있었다.

당시 페니키아 해안에서 가장 유력한 상업 도시였던 티루스의 왕 바알Baal은 에사르하돈이 통치하는 동안 아시리아와 종주-속왕 조약을 맺었다. 그 조약의 점토판 내용에 따르면 티루스의 왕궁에는 아시리아의 감찰관이 배치되어 티루스에 도착하는 모든 서신을 확인하며 외교 관계를 감시했다. 또한 티루스의 선박이 드나드는 동지중해 해안 대부분의 항만이 아시리아의 관리를 받은 것도 알 수 있다. 아시리아는 상업 선단을 자체적으로 꾸릴 수 없어 직접 해양 교역을 하지 않았다. 대신 티루스 같은 상업 국가들이 동지중해에서 벌이는 해상 교역을 대상으로, 항만과 그곳을 통과하는 교역품에 세금을 부과함으로써 이익을 얻고자 했다.

그러나 아시리아의 속박에서 벗어나고 싶었던 티루스의 왕 바알은 아슈르바니팔 치세 초기에 이집트에서 일어난 반아시리아 봉기에 호응해서 반란을 꾸몄다. 이에 대해 아시리아는 섬나라 티루스의 건너편 대륙쪽 배후지에 여러 주둔지를 설치해 티루스를 포위하고 바알을 굴복시켰다. 바알은 자신의 아들과 딸들을 니네베로 보내 명령에 따르겠다는 의사를 표시하고 다시 아시리아의 지배에 복종했다.

✤
문학적 에피소드로 기록된 리디아의 기게스

헤로도토스의 《역사》로 알려진 아나톨리아 서부 리디아 왕국의 왕 기게스Gyges(아카드어로 구구Gūgu)에 관해서는 아슈르바니팔의 왕 비문(각기둥 비문 A)에 다음과 같은 긴 일화가 남아 있다.

바다 저편 물가에 있는 땅, 먼 곳, 내 선조 왕들은 아무도 그 이름을 들어본 적이 없는 나라 루디(리디아)의 왕 구구(기게스). 나를 창조한 신 아슈르는 그가 꿈을 꾸게 하여 내 이름을 알려주고 "아시리아 왕 아슈르바니팔의 다리에 매달려 그의 이름으로 네 적을 제압하라"라고 말했다. 그날 그는 이 꿈을 꾸고 말을 탄 사자를 내게 보내어 내 평안을 물었다. 그 사자를 통해서 그는 꿈에 관하여 내게 보고했다.

그가 내 왕권에 기댄 그날 이후 그는 자기 나라의 백성을 혼란에 빠뜨리고 내 선조 왕들을 두려워하지 않으며 내 왕권의 발밑에 굴복하지도 않은 킴메리아인Cimmerians들을 제압했다. 내 주인이신 아슈르신과 이슈타르 여신에게 의지해서 기게스는 킴메리아인의 여러 도시를 정복하고 그 지배자들 중 두 명을 사로잡아 족쇄와 수갑, 쇠고랑을 채운 뒤 알현을 위한 수많은 공물과 함께 내게 보냈다.

(그런데 나중에) 그는 내 평안을 묻기 위해 정기적으로 보내던 기마 사자 파견을 중단했다. 나를 창조한 아슈르신의 말에 경의를 표하지 않고 자신의 힘에 의지하여 거만하게 행동했다. 그는 내 주권의 속박을 내던진 이집트 왕 프사메티코스 1세를 위해 원군을 보냈다. 나는 이 소식을 듣고 아슈르신과 이슈타르 여신에게 호소했다. "그의 시체가 그의 적 앞에 내던져져 (적이) 그의 뼈를 취하길 원합니다!" 내가 아슈르신에게 호소하자마자 그 바람이 현실에서 일어나 그의 시체는 그의 병력 앞에서 내동댕이쳐졌고 (적이) 그의 뼈를 실어 날랐다.

기게스가 내 이름으로 쓰러뜨린 킴메리아인들은 (이번에는) 그의 나라 전역에 역습해 완전히 파괴했다. 그 후 그(기게스)의 아들이 왕위에 올랐다. 내 바람으로 내가 의지하는 신들이 그의 친부를 무너뜨렸으므로 그는 사

303

자를 보내 내 발밑에 매달려 말했다. "당신은 신이 인정하는 왕이십니다. 당신이 내 아버지를 저주하자 재앙이 내 아버지에게 덮쳤습니다. 당신을 공경하는 종인 저를 위해서 기도해 주십시오. 당신에게 구속받게 해 주십시오." (RINAP 5/1, 11)

한편 헤로도토스의 《역사》는 기게스가 왕 칸다울레스Candaules를 죽이고 그의 비를 아내로 맞아들여 스스로 왕이 된 전말을 전설처럼 서술했다. 하지만 리디아와 아시리아의 관계에 대해서는 아무것도 기록하지 않았다. 아슈르바니팔의 비문에 기록된 사건이 언제 일어났는지는 알 수 없지만, 여러 정황 증거를 고려해 보면 기원전 665년에서 645년 사이 약 20년 동안 일어난 일들을 정리해 기록한 사실을 알 수 있다. 먼저 기게스가 아시리아에 사자를 보낸 것은 아슈르바니팔이 즉위한 지 얼마 지나지 않은 기원전 668~665년 무렵이다. 그 후 기게스가 킴메리아를 상대로 승리한 사건이 있었고, 아시리아를 배신하여 이집트의 프사메티코스와 동맹을 맺은 것이 기원전 650년대 중반이다. 그리고 기게스의 죽음, 킴메리아의 리디아 침공, 기게스의 아들 즉위는 기원전 645년 무렵이다.

기게스를 죽인 사람은 그리스어 사료에서 언급하는 킴메리아인 지도자 리그다미스Lygdamis의 병력으로 추정된다. 이 인물은 아슈르바니팔 비문에 투그담메Tugdammē라는 이름으로 언급되어 있으며 타발의 영주와 동맹을 맺어 아나톨리아 지역에서 아시리아에 반항한 군사 지도자로 묘사되어 있다. 아슈르바니팔의 비문은 기게스를 죽음에 이르게 한 직접적 원인을 언급하는 대신, 단순하게 아슈르바니팔의 저주 때문이라고 지적한 것이 흥미롭다.

아슈르바니팔 이전의 아시리아 왕 비문은 대부분 모든 원정을 낱낱이 보고하거나 수많은 정복지의 이름을 나열하고 전쟁의 상세한 내용, 영토 정복, 전리품이나 공물 획득 등 현장에서 일어난 일을 구체적으로 기술했다. 이처럼 20년이라는 오랜 기간에 걸쳐 일어난 여러 가지 사항을 실제 아시리아의 군사행동

그림 8-2 아슈르바니팔의 '각기둥 비문 A'

이나 외교활동도 직접적으로 언급하지 않고 점술, 저주, 기적과 신들의 뜻과 같은 신비한 요소를 곳곳에 배치해 일종의 문학적 에피소드로 완성하는 경우는 거의 없었다. 헤로도토스의 서술을 떠올리게 하는 이러한 이야기 풍의 역사 서술은 아슈르바니팔의 왕 비문에서 볼 수 있는 새로운 서술 양식이며 그리스의 역사 서술에 성행

하는 '이야기 역사'의 탄생을 엿보게 한다(그림 8-2).

✦

만나이·메이다·우라르투의 복종과 우호관계

아시리아의 북동쪽과 북쪽 국경의 지배는 비교적 안정적이었는데 이 지역의 여러 군사행동에 대해서도 아슈르바니팔의 비문에 기록되어 있다. 아슈르바니팔의 치세가 시작되기 전, 만나이 왕국은 자그로스 산지의 아시리아 영토에 침입하여 일부 도시를 장악했는데, 이때 에사르하돈이 만나이에 대한 원정 여부를 태양신 샤마시에게 점술로 문의한 신탁 문서를 통해 이 사실을 확인할 수 있다. 이러한 만나이의 군사 침공에 대항하기 위해 아슈르바니팔은 현재의 이라크 쿠르드 지역의 술레이마니야 부근에 군영을 설치했는데 만나이군은 밤을 틈타 이 군영을 기습했고, 이로써 본격적인 전투가 시작되었다. 아시리아군은 만나이군을 쳐부수고 산악 지대 북쪽으로 진군하여 만나이의 영토 깊숙이 침공해 수많은 촌락을 약탈했다. 백성, 말, 소, 양, 염소를 전리품으로 얻었고 아시리아는 잃어버린 영토를 회복했다.

만나이의 공세에 호응해 메디아와 우라르투의 속국과 행정주에서도 아시리아를 상대로 반란을 일으켰으나 큰 문제 없이 진압되었다. 그러한 비교적 작은 소란을 제외하면 한때 아시리아의 강적이었던 북쪽 우라르투 왕국의 왕들(루사와 사르두리Sarduri)은 아시리아에 사절을 보내 평화의 메시지와 선물을 전하고 아슈르바니팔과 좋은 관계를 유지했다. 우라르투와 아시리아가 결속한 배경에는 새로운 세력으로 우라르투를 위협하는 유목민 집단 킴메리아인과 스키타이인 세력의 대두가 있었을 것으로 추정된다.

제4장

엘람 왕국과의 전쟁과
지역 질서 재편

✤

급격히 악화된 아시리아-엘람의 관계

조부 센나케리브의 시대와 마찬가지로 아슈르바니팔이 통치하는 동안에도 엘람 왕국은 아시리아 제국에 맞서는 강력한 세력으로 두드러졌다. 아슈르바니팔은 엘람의 내부 정치에 개입해 친아시리아 세력을 유지하려고 시도했으나 장기적인 우호 관계는 유지하지 못했고 결국 여러 차례 군사적 충돌로 이어졌다.

아슈르바니팔의 즉위 초반, 에사르하돈은 엘람 왕 우르타쿠Urtaku와 체결한 우호 조약을 토대로 엘람에 기근이 일어났을 때 곡물을 보내줬고 엘람의 난민도 받아들였다. 그러나 그 후 우르타쿠는 바빌로니아와 엘람의 반아시리아주의자 의견에 동조해 아시리아의 영향 아래 있던 바빌로니아에 진군하여 바빌론을 포위했다. 하지만 이에 대해 아슈르바니팔이 바빌로니아에 군대를 파견하자 우르타쿠는 대결을 피하고 엘람으로 귀환했다.

그 후 얼마 지나지 않아 우르타쿠가 사망하자 새로 즉위한 엘람 왕 테움만Teumman은 전왕 우르타쿠의 일가를 제거하려 했다. 이에 우르타쿠의 세 아들(움마니가시Ummanigash, 움마나파Ummanappa, 탐마리투Tammaritu)은 친족, 조정의 신하들과 함께 적대국인 아시리아의 니네베로 도망쳐 아슈르바니팔에게 망명을 요청했다. 이 사건을 계기로 엘람과 아시리아의 관계는 급속히 악화했다.

✦
틸 투바 전투와 엘람 왕 테움만의 비참한 최후

엘람 왕 테움만은 아슈르바니팔에게 망명자들의 반환을 요구했고 아슈르바니팔이 이를 거부하자 기원전 653년 무렵 군대를 파병해 니네베로 진군했다. 이에 맞서 아시리아군은 엘람군을 스쳐가듯 남진해 데르로 향했고 이 움직임을 알아채고 본국을 지키려 되돌아오는 엘람군과 수사Susa 부근의 울라이강(오늘날의 카르케강Karkheh River) 강가의 틸 투바Til-Tuba에서 교전했다. 격렬한 전투 중에 테움만은 아시리아 병사에게 목이 베였고 결국 엘람군은 패배했다.

아시리아군은 엘람과 함께 반역한 바빌로니아 남부 감불루Gambulu의 영주 두나누Dunanu를 그의 가족과 함께 사로잡은 후 감불루의 수도 샤피벨Shapibel에 주둔하던 엘람의 장군 마시라Masira를 살해하고 샤

그림 8-3　틸 투바 전투를 그린 왕궁 부조(니네베 출토)

피벨을 파괴했다. 엘람 정복 이후, 아슈르바니팔은 처형된 엘람 왕 테움만의 머리를 니네베로 연행해 온 감불루 영주 두나누의 목에 걸게 하고 악사들의 연주에 맞춰 거리에서 공개적으로 행진하도록 했다. 이후 테움만의 잘린 머리는 니네베 성채 문에 높이 매달아 승리의 상징으로 전시되었다.

틸 투바 전투와 아시리아군의 니네베 개선 장면은 니네베 남서 왕궁의 내벽을 장식한 일련의 석판 부조에 묘사되어 있다(그림 8-3). 현재 영국박물관에 전시되어 있는 부조에는 틸 투바의 격렬한 전투에서 아시리아군이 엘람군을 압도해 울라이강으로 몰아가는 과정이 그림 두루마리 형식으로 그려졌다.

부조에서는 아슈르바니팔에 적대한 엘람 왕 테움만의 운명에 초점을 맞춰 그 모습을 시간의 흐름에 따라 여러 번 묘사했다. 테움만이 부상을 입자 그의 아들 탐마리투가 데리고 도망치려고 하는 장면, 테움만이 궁지에 몰린 끝에 목이 날아가는 장면, 테움만의 잘린 머리를 아시리아 병사가 내걸고 있는 장면, 그 후 전차를 탄 아시리아군인들이 테움만의 머리를 운반하는 장면 등이 차례대로 나타난다. 마지막에는 니네베에서 아슈르바니팔이 테움만의 잘린 머리가 매달린 나무 옆에서 포도 잎이 그림자를 드리우는 소파에 누워 왕비의 시중을 받으며 포도주잔을 든 장면이 그려져 있다(그림 8-4). 이러한 부조의 요소에는 묘사된 내용을 해설하는 설명문을 첨부해 놓았다.

그림 8-4 소파에 드러누운 아슈르바니팔을 묘사한 부조(니네베 출토). 장면 왼쪽의 나무에 매달린 것이 엘람 왕 테움만의 머리

아슈르바니팔은 직접 군대를 이끌고 위험한 전쟁터로 향한 적은 거의 없었다. 하지만 신들에게 부여받은 자신의 위력을 비문과 부조 예술에 충분히 담아내어 가학적인 묘사를 통해 공포 이미지를 강조했다. 그 문장과 그림의 문학성과 예술성은 당대 최고봉이었고 세련되게 승화되었다. 거기에 그려 놓은 잔혹한 묘사는 오늘날 인권의 관점에서 보면 눈살이 찌푸려질 정도로 혐오스럽겠지만 당시 이를 접한 사람들에게는 왕을 두려워하는 마음을 품게 하여 반항을 단념하게 하는 신전 효과를 발휘했을 것이다.

✦

4년간 이어진 '형제 전쟁' 끝에 찾아온 바빌론의 평화

그 후 아슈르바니팔은 망명자로서 신병을 맡긴 전 엘람 왕 우르타쿠의 아들 움마니가시와 탐마리투에게 엘람 왕국의 통치를 맡겼

313

으나 아시리아와 엘람의 좋은 관계는 오래 지속되지 않았다.

바빌로니아 왕 샤마시 슘 우킨은 즉위한 후 약 15년 동안 동생인 아시리아 왕 아슈르바니팔의 이런저런 정치적 간섭에 지쳐 있었다. 결국 샤마시 슘 우킨은 아시리아를 상대로 봉기하기 위해 몰래 이웃나라의 지지를 모아 반아시리아 동맹을 대규모로 조직했다. 이 동맹에는 바빌로니아의 여러 도시, 칼데아계·아람계 여러 부족과 엘람 왕국, 자그로스 산지와 레반트 지방의 세력들도 합세했다. 이러한 움직임에 아슈르바니팔은 바빌론 시민을 비롯해 바빌로니아의 여러 세력에게 서신을 보내 그들을 회유하려고 했다. 그러나 외교적 노력은 끝내 성과를 거두지 못했고 기원전 652년 말 샤마시 슘 우킨이 이끄는 반아시리아 동맹과 아시리아군 사이에서 전투가 시작되었다.

형제간의 전쟁은 거의 4년에 걸쳐 계속되었다. 전투는 바빌로니아 전역에서 진행되었고 전황이 혼란해지며 각 세력의 내부에서 밀약과 배신이 잇따랐다. 그러나 기원전 650년 무렵부터 정세가 아시리아 쪽에 유리하게 기울었고 아슈르바니팔은 바빌론과 그 밖의 바빌로니아 주요 도시 보르시파, 쿠타Kutha, 시파르를 포위했다. 이 도시들은 2년 동안 포위 상태를 견뎠지만 물과 식료품 부족에 시달리고 역병까지 발생했으며, 그 와중에 아슈르바니팔의 비문에 따르면 식량 부족으로 인육을 찾아다니는 사람이 나올 정도로 곤경에 빠졌다.

마침내 샤마시 슘 우킨이 사망하며 이 전투는 마침표를 찍었다. 아슈르바니팔의 비문은 '신들이 샤마시 슘 우킨을 활활 타는 불길 속에 처넣어 그의 목숨을 빼앗았다'라고 기록한다. 기원전 648년 중반 무렵에는 바빌론과 보르시파가 아시리아군에게 항복하고 성문을 열어서 아시리아의 승리가 확정되었다. 반란을 일으킨 바빌로니아 왕의 지지자들은 엄격하게 처벌받았고 왕권의 상징인 왕관, 왕홀, 옥새를 포함한 샤마시 슘 우킨의 재산은 전리품으로 몰수당해 니네베로 옮겨졌는데 이 모습은 니네베 왕궁의 석판 부조에 묘사되어 있다. 아슈르바니팔의 비문에 따르면 바빌로니아에는 새로운 행정관과 관리가 임명되었다.

이후 기원전 647년부터 기원전 627년까지 바빌로니아에서 큰 반란이 일어난 증거는 없다. 전란 때문에 황폐해졌는데도 바빌로니아 여러 도시에서는 경제 활동이 곧바로 정상화되었다는 사실이 각지에서 출토되는 행정 · 경제 문서를 통해 확인된다. 아시리아의 영향을 받은 바빌로니아의 정세는 약 20년 동안 안정적이었다.

✤

의문의 '바빌론 왕' 칸달라누

아슈르바니팔의 비문은 침묵했지만 샤마시 슘 우킨이 사망한 후 바빌로니아에는 칸달라누Kandalānu라는 인물이 왕위에 올랐다는 사실이 아시리아와 바빌로니아의 두 왕명표 〈아시리아 · 바빌로니아 대

조 왕명표〉와 〈바빌로니아 왕명표A〉를 통해 밝혀졌다. 이 문서들
의 내용에 따르면 칸달라누는 샤마시 슘 우킨의 뒤를 이어 바빌로
니아 왕이 되었고 21년 동안(기원전 647~627년) 바빌로니아를 통치
했다. 칸달라누의 이름은 바빌론에서 출토된 경제 문서의 날짜에
'바빌론의 왕' 제목과 함께 기록되어 있다. 칸달라누가 아시리아의
꼭두각시였다는 점은 의심할 여지가 없는데 이 인물의 출신 배경이
나 어떤 정치적 역할을 담당했는지 구체적인 정보는 명확하지 않다.

  바빌로니아 각지에서 출토되는 경제 문서의 날짜가 칸달라누의
통치 기간으로 표시되어 있는 점은 이 인물이 샤마시 슘 우킨과 마
찬가지로 바빌로니아 전 지역의 행정 대표자였다는 사실을 나타낸
다. 하지만 예외적으로 니푸르에서는 '여러 나라의 왕'$_{šar\ mātāti}$, '아시
리아 왕'$_{šar\ māt\ Aššur}$, '세계의 왕'$_{šar\ kiššati}$이라는 칭호를 가진 아슈르바니
팔의 치세 연도에 따라 날짜를 매긴 문서가 출토되었다. 이는 '형제
전쟁'이 한창일 때 반아시리아 동맹의 거점이었던 니푸르가 정복된
이후로는 아시리아의 직접적인 통치를 받는 지역이 되었고 전쟁 후
에도 아슈르바니팔이 직접 혹독하게 계속 지배했음을 보여준다.

  바빌로니아 왕 칸달라누에게는 건설 사업 등의 공적 활동에 관한
증거가 없으며 바빌로니아에서의 모든 건축 사업은 아슈르바니팔
의 이름으로 이루어졌는데, 이는 바빌로니아 여러 도시에서 출토된
건축 기념 비문을 통해 알 수 있다. 또한 아슈르바니팔과 칸달라누
의 치세가 동시에 끝났을 가능성도 완전히 배제할 수 없는 점에서

칸달라누는 아슈르바니팔이 바빌로니아에서 사용한 이름이며 사실은 두 사람이 동일 인물일 수도 있다는 학설도 제기되었다. 이 학설을 완전히 배제할 직접적인 증거는 없지만 아시리아 왕이 다른 이름으로 아시리아와 바빌로니아를 통치한 전례는 없다.

바빌로니아 여러 도시의 행정·경제 문서에는 예외 없이 아슈르바니팔의 이름이 아니라 칸달라누의 이름으로 연대가 기록된 점에서 칸달라누는 아슈르바니팔과는 다른 인물이었다고 생각해야 타당할 것이다. 아슈르바니팔은 아버지 에사르하돈이 아시리아와 바빌로니아를 나눠 두 아들에게 통치하게 한 전통을 답습하여 꼭두각시 왕을 바빌로니아에 세워서 아시리아와 바빌론의 왕권을 분리 독립하는 형식을 유지한 것이라고 추측할 수 있다.

✦
엘람을 멸망시킨 아슈르바니팔의 두 번째 원정

'형제 전쟁'이 끝난 지 얼마 지나지 않은 기원전 647년 무렵 엘람에서 새로운 왕이자 마지막 왕인 움만알다시Umanaldash(훔반 할타시 Humban-haltash 3세)가 즉위하자 아시리아와 엘람의 전투는 다시 불타올랐다. 아슈르바니팔이 보낸 군대는 데르를 거쳐 엘람에 침입했고 엘람에서 바빌로니아로 들어가는 거점이었던 비트 임비Bit-imbi를 점령했다. 이후 동쪽으로 더욱 진군하자 움만알다시는 수도 마닥투를 버리고 산지로 도망쳤다. 그 후 꼭두각시 왕을 즉위시켜서 엘람을 지배하려던 아슈르바니팔의 계획이 실패하자 엘람의 왕위에 복귀했다.

아슈르바니팔은 바빌로니아 남부 '바다 나라'Sealand의 지도자로 반아시리아 동맹 형성에 중심 역할을 했으며 엘람으로 망명한(마르두크 아플라 이디나의 손자) 나부 벨 슈마티Nabu-bel-shumati를 넘겨달라고 엘람 왕에게 강하게 요청하고 그렇지 않으면 엘람을 공격할 뜻을 통보했다. 이러한 사실이 아슈르바니팔의 서신(BM 132980)을 통해 확인된다. 그러나 엘람 왕이 이 요청을 거부하자, 아슈르바니팔은 결국 엘람과의 마지막 전쟁에 돌입했다.

아시리아군은 엘람의 왕도 마닥투와 성도 수사를 비롯한 수많은 도시와 요새를 모조리 파괴하고 대량의 금은보화, 신상, 왕상王像, 온갖 조각상, 재산, 군인, 관리, 병사, 장인을 포함한 백성, 가축을 탈취하여 아시리아에 가져갔다. 게다가 여러 해 동안 쌓인 원한을 풀기 위해 대대로 내려오는 엘람 왕들의 묘를 파괴하고 그 유골을 온 세상에 드러내며 식물에 해로운 소금과 겨자를 경작지에 뿌리는 등 한 달 동안 엘람 땅을 철저하게 파괴했다고 한다.

아슈르바니팔의 비문 내용에 따르면 '바다 나라'의 나부 벨 슈마티는 저항을 포기하고 자살했고 겁에 질린 엘람 왕 움만알다시는 자살한 나부 벨 슈마티의 시신을 소금에 절여 아슈르바니팔의 사자에게 넘겨줬다. 그러나 아슈르바니팔은 그 시신을 매장하는 것을 허락하지 않고 시신의 목을 베어 엘람을 아슈르바니팔에게 적대하도록 부추긴 죄인 샤마시 슘 우킨의 가신 나부 카티 사바티Nabu kati tsabati의 목에 걸었다고 한다. 이 전쟁이 끝난 후 엘람은 이미 아시리아에 대항할 여력을 모두 잃었다.

✤

아랍 여러 부족과의 싸움

시리아 · 아라비아 사막 가장자리의 오아시스를 기점으로 활동하는 유목 집단이 '아랍'이라는 이름으로 처음 문서 사료에 등장한 것은 아슈르바니팔의 치세 기간에서 2세기 정도 거슬러 올라간 기원전 853년 무렵으로, 당시 카르카르Qarqar에서 일어난 전투를 그린 샬마네세르 3세의 왕 비문에서다. 이 전투는 북시리아의 오론테스강가에서 다마스쿠스, 하마드, 북이스라엘이 이끄는 반아시리아 동맹이 아시리아군을 맞아 싸운 것인데 여기에는 낙타 부대로 무장한 아랍의 수장 긴디부Gindibu의 병력이 반아시리아 동맹에 합세한 내용이 기록되어 있다.

'아랍'은 이후 낙타를 가축으로 기르며 사막의 교역로를 오가고 사막 지역에서 점점 유프라테스강 중류 지역과 메소포타미아로도 활동 범위를 넓혀 가던 집단으로 메소포타미아 문서에 언급된다. 사르곤 왕조의 왕들은 이동성이 높아 특정 지역의 통제가 어려운 아랍계 유목민과 조약을 맺어 우호 관계를 구축하려고 노력했다(그림 8-5).

그림 8-5 　아랍과의 싸움을 그린 부조 (니네베 출토)

'형제 전쟁'에 앞서 아슈르바니팔은 종주권 조약을 어긴 아랍의 케다르Kedar(게달)족 수장들을 상대로 징벌 원정에 나섰다. 아슈르바니팔은 반란자를 물리치고 아비야테Abiyate를 케다르인 지도자로 세웠는데 아슈르바니팔과 샤마시 슘 우킨의 '형제 전쟁'이 시작되자 아비야테는 아시리아와의 조약을 파기하고 샤마시 슘 우킨에게 지원군을 보냈다.

　아비야테와 그 일파는 전쟁 중 샤마시 슘 우킨과 함께 바빌론에 포위된 끝에 도망치지만 붙잡혀서 아슈르바니팔 앞에 끌려왔다. 아슈르바니팔은 이때 아비야테를 용서했는데 '형제 전쟁' 후에도 아비야테와 그의 동생 아야 암무Aya-ammu는 아시리아에 반항하여 케다르인 우아이테Uaite', 나바테아인Nabataean 나트누Natnu 등과 함께 싸워서 국경의 교역로를 위협했다. 아시리아군은 물이 부족한 사막 지역을 헤치고 들어가 아랍계 여러 부족을 쳐부수고 반란 주모자들을 니네베로 끌고 와서 처형했다. 이 사건이 아랍계 여러 부족과 아시리아의 항쟁에 마침표를 찍었는지 여부는 아슈르바니팔 치세 후반의 기록 부족으로 확실하지 않다.

제5장

왕의 용맹함과 위력을 과시하는 사자 사냥

북왕궁 부조에 새겨진 걸작, 왕의 사자 사냥 장면

제국 각지에서 발견되는 수많은 왕 비문은 왕을 이름, 칭호, 부호, 형용구와 함께 소개하며 왕의 군사행동에 관하여 구체적으로 서술한 후 새로 시행된 건축 사업에 관한 기술로 끝맺는다. 그러한 왕 비문에서 확인되는 건축 사업 정보와 건축 유구의 고고학적 조사 결과 아슈르바니팔은 아시리아 중심 지역의 경우 니네베·아수르·아르벨라·밀키아Milqia(아르벨라 인근—감수자)·타르비수에서, 바빌로니아의 경우 바빌론·보르시파·니푸르·시파르·쿠타·데르·두르 쿠리갈주·아가데·우루크·메투란Meturan에서, 서쪽 영역의 경우 하란에서 건축 사업을 시행했음을 알 수 있다.

수도 니네베에서는 센나케리브가 주요 성채인 쿠윤지크에 지은

그림 8-6 아슈르바니팔의 사자 사냥을 그린 부조(다음 쪽 사진도 동일)

왕궁(남서 궁전)과 에사르하돈이 제2 성채의 군관구에 지은 열병 궁전이 재건되었다. 이러한 공사에 더해 '형제 전쟁'과 그 뒤를 이은 소란을 매듭지은 후인 기원전 646~643년 무렵 기존 주 왕궁(남서 궁전)의 북쪽에 두 번째 왕궁(북 궁전)이 건설되었다(그림 6-3 참조). 이 왕궁은 19세기 중반에 발굴되어 왕궁의 여러 홀에서 왕의 사자 사냥 장면을 그린 일련의 부조가 조각된 수많은 거대 석판이 발견되었다.

궁전 홀의 내벽을 장식한 이 석판들은 영국 런던의 영국박물관으로 옮겨져 그곳에 전시되었다. 영국박물관의 여러 전시품 중에서도 가장 볼 만한 작품으로 손꼽히는 이러한 부조 예술은 아시리아에서 유래하는 미술품 중에서도 최고 걸작이라는 평판이 자자하다. 그곳

에는 아슈르바니팔이 초원에서 사자를 사냥하는 모습과 니네베의 성곽 안에서 무장한 병사들에 에워싸여 의례로 사자 사냥을 실행하는 장면이 묘사되어 있다.

✤

사자 사냥 전통을 부활시킨 아슈르바니팔

원래 사냥은 식자재를 얻기 위한 중요한 수단이었는데 고대 메소포타미아의 왕들에게는 일종의 스포츠로 여겨져 사나이답고 용감한 무예 수련의 수단으로 쓰였다. 그 외에도 맹수 사냥은 평화를 위협하는 무서운 적을 제압하는 강하고 정의로운 왕의 힘을 과시하는 의례로 행해졌다.

예를 들면 기원전 21세기 우르 제3 왕조의 왕 슐기는 자신을 찬미하는 왕 찬가에서 코끼리, 사자, 수소, 당나귀, 멧돼지, 염소 등의 야생 동물을 다양한 무기를 사용해 잡고 포악한 동물을 몰아내서 양치기를 안심시켰다고 기록하게 했다.

또한 기원전 13세기 히타이트의 왕 하투실리Hattušili는 막 즉위한 젊은 바빌로니아 왕 카다시만 엔릴Kadashman-Enlil 2세(치세 기원전 1263~1255년)에게 보낸 서신에서 "나는 내 형제(카다시만 엔릴 2세)가 성장해 자주 사냥하러 나간다는 말을 들었습니다"라고 적었는데 사냥이 성숙한 왕의 관례였음을 보여준다. 또한 중아시리아 시대(기원전 12세기) 아수르의 왕궁 유적에서 동물 사육 담당과 관련된 점토판 약

100장이 들어 있는 항아리가 출토되었고 그중 29점에 '사자를 위한 양'의 지급과 소비가 기록되어 있다. 이 사자들은 당시 아시리아 수도에서 사육했고 아마 시민에게 공개하는 의례적 사냥의 도구로 활용됐을 것으로 추측된다.

아시리아의 왕 비문 중에는 티글라트 필레세르 1세(치세 기원전 1114~1076년)의 연대기가 처음으로 전쟁 기록 뒤에 왕이 사냥하러 나가서 수많은 사자, 수소, 코끼리, 타조, 사슴, 가젤(영양) 등을 죽이거나 잡은 사실을 자랑스럽게 기록해 놓았다. 또 이러한 사냥 장면을 왕궁 부조에 새기는 전통도 기원전 9세기, 아슈르나시르팔 2세가 칼후의 북서 왕궁을 건설할 때 이미 확립되었다. 그러나 기원전 9세기 중반 이후 아시리아 왕 비문의 형식과 주제가 바뀌면서 왕의 사냥 기록은 더 이상 주요 기사로 다루지 않게 되었다. 아슈르바니팔은 이 한물간 전통을 특별히 사자 사냥에 초점을 맞춰 새로운 형태로 부활시켰다.

아슈르바니팔의 왕 비문에 사냥이 기록되는 경우가 많지는 않지만 숲에서 번식해 개체 수가 늘어나 도로를 막고 가축을 습격하는 사자를 아슈르바니팔이 퇴치해 사람들을 안심시켰다는 이야기를 기록한 점토판이 유명하다. 이 점토판은 어떠한 기념비에 새겨진 원문의 초고였다고 추측할 수 있다. 왕은 새로 지은 북 왕궁의 여러 홀의 내벽 공간을 충분히 사용해 전례 없는 사실적이고 스토리텔링화한 왕의 사자 사냥 장면을 (석판 위에 부조로) 그리게 했다.

아슈르바니팔의 사자 사냥 모습은
도시의 평안을 위한 장치?

 북 왕궁의 S실이라는 방의 부조 중 하나에는 단편적이나마 아슈르바니팔이 전차를 몰며 황야에 나가 자신의 전차와 함께 탄 사람만으로 수많은 야생 사자를 쓰러뜨린 모습이 설명이 담긴 비문과 함께 그려져 있다. 그 부조에는 사냥하러 함께 나간 엘람의 왕자(우르타쿠의 아들) 움마나파(아시리아로 망명한 세 형제 중 하나)가 무서워하며 아슈르바니팔에게 도움을 청했다고 설명되어 있다.

 S실의 수많은 석판에 조각되어 있는 부조 중 보존 상태가 좋은 것에는 왕실 근처에서 의례로 진행된 사자 사냥 장면이 묘사되어 있다(그림 8-6). 이 유명한 부조에는 우리에서 풀려나 덤벼드는 사자를 왕이 잡아서 칼로 푹 찌르거나 귀를 잡고 창으로 찌르거나 꼬리를 붙들고 곤봉으로 머리를 치며 잇따라 죽이는 장면과 죽인 사자 무리에 포도주를 쏟아붓고 니네베의 이슈타르 여신에게 바치는 의례를 거행하는 장면을 각 장면 옆에 마련된 네모난 공간에 조각한 설명문과 함께 그려 놓았다.

 또한 다른 방(C실)에는 마부, 방패잡이와 함께 전차를 탄 왕이 우리에서 풀려난 사자를 향해 연이어 화살을 쏘는 장면이 박력 넘치게 그려졌다. 거기에 보이는 포획된 사자의 수는 신기하게도 니네베 성문의 수와 같은 18마리이며, 이는 성문 18개를 통해서 성안에

침입하려는 외적을 모조리 쓰러뜨려서 도시의 평안을 유지하는 왕
의 모습을 상징하는 것이 아닐까 하는 상상력을 자극한다.

제6장

세계 최초의 국립도서관
'아슈르바니팔의 도서관'

✤

모든 지식에 대한 열망으로 탄생한 왕의 도서관

사자 사냥을 통해 드러나는 무인적 면모와 달리, 아슈르바니팔은 난해한 과학 문서와 종교문학서를 읽고 이해할 수 있는 문인적 능력을 지닌 왕이었다. 이러한 그의 모습은 서신 자료와 왕 비문에서도 확인된다. 특히 문인으로서의 면모를 보여주는 대표적인 업적이 바로 '아슈르바니팔의 도서관'으로 알려진 니네베의 문서 수집 사업이다.

앞서 소개한 아슈르바니팔의 왕세자 시절 교육에 대해 서술한 원문에서 볼 수 있듯이 여러 문서에 능통한 자신의 교양을 당당하게 드러낸 아시리아의 통치자는 없었지만, 아슈르바니팔 이전에도 왕이 문서를 수집하기는 했다.

　사르곤 왕조 이전의 아시리아 왕들은 메소포타미아에 전해 내려오는 전통적 지식으로서의 점술, 역법, 주술, 기도, 의례, 의학, 과학, 문학, 역사, 글쓰기 등에 관한 문서 수집을 대부분 신전 조직과 지식인 개인에게 맡겼다. 하지만 사르곤 2세 이후의 왕들은 점점 이 지적 자산을 왕 개인이 장악하는 일에 관심을 보이기 시작했다. 이러한 지식을 다 배우면 왕과 왕국의 운명을 더 좋게 만들 수 있다고 생각했기 때문이다.

　이미 말했듯이 당시 사람들은 이 세계의 운명을 신들이 결정한다고 믿었다. 또 신들의 계획을 사전에 알고 더 나아가 불리한 계획을 변경시키기 위한 지식과 기술을 보유하면 왕은 자신의 안전을 확보하고 권력을 유지하며 사업으로 성공을 거둘 수 있다고 생각했다.

　아슈르바니팔의 증조부 사르곤 2세가 징조를 나타내는 천체 운행에 대해 강한 관심을 보인 사실을 여러 서신을 통해 파악할 수 있다. 그 뒤를 잇는 사르곤 왕조의 왕들도 각종 징조에 대해 이해함으로써 이에 대처하기 위해 수많은 점술가나 주술사와 긴밀하게 연락을 주고받았다. 에사르하돈을 위해서는 시일의 길흉에 관한 '열매'(달의 신 신Sin, 달의 주인inbu bēl arḫi)라는 집성이 특별히 작성되었음을 서신으로 알 수 있다. 또한 사르곤 왕조 시대의 니네베에서는 천체의 움직임을 기록하는 총 1,000점에 가까운 편지와 천체 관측 기록이 발견되었다.

관찰된 징조에 대처하려면 그 징조의 의미를 밝혀내는 매뉴얼이
필요했고 흉조를 극복하고 사악한 기운을 물리치기 위해 주술, 기
도의 지식을 축적한 문서를 참조했다. 이러한 분야를 중심으로 신
들의 세계, 우주의 창조와 구조, 과거에 일어난 사건, 의술, 문학,
언어 · 문자, 과학 등 모든 지식에 대한 열망으로 가득했던 아슈르
바니팔은 메소포타미아의 전통적 지식을 연구해 온 바빌로니아 지
식인을 아시리아의 왕궁에 초대했으며 왕궁 주도로 바빌로니아의
문서를 수집했다. 그 집대성이 '아슈르바니팔의 도서관'이었다.

✤
'도서관'은 어디일까?

현재 아슈르바니팔 '도서관'의 장서로 간주하는 문서들은 실제로
'도서관'이라는 이름처럼 일종의 건물 개념인 '관'에서 발견된 것이
아니다. 문서들을 발굴한 19세기 중반에는 종종 출토 지역을 정확
하게 기록하지 않았는데 문서는 쿠윤지크의 남서 궁전, 북 궁전과
두 왕궁 사이에 위치하는 나부 신전 및 이슈타르 신전에서 출토된
것으로 알려져 있다. 연구 결과 이슈타르 신전에는 기원전 2000년대
의 오래된 점토판이 포함되었고 나부 신전에는 기원전 1000년대 전
반에 아슈르바니팔의 치세보다 먼저 쓰인 문서도 있었다. 그런데
두 왕궁에는 주로 아슈르바니팔의 이름과 제목이 기록되어 왕의 소
유물인 판권장이 첨부된 점토판이 소장되었다는 사실이 밝혀졌다.

신전의 도서관은 니네베에 옛날부터 있었던 곳이며 왕궁의 문서는 아시리아의 글자꼴로 쓰인 것과 바빌로니아의 글자꼴로 쓰인 것을 포함한다. 둘 다 아슈르바니팔이 통치하는 기간에 새로 필사된 문서들로 왕궁의 장서는 아슈르바니팔의 치세에 수집되었음을 알 수 있다. 그곳에는 사르곤 2세로 시작되는 선대 왕들을 섬긴 왕의 주임 서기인 나부 주쿠프 케누Nabû-Zuqup-Kēnu와 그의 자손들이 수집한 문서도 포함되어 있다.

✦

서판을 이용한 아슈르바니팔의 문서 수집

아슈르바니팔은 바빌로니아 왕이었던 형 샤마시 슘 우킨과의 관계가 아직은 좋았던 시기(기원전 653년 이전)에 바빌로니아의 지식인들에게 서신을 보내 동물의 비정상적 출산에 관한 징조, 땅 위의 징조, 주술, 애가哀歌, 제의가祭儀歌 등을 포함한 '모든 서기술의 문서, 에아신(지혜의 신)과 아살루히(주술의 신)의 기술', '마르두크신이 소유하는 서기의 [지식]'을 전부 베껴 써서 아시리아에 보내달라고 의뢰했다. 바빌로니아의 주신 마르두크의 신전 에사길 도서관에는 메소포타미아의 지식 체계를 대표하는 문서들을 축적해 놓았을 것이다.

또한 마르두크신의 아들이며 서기의 신인 나부의 주 신전이 있어서 바빌론과 제사 의식 면에서도 밀접한 관계였던 보르시파에도 똑

같은 요청을 한 것으로 보이며 보르시파 시민이 아슈르바니팔에게
보낸 다음과 같은 서신(점토판)이 알려져 있다.

아슈르바니팔, 위대한 왕, 강한 왕께. ……보르시파의 충실한 시민은 우
리가 주인인 왕을 위해서 다음의 명령을 실행했습니다. '(명령) 나부신의
소유에 속하는 모든 서기의 지식을 써서 나에게 보내라. 완전히 명령을
실행에 옮겨라!' ……우리는 주인인 왕의 명령을 실행해서 밤낮 없이 노
력하며 분투하고 있습니다. 우리는 시수Sissoo나무(자단나무)의 '서판'(라이팅
보드)에 베끼고 있습니다. 즉시 요구에 응하겠습니다. 또한 왕께서 말씀
하신 수메르어(문서)의 '서판', 어휘표는 (바빌론의) 에사길 신전에 있는 것
뿐입니다. 질문서를 작성하겠으니 바빌론 시민에게 의뢰하십시오……

(Frame/George 2005, 268f.)

여기에서 언급한 '서판'(밀납 서판, 아카드어로 lēʼu)이란 일반적으로
밀랍을 나무로 만든 틀에 부어서 만든 길쭉한 서판 두세 장을 경첩
으로 연결해 주름상자 모양으로 접을 수 있게 완성한 것이다. 이 서
판은 수많은 정보를 수록해 보관·운반하는 데 뛰어난 기능을 발휘
했다. 목제품이라서 실물이 제대로 남아 있지 않지만 기원전 2000년
대 메소포타미아와 그 주변을 비롯해 로마 시대의 지중해 세계에
이르기까지 널리 이용되었다(그림 8-7). 아시리아에서는 상아로 만
든 서판이 칼후에서 출토되었는데 그중 하나는 사르곤 2세의 소유

그림 8-7   님루드에서 출토된 서판

물로 천체에 관한 징조집 〈에누마 아누 엔릴*Enuma Anu Enlil*〉이 쓰여 있
었다.

앞에서 말한 서신을 통해서도 알 수 있듯이 아슈르바니팔은 처음
에 바빌로니아의 중요한 문서를 밀납 서판에 베끼게 해서 수입하고
이를 토대로 점토판에 사본을 만들게 한 것으로 보인다. 그러나 기
원전 652년 샤마시 슘 우킨의 반란을 진압하고 바빌론을 장악한 후
에는 바빌로니아의 점토판 실물도 수집했다.

니네베에서 발견한 '도서관'에 보관된 점토판과 서판 목록들이 알
려져 있는데 그곳에는 아시리아와 바빌로니아의 지식인들에게서

수집한 점토판 약 1,500점과 서판 137점이 포함되어 있다. 썩거나 불에 타서 없어지기 쉬운 서판은 니네베에서 한 점도 출토되지 않았다. 하지만 그곳에 쓰여 있는 문서는 아시리아의 서기들이 점토판을 사용해 사본을 만들었으며 상당 부분이 출토되어 알려진 것으로 생각된다.

❖

메소포타미아 지식체계를 알려주는 정보의 보물창고

니네베에서 발견된 쐐기문자 문서와 그 조각의 총 수량은 약 3만 1,000점이라고 추정되어 왔다. 이중 조각이 많이 발견되었는데 다른 조각과 연결된 것이 6,000점 정도 있으므로 다 연결한 것을 한 점으로 계산하면 점토판과 조각의 수는 현재 2만 5,000점 정도다. 그중 왕실 서신과 행정 문서 3,500점 정도를 빼면 '도서관'에 소장된 점토판과 그 조각은 2만 1,500점 정도가 된다. 조각을 다 연결했다고 치면 원래 소장된 도서관의 장서는 5,000점 정도로 추정할 수 있다.

문서의 내역으로는 점술 문서가 약 35퍼센트, 기타 종교문서(기도, 주술, 애가, 길흉, 의례 등에 관계된 각 문서)가 약 35퍼센트, 나머지 30퍼센트가 의학서, 서사시, 신화, 역사서, 어휘표, 사전, 숫자 문서 등이다. 이 문서 집대성에는 당시 메소포타미아에서 전승되어 온 모든 지식을 망라한 것으로 보인다. 실제로 기원전 1000년대의 메소포타미아에서 알려진 '도서관' 문서 대부분이 적어도 하나의 사본, 종종 여러 사본으로 포함되어 있다.

아슈르바니팔이 니네베에서 시행한 문서 집대성은 기존의 모든 도서관 규모를 뛰어넘는 세계 최초의 국립도서관이라고 할 수 있다. 아슈르바니팔이 수집한 '도서관' 문서는 기원전 612년 니네베가 함락당했을 때 땅속에 묻히고 말았다. 하지만 다른 후대의 대규모 문서 집대성이 주로 화재로 소실된 것과는 대조적으로 점토판은 불에 타서 없어지거나 썩지도 않고 땅속에 보관되었다. 그래서 약 2500년의 세월을 거쳐 19세기에 발견되어 메소포타미아의 지식 체계를 우리에게 알려주는 가장 큰 정보의 보물창고로 지금도 연구가 진행되고 있다.

제9부

제국의
지는 해

아슈르바니팔의
치세 말기와 후계자들

✤
사료 부족과 불확실한 정세

아슈르바니팔이 바빌로니아를 다시 지배하고 엘람을 최종적으로 무찌르자 더 이상 아시리아 제국의 존재를 위협하는 세력은 주위에 거의 없는 듯했다. 그러나 번영을 누리던 아시리아 제국은 아슈르바니팔이 통치하는 동안 조금씩 상황이 악화한 것처럼 보인다.

샤마시 슘 우킨과의 '형제 전쟁'이 일어난 기원전 652년보다 몇 년 앞서 이집트에서는 나일 델타의 사이스에서 아시리아가 왕으로 세운 프사메티코스가 반란을 꾸몄다. 프사메티코스는 앞에서 설명한 아나톨리아 서부 리디아의 기게스에게 지원군을 얻어 아시리아의 세력을 델타에서 몰아냈고 이집트 제26왕조(사이스 왕조)를 창시했다.

아슈르바니팔의 치세 말기부터 사망한 후에 걸친 시기에 관해서는 편년 사료 〈바빌로니아 연대기〉의 기사가 끊어져 아슈르바니팔의 치세 말기인 기원전 637년부터 기원전 617년까지의 상황은 매우 불확실하다.

이 시기의 역사를 밝히기 위한 사료는 아시리아와 바빌로니아의 왕명이나 통치 기간을 단편적으로 기록하는 여러 가지 왕명표와 후대(신바빌로니아 시대)의 왕 비문에 남아 있는 전승 및 아시리아와 바빌로니아의 여러 도시에서 출토되는 행정·경제 문서다. 이들 문서의 날짜를 바빌로니아에서는 왕의 치세 연도에 따라 표시하기 때문에 그러한 도시를 누가 어느 정도의 기간에 통치했는지를 추적할 수 있다.

아시리아의 지배 영역에서는 림무로 연대가 표시되는데 '림무표'에 따라 연대순으로 림무를 나열하여 연대를 특정할 수 있는 것은 기원전 649년까지이며 그 후의 총 림무 수는 아시리아가 멸망한 기원전 609년까지의 40명보다도 10명 정도가 더 많이 알려져 있다. 이는 아시리아 제국 안에서 정치적 통일에 실패하며 여러 행정 지역에서 같은 해에 서로 다른 림무가 세워졌을 가능성을 암시한다. 아슈르바니팔 시대 말기나 그 뒤에 이어지는 전란 또는 정치적 혼란을 생각할 수 있는데 이러한 추정을 뒷받침하는 역사적 사실에 관해서는 데이터가 없다.

사료가 결정적으로 부족한 가운데 단편적 데이터를 퍼즐처럼 짜

맞춰서 역사적 재구성을 시도해 왔지만 서로 다른 가설이 너무 많은 탓에 누가 언제 몇 년 동안 아시리아와 바빌로니아를 통치했는지 의견 일치를 보지 못했다. 여기에서는 여러 가지 논의의 구체적인 내용을 살펴보는 대신 독일 튀빙겐대학교 안드레아스 푹스Andreas Fuchs의 설득력 있는 견해에 따라 그 후의 경과를 간략하게 설명하기로 한다.

✤

왕의 특별 대우를 받은 환관

아시리아 제국에서 지방의 유력한 일족의 권력을 꺾고 왕에게 권력을 집중하는 전략으로 환관이 궁정 관리와 고위 행정관으로 중용되었다는 점에 관해서는 이미 설명했다. 왕에 대한 권력 집중을 뒷받침한 환관이 특별히 우대받은 것은 아슈르바니팔 시대에 환관에게 방대한 땅과 면세 특권을 증여하는 칙령이 많이 발견된 점에서도 알 수 있다. 니네베에서 출토된 칙령에는 왕을 지원하는 귀중한 인재를 얼마나 후하게 배려했는지를 다음과 같은 공통된 글에서 보여준다.

(아무개, 관리직), 친절과 호의를 받을 만한 자, 왕위를 계승한 이후 왕권 행사를 위하여 그 주인에게 헌신한 자, 내 앞에서 충실하며 평안하게 지내온 자, 내 궁전에서 좋은 평판을 받으며 성장하고 내 왕권을 수호한 자.

내 진심 어린 바람과 자발적인 판단을 토대로 나는 그에게 좋은 일을 하기로 계획하고 그에게 선물을 주겠다.

그리고 증여한 땅(과 노동자)에 대한 면세를 규정한 후 다음과 같이 계속 말한다.

앞으로 내 자식들, 왕들 중에서 아슈르신이 (왕으로) 임명하는 군주 중 누구든 그들(환관)과 그 후계자(양자)에게 선행과 호의를 베풀어야 한다. 그들은 그 주인인 왕의 벗이며 총애를 받는 자다. 또한 그들 중 한 명이 주인인 왕에게 죄를 저지르거나 신에게 그 손을 든다면 적대적인 통보자의 말에 휘둘리지 말고 조사해서 그 호소가 진실인지 확인해야 한다. (칙령 문서에 찍힌 왕의) 인장을 무시하고 행동하지 말며 그 자에게는 그의 죄에 걸맞은 벌을 내려야 한다.

(아무개, 관리직이) 좋은 평판을 얻어 내 궁전에서 목숨을 다한다면 그가 적은 장소에 묻어 주고 그는 바라던 곳에 누워야 한다. 그가 누운 장소를 어지럽혀서는 안 되며 악의를 품고 그에게 손을 들면 안 된다. 그는 주인인 왕의 친절과 총애를 받을 만한 자이기 때문이다.

누구든 그곳을 어지럽히고 묻힌 장소에서 없애버리는 자에게는 그의 주인인 왕이 그를 위하여 분노해 인정사정없이 대하도록 할 것이다. 그 자가 신전이나 왕궁에 드나드는 것을 금지하고 신과 왕의 분노로 피의 칼이 그가 오기를 기다릴 것이다. 그의 시신은 매장하지 않고 개들이 갈기

갈기 찢게 할 것이다…… (SAA 12, 25-34)

환관장 신 슈무 리시르와 어린 왕 아슈르 에텔 이라니

아슈르바니팔의 뒤를 이어 왕이 된 아슈르 에텔 이라니Ashur-etel-ilani(재위 기원전 630?~627?년)는 나이가 어려서 왕궁 환관들의 대표인 환관장 신 슈무 리시르Sin-shumu-lishir가 그의 후견인이 되었다. 이 상황은 왕 아슈르 에텔 이라니가 신 슈무 리시르의 근위대장 두 명에게 하사한 경작지, 과수원, 건물, 노동자에 대하여 면세 특권을 규정한 칙령을 기록한 니네베 출토 점토 문서판을 통해 확인된다. 그 문서판에는 면세 특권을 부여한 배경으로 왕의 교육과 즉위에 애쓴 신 슈무 리시르와 그 군대에 대해 다음과 같은 감사의 말이 쓰여 있다.

나를 낳아주신 부왕(이슈르바니팔)이 서거한 후 나를 키우며 날개 펴는 방법을 알려주는 아버지와 나를 보살피며 교육하는 친어머니도 없었다. 신 슈무 리시르, 내 친아버지에게 좋은 존재였던 그는 늘 아버지처럼 나를 이끌며 무사히 내 아버지의 옥좌에 앉혔고 아시리아의 백성, 모든 사람[이 나를] 섬기게 했으며 내가 어릴 때 내 왕권을 수호해서 [내 왕권]을 존대한 자. 훗날 반란을 일으킨 나부 리흐투 우수르Nabu-riḫtu-uṣur[…] ……
(SAA 12, 35-36)

뒤에 이어지는 문서의 내용을 간단히 요약 및 번역하면 반란자에 맞서 환관장 신 슈무 리시르와 그 군대의 도움을 얻어 왕이 내란을 진압했고, 이에 고마워하며 하사한 경작지, 과수원, 노동자에 대하여 면세 특권을 내릴 것을 선언하는 내용이다. 이 문서에서 어린 나이에 즉위한 아슈르 에텔 이라니는 즉위한 지 얼마 안 되어 내란을 경험하고 환관장 신 슈무 리시르의 도움을 얻어서 이를 진압한 사실을 알 수 있다. 어린 아슈르 에텔 이라니의 왕권은 환관장의 꼭두각시나 다름없었을 것이다.

아슈르 에텔 이라니의 치세는 약 4년 만에 무너졌으며 무슨 일이 일어났는지 명확하지 않다. 하지만 아마 아슈르 에텔 이라니를 대신하여 왕위를 장악하려는 자의 야심 때문에 희생양이 되어 살해되었을 것으로 추정된다. 왕위를 둘러싼 싸움에는 환관장 신 슈무 리시르와 아슈르바니팔의 아들(아슈르 에텔 이라니의 형제) 신 샤르 이슈쿤Sin-sharru-ishkun이 어떠한 형태로든 관여했다고 생각할 수 있다. 여러 세력이 치열하게 싸우는 가운데 다음 왕위에 오른 사람은 환관장 신 슈무 리시르였다.

아시리아의 왕권은 기원전 2000년대 중반부터 철저하게 왕족에게만 상속되었다. 이를 환관이 장악하는 것은 상식을 벗어난 놀라운 사건이며 그 후에도 아시리아에서는 한층 더 왕권을 둘러싼 혼란이 이어진 것으로 보인다.

제2장

바빌로니아 및 메디아의 반란과
아시리아의 처참한 멸망

❖

나보폴라사르의 바빌로니아 해방 선언

아슈르 에텔 이라니와 바빌로니아 왕으로 추대된 아시리아의 꼭두각시 칸달라누의 치세는 기원전 627년 무렵 거의 동시에 끝났는데 그 후에도 아시리아에서 이어진 왕위 계승을 둘러싼 싸움은 더욱더 큰 혼란을 불러왔다. 바빌로니아에서 유래한 편년 사료 〈아키투 연대기〉는 이 혼란의 시작을 간결하지만 단정적으로 기록했다. '칸달라누(의 죽음) 후…… 아시리아와 바빌로니아에서 반란이 일어났다. (여러) 대립이 발생해서 전투가 이어졌다.'

아시리아에서 일어난 내란을 계기로 바빌로니아 남부 우루크의 수호를 담당한 칼데아 출신의 나보폴라사르Nabopolassar(나부 아팔 우수르Nabû-apal-uṣur)가 아시리아의 바빌로니아 지배를 뒤집어엎으려고 봉기했다. 나보폴라사르의 아버지 쿠두루Kudurru도 일찍이 우루크의 수호를 담당한 인물이었는데 나보폴라사르는 이 직책을 아버지에게 물려받았으며 아시리아의 바빌로니아 지배를 도운 남바빌로니아 지방의 유력자였다.

나보폴라사르의 봉기 이후 군사행동에 따른 지배 영역 확대 과정은 〈바빌로니아 연대기〉와 바빌로니아 각지의 행정·경제 문서, 같은 시대에 씌어진 역사 문학 〈나보폴라사르 서사시〉 등을 통해 추적할 수 있다.

나보폴라사르는 우루크에서 왕으로 즉위하고 아시리아로부터의 독립을 선언했다. 또한 반란을 진압하려고 바빌로니아에 침입한 아시리아의 신 샤르 이슈쿤이 이끄는 군대를 물리치고 바빌론을 장악하려고 계획했는데 그 후 아시리아군에게 격퇴당해서 일단 우루크로 퇴각했다. 그러나 몇 개월 후 나보폴라사르는 우루크와 바빌론에서 아시리아군과 싸워 승리했다.

나보폴라사르가 바빌로니아에서 승리하고 그 후 바빌론 왕으로 즉위하는 모습을 그린 〈나보폴라사르 서사시〉에는 즉위에 앞서 바빌론과 가까운 도시 쿠타에서 벌어진 전투에서 나보폴라사르군이 쿠타의 궁정 옥상에서 목숨을 구걸한 아시리아의 '대권력자 환관장'을 죽이는 장면이 그려져 있다. 이는 환관장 신 슈무 리시르가 아시리아 왕으로서 짧은 치세를 마친 장면이라고 볼 수 있다.

일련의 전투 결과 기원전 626년 아라흐삼나 월 26일 나보폴라사

르는 결국 바빌론을 장악하며 바빌로니아의 왕으로 즉위했다. 즉
위한 지 얼마 되지 않아 실시한 바빌론 성벽 재건을 기념하는 원통
비문에서 나보폴라사르는 다음과 같이 바빌로니아의 해방을 선언
한다.

먼 옛날부터 모든 백성을 지배하고 무거운 멍에를 지게 하며 이 땅의 사
람들을 억압해 온 아시리아인들. 힘없고 약한 자에 지나지 않으며 늘 주
인들 중의 주인(마르두크신)을 바라는 나는 내 주인인 나부신과 마르두크
신의 강력한 힘으로 그들을 아카드의 땅(바빌로니아)에서 내쫓았으며 (사람
들을) 그들의 멍에에서 풀어주었다. (Da Riva 2008, C12)

✦

외부 연합 세력의 바빌로니아 공세로
급격히 무너진 아시리아

아시리아에서는 환관장 신 슈무 리시르가 죽은 후 내란에 종지부
를 찍으며 아슈르바니팔의 아들 신 샤르 이슈쿤이 즉위했다. 어떠
한 경위로 왕위에 올랐는지 구체적인 정보는 알 수 없지만 이 인물
이 기원전 612년 수도 니네베가 함락될 때까지 반아시리아 세력에
의해 점점 궁지에 몰리는 아시리아를 통치하게 된다.

신 샤르 이슈쿤은 바빌로니아 지배를 회복하려고 군사 작전을 지
속했고 기원전 625년부터 기원전 620년까지 바빌로니아 여러 도시

에 공세를 퍼부었다. 수많은 경제 문서에 '도시의 성문이 닫혔다' 또는 '나라에는 여러 가지 싸움이 일어났다'와 같은 메모가 남아 있어 전란 때문에 각지의 도시가 혼란에 빠졌다는 사실을 엿볼 수 있다. 경제 문서의 날짜가 나타내듯이 이 기간에 바빌론뿐만 아니라 바빌로니아의 중심 도시인 니푸르와 우루크에서도 나보폴라사르의 지배는 확고했다.

기원전 616년(나보폴라사르 치세 10년) 바빌로니아 지배를 확립한 나보폴라사르의 군대는 수후와 힌다누의 땅을 세력하에 넣기 위해 유프라테스강 중류 지역으로 진군했다. 또한 서쪽으로 진군해서 발리크강 유역의 각지를 약탈했다. 바빌로니아군이 서쪽으로 진출하는 것을 보고 한때 아시리아에서 이집트를 해방한 사이스 왕조의 프사메티코스 1세는 레반트 진출의 야심을 숨기며 아시리아의 유프라테스강 상류 지역 지배를 지지하고 지원군을 보냈다. 하지만 바빌로니아군을 무찌르기는 어려웠다.

또 다른 전선인 티그리스강 동안 지역에서도 바빌로니아의 군사 행동은 그 범위를 북쪽으로 넓혔고 아라파 근교에서 아시리아군과 전투를 벌여 무찔렀다. 이리하여 전투는 메소포타미아 외부 세력을 끌어들여서 국제적 규모로 확대되었다.

이듬해인 기원전 615년 지난해의 실적을 발판으로 삼아 바빌로니아군은 티그리스강을 따라 북쪽으로 진출해서 아시리아의 고도 아수르에 다가갔지만, 아시리아군은 이를 티크리타인(현 티크리트

Tikrit)까지 다시 밀어냈다. 군사적 교착은 새로운 세력이 전투에 참여하며 크게 움직이기 시작했다. 자그로스 산지에서 메디아의 군대가 남하해 반아시리아의 진영에 합류함으로써 아시리아는 가파른 언덕에서 급격히 추락하듯 멸망하고 만다.

작은 부족 집단에서
아시리아를 위협하는 존재로 부상한 메디아

메디아는 자그로스 산지 중앙부, 오늘날 하마단Hamadan 주변을 거점으로 하는 이란계 부족 집단이며 아시리아의 문서에는 기원전 9세기 샬마네세르 3세의 비문에 처음 군사 표적으로 언급된다. 반유목 생활을 하는 수많은 작은 부족으로 이루어졌는데 점점 소도시를 거점으로 하는 여러 집단으로 갈라져 각지에 정착했다. 사르곤 2세 시대에 아시리아의 행정 지배는 이 지역까지 미쳐서 거점 도시를 구축하여 메디아의 여러 집단을 통치했다.

사르곤 2세의 수많은 왕 비문은 아시리아의 거점 도시 카르 샤루킨 주변의 메디아 땅 지배를 강화하기 위한 방비를 단단히 하고 '메디아의 34개 지구를 정복하여 아시리아 영토에 더하고 해마다 조공으로 말을 바치도록 규정했다'라고 기록한다. 이 카르 샤루킨의 현지 이름은 하르하르이며 서양 고전 사료의 엑바타나Ecbatana, 오늘날의 하마단이다. 아시리아는 수많은 메디아의 제후와 개별로 종주권

조약을 맺고 군마와 군사력을 제공하게 했다. 그리스의 저작가 헤로도토스의 《역사》는 메디아가 일찌감치 거대한 제국을 형성한 것처럼 묘사하는데 이는 고고학적으로나 문헌학적으로도 근거가 부족하다.

분열된 메디아의 여러 부족은 기원전 7세기 말에 완전히 달라져 급속히 통합되었고 아시리아를 위협했다. 메디아의 수많은 부족·씨족을 커다란 연합 국가로 완성시킨 지도자는 서양 고전 사료에서 키악사레스Cyaxares, 〈바빌로니아 연대기〉에는 아카드어로 우마키슈타르Umakištar라는 이름으로 언급되었다. 메디아 연합 국가 형성 과정의 자세한 내용은 알려지지 않았지만 그 배경에는 아이러니하게도 아시리아의 메디아 통치 방식이 자리잡고 있다. 다시 말해 아시리아가 메디아를 정치적으로 이끌어 통치하고 자그로스 산맥을 넘어 중앙아시아로 빠지는 호라산Khorasan 교역로를 통한 동방 교역의 관문으로 일괄 관리한 것이 오히려 메디아 제후의 결속을 도왔을 가능성이 있다는 뜻이다. 이른바 메디아에 대한 아시리아의 정책이 자신에게 최후의 일격을 가하는 강대한 연합 세력, 즉 메디아 연합국의 형성을 촉진한 셈이다.

✤
아시리아의 정신적 중심도시 아수르의 함락

기원전 615년의 〈바빌로니아 연대기〉에는 메디아군이 아시리아의 행정주였던 아라파로 진군했다는 기록이 남아 있으며, 이후 부분은 파손되었으나 메디아가 이 지역을 파괴한 사실을 언급했을 것으로 보인다. 그리고 이듬해 기원전 614년 여름에는 메디아군이 수도 니네베 방향으로 진군하여 니네베 근교의 타르비츠를 함락한 것으로 기록했다. 그 후 티그리스강을 따라 남하하여 고도 아수르를 포위하고 공격했다. 연대기는 메디아군이 아수르 사람들을 무찌르고 마을을 약탈했다고 서술한다. 아수르의 도시 전역에서는 극심한 파괴와 화재의 흔적을 보여주는 고고학적 증거가 발견되었다.

아수르의 상실은 아시리아에게 되돌이킬 수 없는 국가 핵심의 소실을 의미했다. 아수르는 더 이상 행정수도가 아니었지만 종교적 중심으로 국가에 없어서는 안 될 중요성을 갖고 있었다. 아수르는 주신 아슈르의 신전을 모시는 국가의 고적지이며 아시리아 왕이 즉위하고 묻히는 장소였다. 이러한 국가의 종교문화적·정신적 중심이 무참하게 파괴된 것은 국가를 짊어진 엘리트들에게 크나큰 충격을 안겼을 것이다.

〈바빌로니아 연대기〉는 나보폴라사르가 이끄는 바빌로니아군이 메디아군을 도와주기 위해 아수르로 향했으나 전투에 제때 참여하지 못했다고 기록했다. 아수르의 포위와 파괴가 그 정도로 신속하게 이루어지리라고는 나보폴라사르도 예상하지 못했을 수 있다. 연대기는 나보폴라사르와 키악사레스가 함락당한 아수르 앞에서 만나 협정을 맺고 각각 고국에 개선 장군으로 귀환했다고 한다. 협정 내용은 기록되어 있지 않지만 당연히 아시리아의 수도 니네베를 협력해서 공격하고 함락하는 것을 당면한 목표로 삼는 군사 동맹을 확인했을 것이 분명하다.

✥

3개월의 공성전 끝에 함락된 수도 니네베

아수르가 함락되고 이듬해인 기원전 613년 나보폴라사르는 유프라테스강 중류 지역에서 아직도 바빌로니아를 따르지 않는 수후로 진군해 라히루Rahilu, 아나토 등의 도시를 공략했다. 이렇게 해서 니네베를 공격하기 위한 환경을 조성한 후 기원전 612년 나보폴라사르가 이끄는 바빌로니아군과 키악사레스가 이끄는 메디아군은 티그리스 강변에서 합류하여 니네베로 진군하고 이곳을 포위했다. 작열하는 여름 시마누 월부터 아부 월까지 3개월 동안 포위를 버티다 니네베의 방비는 바빌로니아·메디아 연합군에 의해 깨졌고 아시리아의 수도는 성이 함락되며 모든 것을 약탈당했다.

아시리아 왕 신 샤르 이슈쿤은 니네베에서 목숨을 잃었다고 기록되어 있는데 그 경위는 확실하지 않다.

〈바빌로니아 연대기〉에 따르면 니네베를 공략한 후 메디아군은 그다음 달에 자그로스 산지로 철수했는데 나보폴라사르는 아시리아의 서쪽 영토를 제압하기 위해서 다시 한번 바빌로니아의 군대를 내보냈다(그림 9-1). 바빌로니아군은 나시비나와 루사파Ruṣāfa(현 레사

파, 르사파Resafa)를 공격하
여 약탈하고 백성을 포로
로 잡아서 아시리아의 영
향을 받은 지방을 바빌로
니아의 지배하에 놓으려
고 활발하게 움직였다.

〈바빌로니아 연대기〉는
침묵했지만 기원전 614년
에서 기원전 612년 사이
에 다른 아시리아의 중심
도시도 반아시리아 세력
에게 넘어간 것은 의심할
여지가 없다. 기원전 9세
기부터 기원전 8세기 말

그림 9-1　니네베 함락을 기록한 〈바빌로니아 연대기〉

까지 오랜 세월에 걸쳐 아시리아의 수도였던 칼후에서는 수많은
건축물에서 심각한 화재의 흔적이 확인되고, 파괴당한 흔적도 보
인다.

　나부 신전의 바닥에서는 앞에서 설명한 대로 한때 메디아의 제후
들과 맺은 에사르하돈의 왕위 계승 서약 문서의 수많은 사본(점토
판)이 확실히 의도적으로 파괴되어 작은 파편으로 발견되었다. 메
디아의 군대가 일찍이 맺은 아시리아와의 굴욕적인 관계를 상징하

는 서약 문서를 일부러 남들이 보도록 이 장소에서 파괴한 흔적일 것이다. 또한 북서 궁전의 안뜰에 있는 우물에서는 손에 쇠고랑을 차고 처형당한 시신이 많이 발견되어서 패배한 자의 혹독한 운명을 엿보게 한다.

✦

새로운 거점 하란에서 재기를 도모

니네베가 함락되었음에도 아시리아의 잔당들은 서쪽에 남아 있는 아시리아의 영토로 도망쳐 더욱 강력하게 저항을 시도했다. 〈바빌로니아 연대기〉는 니네베 성이 함락된 후 얼마 지나지 않아 아슈르 우발리트 2세가 서쪽의 거점 도시 하란에서 '아시리아의 왕권을 행사하기 위하여 즉위했다'라고 기록한다.

이 인물은 아시리아 행정권에 남은 서쪽 영역의 두르 카틀림무와 구자나에서 출토되는 아시리아의 문서 중에서 '왕자'mār šarri라고 알려진 사람과 동일 인물로 보이며 신 샤르 이슈쿤의 아들이었을 것으로 추정할 수 있다.

즉위명으로 내세운 '아슈르 우발리트'는 '아슈르신이 살려주셨다'라는 뜻인데 이 이름에는 궁지에 몰린 아시리아가 생존에 대한 희망을 맡겨놓은 것처럼 보이기도 한다. 또한 이 왕명은 기원전 14세기에 아시리아를 지역 대국의 지위에 올려놓은 왕의 이름이기도 해서 대국으로 부활하기를 기대하며 선택했을 수도 있다.

흥미로운 사실은 하란에서 즉위한 후에도 이 인물이 '왕'이 아니라 '왕자'로 불렸다는 점이다. 캐런 래드너가 지적하듯이 아시리아의 왕은 아수르에서 즉위식을 거행해야 비로소 왕으로 인정되는 전통이 있었다. 그래서 아시리아의 지도자로 즉위명 아슈르 우발리트를 내세워 즉위했음에도 아시리아에서 그의 정식 칭호는 '왕자'에 그쳤을 것이다.

본국에서 쫓겨난 아시리아인들의 새로운 거점이 된 하란은 아마 사르곤 왕조와 관계가 깊은 월신(달의 신) 신앙의 중심이며 사르곤 2세, 에사르하돈, 아슈르바니팔이 하란의 달의 신 신sin의 신전 에훌훌Ehulhul을 재건하는 등 제사 의식 중심의 번영을 위해 온힘을 기울였던 장소이기도 했다.

하란마저 함락되며 역사의 막을 내리다

바빌로니아 왕은 아슈르 우발리트 2세의 희망을 깨트리기 위해 아직 손도 안 댄 아시리아의 지배 영역에 잇따라 군사 작전을 펼쳤다. 〈바빌로니아 연대기〉에 따르면 기원전 611년 나보폴라사르는 바빌로니아군을 이끌고 티그리스강 상류에 위치한 아시리아의 행정주도 투샨Tushan(현 튀르키예의 지야레트 테페Ziyaret Tepe—감수자)을 점령한 후 유프라테스강의 만곡부에도 진군하여 기원전 9세기 중반부터 아시리아가 지배한 도시 루그리투Lugritu를 함락시켰다.

2009년 투샨에서 출토된 점토판 서신 중에는 시의 행정을 담당한 마누 키 리발리Manu ki libbali가 아시리아의 '궁내경'에게 보낸 비통한 메시지가 적혀 있다. 마누 키 리발리는 말과 서기, 군 지휘관, 관리들, 노동자들도 더 이상 도시에 없으며 '죽음이 임박해 아무도 [도망칠 수 없다]. 나도 이제 끝장이다!'라고 편지를 끝맺었다. 이 편지는 발송되지 않았고 바빌로니아군이 이 도시를 공략했을 때 그대로 투샨에 남았을 것이다.

이듬해(기원전 610년) 나보폴라사르의 군대는 아시리아 영내를 당당히 진군했고 늦가을 아라흐삼나 월에는 메디아군의 지원군과 합류하여 아시리아의 거점 하란에 접근했다. 니네베가 함락당한 후에도 변함없이 아시리아를 지지한 이집트는 아슈르 우발리트 2세를 지원하기 위해 하란에 군을 주둔시켰지만 바빌로니아·메디아 연합군의 공세를 앞두고 아슈르 우발리트 2세의 군대와 함께 하란을 포기하고 유프라테스강을 건너 퇴각했다. 바빌로니아·메디아 연합군은 하란을 장악해서 신전을 파손하고 수많은 전리품을 약탈한 후 각각 바빌론과 메디아로 돌아갔다.

〈바빌로니아 연대기〉에 따르면 이듬해인 기원전 609년 초여름 두무지 월에 아슈르 우발리트 2세의 군대는 하란을 탈환하러 갔다. 이 진군은 아버지 프사메티코스 1세의 정책을 계승해 시리아에 진출하고 아시리아에 가세하여 바빌로니아의 시리아 진출을 막으려고 한 이집트의 왕 네코 2세가 이끄는 대군의 지원을 받았다. 구약성경('열왕기 하' 23장)은 네코 2세가 하란을 목표로 지중해를 따라 이어지는 '바닷길'Via Maris을 진군하는 도중 메기도Meggido(성경에는 므깃도로 표기―역자)에서 앞길을 가로막는 유다 왕국 군대와 교전했는데 유다왕 요시야Josiah가 이 전투에서 전사했다고 기록한다.

〈바빌로니아 연대기〉에 따르면 아슈르 우발리트 2세는 이집트군의 지원을 받아서 나보폴라사르가 하란에 남겨둔 수비대를 격파하는 데 한 번은 성공했다. 그러나 바빌로니아군과 한 달 넘게 싸운 끝에 아시리아군은 결국 하란을 탈환하지 못했다. 나보폴라사르는 바빌로니아에서 하란 근교에 있는 아군을 지원하러 달려왔고 하란 북쪽의 이잘라Izalla(현 튀르키예의 마르딘주에 있는 큰 산맥―감수자)에서 우라르투 지역에 이르는 산악 지대의 도시들을 공격해서 바빌로니아의 서방 지배를 더욱 확실하게 했다. 아슈르 우발리트 2세에 관한 정보는 이후 끊어지고 만다.

아시리아의 왕통은 마침내 여기에서 무너지고 아시리아 왕국 역사도 막을 내린다.

✦

바빌로니아와 이집트의 패권 다툼

아시리아 제국이 흔적도 없이 사라진 후에는 시리아 영토를 둘러싸고 바빌로니아와 이집트가 패권을 다투기 시작했다. 또다시 〈바빌로니아 연대기〉에 따르면 기원전 605년 나보폴라사르의 아들 네부카드네자르Nebuchadnezzar 2세(성경에서는 '느부갓네살'로 표기-역자)가 왕자로서 이집트군과의 자웅을 가리기 위하여 바빌로니아군을 이끌고 시리아로 진군했고 유프라테스 강변의 카르케미시에서 결정적인 승리를 거둔 후 이집트군의 잔당을 남쪽 하마드까지 추격해 섬멸했다. 이듬해 기원전 604년 서거한 아버지를 대신하여 바빌로니아 왕이 된 네부카드네자르 2세는 그 후에도 해마다 원정을 이어 나갔고 이집트의 세력을 레반트에서 몰아내 서아시아 광역에 걸친 한때 아시리아 제국의 영토에 지배를 확립했다. 이렇게 해서 서아시아의 정세는 신바빌로니아 제국의 시대로 바뀌어 갔다.

수많은 아시리아의 도시는 전쟁으로 약탈당하고 파괴되었는데 시리아 북동부의 카부르강 하류 지역에 위치한 두르 카틀림무는 심한 파괴를 면했다. 이곳에서는 바빌로니아 왕 네부카드네자르가 통치한 연도의 날짜가 적혀 있고 아시리아의 서식과 글씨체로 쓰인 계약 문서가 많이 출토되었다. 이는 이 아시리아의 주요 도시에 거주한 주민들이 바빌로니아의 지배를 받아들여서 시민 생활을 계속했음을 나타낸다. 또한 티그리스강 상류 지역의 투르 압딘Tur abdin, 현재 튀르키예 남동부의 하산케이프Hasankeyf 근교에서 최근에 발견된 신아시리아의 서식과 글씨체로 쓰인 구자나 행정주 이리하Iriha(신아시리아 문헌에 등장하는 도시로 정확한 위치와 도시 규모는 아직 미확정-감수자) 시 근교의 밭과 과수원 매매를 취급한 계약 문서에는 '메디아의 우바키스테리Ubakisteri, 샤바투 월 10일 주임 헌작관 라바시Labashi

9년'이라는 날짜가 남아 있다. 우바키스테리는 〈바빌로니아 연대기〉에서 우마키슈타르(키악사레스)로 불리는 메디아 왕과 동일 인물로 판단된다. 아시리아의 고위 관리였던 라바시는 메디아의 주권을 인정한 후 공격당하기 어려운 산악 지대에 자신이 직접 통치하는 소국을 확보하고 그곳에서 발행하는 계약 문서에 영주인 자신의 이름으로 '라바시 ○년'이라는 날짜를 표기했다는 것을 알 수 있다. 이런 몇 안 되는 사례가 보여주듯이 아시리아의 서쪽 영역에서는 아시리아 제국이 소멸한 후에도 바빌로니아나 메디아의 주권을 인정하고 살아남은 아시리아의 공동체가 존재했다.

아시리아가 멸망한 후 살아남은 아시리아 주민들이 어떻게 격동의 시대를 헤쳐 나갔는지 그 구체적인 내용을 확인할 수 있는 사료가 많지는 않다. 하지만 뒤에서 설명하는 바와 같이 그들의 후손은 각지에서 공동체를 만들거나 현지 사회에 동화되어 살아남았을 것이다.

제3장

아시리아를 무너뜨린
결정적 힘들

❖

오만불손한 행동으로 신의 노여움을 샀기 때문이다?

아시리아 제국의 멸망을 가져온 전쟁은 바빌로니아, 메디아, 이집트와 같은 대국뿐만 아니라 우라르투, 만나이, 엘람 등 여러 세력이 가세한 대규모 충돌이었다. 특히 메소포타미아를 중심으로 서쪽의 이집트, 아나톨리아에서 동쪽의 이란에 이르기까지 서아시아 전역을 15년 동안 휘말리게 한 세계대전이었다고 해도 지나치지 않다. 이러한 전투가 벌어지는 동안 아시리아는 결국 직접적으로는 바빌로니아와 메디아의 군사적 공세에 의해 결정적으로 패배하게 되었는데 아시리아가 이와 같은 상황에 놓이게 된 배경에는 어떤 요인들이 있었을까?

바빌로니아 왕 비문이나 서사시, 구약성경의 '이사야서'와 '나훔

서'와 같은 예언서 등 거의 비슷한 시대의 고대 서아시아 문서에서
는 아시리아의 멸망을 오만불손한 행동으로 신들의 노여움을 산 결
과라고 설명한다. 그러나 현대 연구자들은 좀 더 합리적인 원인을
찾아서 아시리아의 정치 · 행정 · 경제의 파탄이 아시리아를 멸망
하게 한 배경이라고 논의해 왔다.

✦

정치적 혼란과 확장된 제국 운영 능력의 쇠퇴

멸망의 원인으로 먼저 왕궁의 정치와 행정 면에서 실행력이 약화
되고 있었다는 문제가 제기되었다. 이미 살펴봤듯이 아시리아 제국
기의 왕위 계승에는 온갖 문제가 존재했다. 샬마네세르 5세는 쿠데
타로 형제에게 살해당했고 사르곤 2세는 전사했으며, 센나케리브
는 아들에게 암살당했다. 아슈르바니팔이 죽은 후에는 환관인 신
슈무 리시르가 왕권을 장악하는 비정상적인 상황이 전개되어 왕이
자주 교체되는 등 왕위 계승이 불안정했다. 그러한 상황에서 구심
력을 잃은 통치자들이 위기에 잘 대처하지 못했을 수 있다.

제국 번성기의 서신이나 예언 문서 등을 보면 왕은 국가의 중심
부에서 반란과 배신행위가 일어나는 것을 매우 경계했음을 알 수
있다. 또한 모든 예기치 못한 사건의 징조를 알기 위해 왕들은 태양
과 달, 행성을 비롯한 천제의 운행, 각종 천재지변과 강의 수위 변
화 등 기상 현상의 관찰을 근거로 한 점술을 중시했으며 불길한 징

조에 대응해 주술이나 기도를 통해 정성껏 대책을 마련했다.

그 자체는 고대 서아시아에서 예부터 일반적으로 실행해 오던 일이지만 특히 제국 번성기의 사르곤 왕조 왕들은 점술과 주술에 뛰어난 지식인들의 의견을 자주 구했다. 한편으로는 정치나 군사에 탁월한 능력을 갖춘 지역 엘리트를 정권 내부에서 배제하고 대신 왕권에 무조건 따르며 충실한 환관을 중용했다. 그 결과 정치와 행정에 훌륭한 재능을 발휘하며 효율적인 군사 작전을 실행하는 능력을 상실했을 가능성도 생각할 수 있다.

또 하나의 논점은 '늘 확장되는 국가'였던 아시리아의 국가 경영이 정체 상태에 빠졌다는 점이다.

영토가 확장되던 시기의 아시리아는 해마다 군사 원정을 떠나 피정복 국가에서 비축해 놓은 재산과 보물을 수탈하여 재원을 마련했으며 정복지에서 데려온 포로를 노동력으로 투입하여 아시리아 중앙에서 시행하는 건설 사업을 추진했다. 하지만 이집트를 영향권에 두고 아나톨리아 고원 중앙부까지 지배권에 넣어 자그로스 지역의 메디아를 복종하게 만들자 군사 작전의 전선이 멀어지며 더 이상 지배력을 확장하기가 쉽지 않았다. 일단 확장이 멈추면 아시리아의 행정과 재정은 수탈의 대상을 잃게 되고 지배 지역에 도입한 복잡한 세제로는 재원을 조달하기 어려웠을 수도 있다.

또한 약탈로 쌓은 부는 아시리아의 중앙부와 도시에 집중적으로 투자된 탓에 그 이외의 지방에서는 충분한 재정적 · 사회적 지원을 받지 못한 사람들이 늘어났다. 부의 배분에 큰 격차가 있는 구조에서 메디아와 바빌로니아가 전쟁을 일으켰을 때 아시리아를 밑바닥에서부터 뒷받침해줄 만한 지방의 민중층이 충분히 성장하지 못한 것으로 보인다. 제국의 팽창과 함께 제국에 포섭된 사람들은 대부분 자신을 '아시리아 제국의 국민'으로 인식하기보다 지배자가 누구든 상관없다는 태도를 지녔던 것으로 보이는데, 이러한 점도 아시리아 멸망에 한몫하지 않았을까?

✦

가뭄에 따른 식량 위기와 연합 외세의 침공

아시리아 제국기의 유적은 그 핵심 지역이나 주변에 수두룩해서 신아시리아 시대에는 특히 많은 중견 도시가 세워졌음을 알 수 있다. 인구가 집중되는 도시에서는 식량이 대량으로 필요한데 그 식량은 주변의 수많은 촌락과 먼 곳의 경작지에서 운반되었다. 그런 이유로 기근이 일어났을 때 아시리아 중앙부에 있는 도시에 식량을 충분히 조달할 수 없는 위험 요소가 있었다고 생각할 수 있다.

고환경을 연구하는 학자들은 기원전 675년에서 기원전 550년 무렵까지 125년 동안 강우가 적었다는 데이터를 확보하고 이 시기에 가뭄이 지속되었을 가능성을 지적한다. 관개 농업이 이루어진 메소포타미아 남부에 비해 천수 농경이 이루어진 메소포타미아 북부의 아시리아 중심 지역에서는 가뭄의 영향을 쉽게 받았고 그 결과 기근이 일어나 아시리아 제국을 식량 경제 측면에서 어려운 상황으로 몰아넣었을 가능성이 논의되고 있다.

바빌로니아와 메디아라는 연합 외세의 공격은 아시리아를 멸망으로 이끈 명백한 직접적·결정적 요인이었다. 아시리아의 굴레를 벗고 오랜 세월 겪은 굴욕을 떨쳐내며 마침내 아시리아 제국 자체를 타도하기 위해 결속된 움직임을 보이는 적들로 인해 아시리아는 궁지에 몰렸다.

헤로도토스의《역사》에서는 스키타이인의 기마대가 레반트 지방을 혼란에 빠뜨렸다고 하는데, 이 기마대가 바빌로니아와 메디아 이외에 아시리아의 멸망에 기여했을 가능성을 거론하며 아시리아의 레반트 지배를 붕괴시켰다고 생각하는 연구자도 있다. 하지만 스키타이인 집단에 관해서는 뒷받침할 만한 같은 시대의 사료가 전혀 없어서 헤로도토스의 설명에 신빙성이 있는지는 분명하지 않다.

아무튼 아시리아의 멸망은 정치와 행정의 혼란, 국가 체제의 동요, 경제적인 어려움, 외세의 공격과 같은 요인이 복합적으로 작용해서 일어났다고 생각해야 할 것이다.

제10부

사라지지 않은 제국
아시리아를
기억하며

✦

남겨진 아시리아 후예들

  국가로서의 아시리아가 소멸한 것은 그때까지 아시리아의 국민·백성이었던 사람들이 하나도 남김없이 소멸되었다는 뜻이 아니다. 그 후예는 정치적으로 아시리아에 귀속되지 않아도 각지에서 살아남았다. 앞에서 말했듯이 카부르강 하류 지역과 티그리스강 상류 지역에는 제국이 멸망한 후에도 바빌로니아나 메디아의 주권을 받아들여서 살아남은 아시리아인 공동체가 존재했다.

  아시리아의 중심 지역은 대체로 황폐해진 채 방치되었다. 그래도 니네베에서는 파괴된 뒤부터 헬레니즘 시대에 이르기까지 그 한 구획에서 생활한 사람들이 있었다는 사실이 고고학적으로 확인되었다. 바빌로니아 각지에서 아시리아인이 살아남은 것은 니네베가 함락된 후 바빌로니아에서 출토된 문서에 아시리아인의 것이 확실한 인명이 보이는 점에서 알 수 있다. 또한 우루크시에서 아슈르신에게 바치는 성소를 만들어 예배를 드렸다는 사실도 밝혀졌다.

한편 아케메네스 왕조 페르시아의 키루스Cyrus 2세가 남긴 원통 비문에는 바빌론에 입성해 신바빌로니아 왕국을 멸망시킨 키루스 2세가 각지에 신상을 반환한 것이 기록되어 있는데 거기에 아수르가 포함되었다. 아수르에서는 예전의 아슈르 신전 근처에 건설한 성소('신전 A')에서 고아시리아 시대의 에리슘 1세부터 신 샤르 이슈쿤에 이르기까지 100점이 넘는 아시리아 왕들의 왕 비문이 바닥과 벽에 박힌 상태로 발견되었다. 이 비문들은 아시리아 왕국의 기억을 남기기 위하여 인접해 있는 파괴된 신전 유구에서 수집되어 새로운 성소의 곳곳에 배치한 것으로 볼 수 있다. 아시리아 왕국이 멸망하고 얼마 후에 그 시절을 그리워하며 아마도 아슈르신에게 예배를 드린 사람들이 있었을 것임을 암시한다.

또한 세월이 흘러 파르티아Parthia 시대(기원전 1세기부터 서기 3세기) 하트라Hatra(이라크 북부, 니네베주)의 아람어 비문에서 볼 수 있는 인명에는 '아수르'를 요소로 한 이름이 꽤 있다. 이는 당시 북메소포타미아에서 여전히 아슈르신을 믿는 아시리아의 후예가 존재했음을 간접적으로 알려준다.

시리아의 명칭에 남아 있는 아시리아의 흔적

아시리아의 기억은 이미 말했듯이 구약성경과 서양 고전으로 전해져 현대까지 전승되고 있다. 구약성경은 아시리아에 의한 북이스라엘 왕국의 멸망과 유다 왕국의 수도 예루살렘의 포위, 그후 아시리아의 멸망에 관하여 기록하는데, 티글라트 필레세르 3세, 샬마네세르 5세, 사르곤 2세, 센나케리브, 에사르하돈 등의 왕들을 언급한다. 서양 고전 작품에서는 헤로도토스가 페르시아 제국에 앞서서 번영한 제국으로

그림 10-1 치네쾨이 석비

아시리아에 관하여 서술했다. 크테시아스Ctesias는 니누스, 사르다나팔로스Sardanapalos 등 현실에는 존재하지 않는 왕들의 이름을 거론하며 왕비 삼무라마트를 여왕 세미라미스로 꾸며서 마음대로 창작한 전설을 기록했다. 세미라미스에 관해서는 이미 설명했는데 니누스는 도시명 니네베에서 유래했으며 사르다나팔로스는 아슈르바니팔을 모델로 한 인물로 볼 수 있다.

또한 '아시리아'는 지역명으로서 '시리아'와 관계가 있을 것으로

생각해 왔다. 수많은 간접적 증거를 토대로 논의해 온 이 학설에 반대하는 사람도 있다. 하지만 튀르키예 남동부의 아다나 근교에서 1997년에 발견된 치네쾨이Çineköy 2언어 석비(기원전 8세기)에서 페니키아어의 '아수르/아시리아인'·ašr/ ‘ašrym이 루비어 상형문자로 '수라이'(su+ra/i-wa/i-)로 표기되어 있는 것은 '아시리아'='시리아'설의 신빙성을 한층 더 높여줬다고 할 수 있다(그림 10-1). 이러한 사실은 '아시리아/시리아'의 명칭이 본래 아시리아 제국의 서방 영역을 가리키는 말로서 지금도 여전히 명맥을 유지하고 있다는 뜻이 된다.

✦

민족적 정체성으로 결속하는 현대의 '아시리아인'

현재의 시리아, 이라크를 비롯한 중동 각지와 서구권에 거주하며 아람어를 모국어로 하는 기독교 시리아교회 여러 종파의 사람들은 '아시리아인'으로 불린다. 이 현재의 '아시리아인'들은 오랫동안 '아람인' 또는 '시리아인'을 자칭했는데 19세기에 니네베 등 고대 아시리아의 도시 유구가 발굴되며 아시리아 제국이 고고학적으로 재발견된 것과 동시에 민족주의의 조류에 대응하여 '아시리아인'으로서의 민족적 정체성을 주장하며 공동체의 결속을 도모했다.

튀르키예 남동부나 이란 서부에 거주한 이 기독교인들은 1차 세계대전 이후 온갖 분쟁 속에서 소수민족으로 거주 지역을 빼앗기고 중동(주로 이라크 북부, 시리아 북동부, 튀르키예 남동부, 이란 북서부)이

나 유럽, 북미 각지로
흩어졌다. 하지만 그
러한 환경에서도 고대
아시리아의 기억으로
회귀하는 민족적 정체
성을 주장하고 있다.

그림 10-2 아시리아 민족기

　중세 아랍의 기록은
고대 니네베의 유구가 있는 모술이나 니네베와 나란히 아시리아의
중심 도시였던 아르벨라(아르빌Erbil) 등의 도시 주민이 아람어로 '아
시리아인'을 나타내는 아소라야Asoraya라고 불린 사실을 기록한다.
이러한 사람들 사이에서 보존된 고대 아시리아와의 관계에 대한 기
억이 민족주의의 시류를 타고 부흥한 것이다. 현대 아시리아인의
고대부터의 시간 격차와 방랑의 역사를 생각하면 거기에는 다양한
뿌리를 포함하는 사람들이 섞였을 가능성이 높다. 그들 중에 아시
리아 제국 시대의 북메소포타미아에 살았던 사람들의 후예가 많이
포함되어 있는 것은 전혀 이상하지 않다.

　현대의 아시리아인 공동체에서는 고대 아시리아에서 유래하는
문화의 부흥과 실천이 이뤄지고 있다. 아이들에게 붙여주는 이름에
는 성경과 관련된 이름이나 아라비아어・페르시아어・튀르키예어
이름 등 다양한데 아슈르, 이슈타르, 센나케리브, 사르곤과 같은 이
름도 볼 수 있다. 아시리아인의 민족기에는 하얀 바탕에 태양을 중

그림 10-3 미국 샌프란시스코의 아슈르바니팔왕 동상

심에 배치해서 빨간색, 흰색, 파란색의 3색으로 연고지의 강인 티그리스강, 유프라테스강, 대자브강의 흐름과 아슈르신의 날개 달린 원반이 그려져 있다(그림 10-2).

또한 신년제로서 아키투 축제를 열어 축하하는데 고대의 옷을 입은 사람들이 참가한다. 미국 샌프란시스코 시민 센터 근처에는 오른팔로 사자를 안고 왼손에 점토판을 든 4.6m 높이의 아슈르바니팔 동상이 서 있다. 이는 캘리포니아주에 공동체가 있는 아시리아인들이 기증한 것이다(그림 10-3).

끝마치며

기원전 8세기부터 기원전 7세기의 아시리아 제국이 이스라엘과 유다 왕국을 침공한 충격은 구약성경의 역사서와 예언서에 기록되었다. 당시 아시리아 제국의 압도적인 국력, 그 중심 도시의 위용, 영웅적 지도자의 인물상은 기이한 전설 같은 이야기로서 서양 고전 저작물에 쓰였다. 이러한 서술은 아시리아 제국의 군사행동과 제국 지배의 한 측면을 드러냄으로써 매우 이상하고 뒤틀린 이미지를 흥미롭게 전달한다. 그러나 이는 아시리아라는 현상의 아주 작은 부분이며 그 일부는 재미있게 창작된 기담일 뿐이다.

아시리아 제국은 기원전 3000년경부터 번성한 메소포타미아 쐐기문자 문명이 사라지기 시작한 때에 탄생한 유례 없는 역사적 현상이다. 성숙해진 메소포타미아 도시 문명과 그 후의 시대를 이어주는 역사와 문화의 가교이기도 하다. 아시리아가 국가로서 발생하고 변모하는 모습과 그 문화에 대한 상세한 내용은 19세기 중반 이후 아시리아의 중심 지역을 고고학적으로 조사하며 도시 유구와 쐐기문자 문서가 출토되고 아시리아 제국이 남긴 유물이나 문서를 연구함으로써 점점 밝혀지고 재발견된 고대의 사실이다.

이 발견과 연구 과정은 꾸준히 이어져 아시리아 중심 지역뿐만 아니라 그 광대한 영토에 포함된 각지에서 아시리아의 흔적이 끊임없이 발견되고 있다. 건축 유구, 금속기, 토기, 장신구, 도구류, 사람 뼈, 동물 뼈, 식물 유체(유존체), 그리고 썩지 않고 남아 있는 독특한 문서인 점토판이나 석재에 기록된 문서 등 엄청난 자료를 분석하고 연구한 결과 아시리아의 역사와 문화가 세상에 모습을 드러냈다.

현재 이라크에서의 정치 공세가 비교적 안정적인 덕분에 니네베, 아수르, 아르벨라, 두르 샤루킨, 칼후와 그 주변의 유적 조사가 활발히 진행 중이다. 또한 아시리아 제국의 변경 지역이었던 이란, 시리아, 튀르키예, 레반트 지방 등 각지에서 아시리아에서 유래하는 문서와 유물이 끊임없이 발견되고 있다. 연구가 착실히 진행되어 20년 후에는 아시리아라는 국가의 이미지를 한층 더 상세하고 선명하게 파악할 수 있을 것이다. 만약 아슈르신이 그렇게 되기를 바란다면 말이다.

서점이나 박물관 숍에 가면 고대 이집트를 다룬 수많은 책이 진열되어 있다. 그에 비해 고대 메소포타미아를 다룬 책은 드물어 '아시리아'에 대해 쓴 모노그래프가 없다는 점에 아쉬움을 느꼈다. 아시리아는 '영광스러운' 서양 문명의 여명에 앞서 '실수로' 제국으로 출세한 야만적이고 배워야 할 점이 적은 군사 대국이라는 서양 중심의 낡은 역사관 속에 더욱더 갇힐 우려도 있었다. 인류의 가장 오래된 제국의 역사와 문화는 고대인들이 남긴 수많은 유물을 통해 상세한 내용이 제법 알려졌는데 말이다.

누구의 잘못인지 따지자면 물론 적극적인 정보 공개와 전달을 게을리하고 책을 쓰지 않은 연구자에게 많은 책임이 있다. 대학교의 교수, 연구자 생활도 끝이 보여서 아시리아의 역사와 문화를 사람들에게 널리 소개하고 싶다는 마음이 들었을 즈음 '치쿠마신서'

에서 아시리아에 관한 책을 써보지 않겠느냐고 권유해왔다. 나는 기회를 놓치지 않고 그 권유를 흔쾌히 수락해 이 책을 집필하게 됐다.

최근 아시리아에 관한 연구가 성숙기를 맞아서 집필에 많은 도움을 주었다. 고아시리아 시대의 아수르 상인이 어떻게 활동했는지 그 실태가 널리 알려졌으며 중아시리아 시대 아시리아의 국가 형성과 행정에 관한 연구도 1970년대부터 각지에서 문서고가 발굴되고 새로운 역사 자료가 연구되어 현격한 진보를 이루었다. 그리고 방대한 사료 덕분에 일찌감치 주목받은 기원전 1000년대의 제국기 아시리아에 관한 연구는 방대한 왕 비문과 실무 문서(행정 문서, 조약·서약 문서, 계약 문서, 칙령, 서신 등)의 편집 사업이 진전했다. 이러한 상황을 반영해 아시리아의 역사와 문화를 다룬 모노그래프가 서구권에서 만들어지기 시작했다. 이 책을 집필하면서 최근 잇따라 출판된 E. Frahm (ed.), *A Companion to Assyria*(2017년 출간), E. Frahm, *Assyria: The Rise and fall of the World's First Empire*(2023년 출간), K. Radner/N. Moeller/D. T. Potts (eds.), *The Oxford History of the Ancient Near East, Ⅳ: The Age of Assyria*(2023년 출간)를 참조할 수 있어 큰 도움이 되었다.

이 책에서는 가벼운 독서를 즐기고자 하는 독자들을 방해하지 않도록 서술의 근거를 일일이 제시하는 자세한 주석은 피했다. 근거를 밝혀내고 싶은 학구파 독자들은 위에서 소개한 영문 서적을 읽어보면 대체로 답을 얻을 수 있을 것이다. 특히 각 장의 내용에 반영한 문헌은 논문도 포함해서 참고문헌에 기록해 놓았다.

이 책은 상업 도시 아수르에서 영역 국가 아시리아로, 결국에는 절대군주를 정점으로 하는 복합민족국가(제국)로 변모하는 아수르/아시리아의 번영부터 멸망까지의 궤적을 왕, 왕궁, 궁정 문화에 초점을 맞춰서 그려냈다. 영역 국가로서의 아시리아에 관한 사료에는 군사행동과 건설 사업을 기록하는 왕 비문, 사건사 재구성을 뒷받침하는 편년 사료, 정치 행정의 내정을 알리는 왕실 서신과 행정 문서가 특히 많이 포함되었다. 이에 더해 고아시리아 시대와 관련해서는 아시리아 상인이 남긴 방대한 문서들이 남아 있다. 이것은 고대 서아시아의 다른 국가에 관한 연구에서는 찾아볼 수 없는 현상이다. 그런 의미에서 아시리아는 그 역사를 상세하게 묘사할 수 있는 얼마 안 되는 나라 중 하나다.

이 책은 이 역사 자료들을 중심에 놓고 아시리아의 흥망사와 그 과정에서 관찰되는 군사 원정, 건설 사업, 행정 시스템, 상업 활동, 사상, 문화에 관하여 기록하려고 했다. 아시리아의 경우 강대한 군사력에 관한 관심이 높은 것은 알지만 부조 예술과 같은 도상 자료 및 서신이나 행정 문서에 나타나는 군사 관련 용어에 주목한 군사 기술, 군대 제도 연구는 무시했다. '아시리아=군사 대국'이라는 '상식'을 학술적으로 깊이 파고들기보다 한정된 지면 안에서 그려내야 할 다른 내용이 좀 더 있다고 생각했기 때문이다.

　왕과 엘리트 중심의 '위에서 보는 역사'를 묘사하는 이 책에서 다루지 못한 내용은 '아시리아' 각지에서 인구의 대부분을 차지하는 민중이 만들어 내는 사회, 관습, 서민 문화 등이다. 수많은 사료는 국가의 엘리트가 써서 남겼기 때문에 서민 사회를 복원하기 쉽지 않지만 서신, 행정 문서, 계약서, 문학 문서 등을 통해 당시의 일반 민중 생활을 어느 정도 엿볼 수는 있다. 이는 아시리아만의 특징이라기보다 고대 서아시아 세계 전반에서 공통적으로 나타나는 현상으로, 그 기본적인 점을 간단히 보완해 두고자 한다.

　각지에 방대한 땅(왕령)을 소유한 왕뿐만 아니라 관료나 대상인도 도시와 촌락에 많은 사유지를 소유하며 그곳에서 일하는 노동자를 실질적으로 지배하는 부유한 사람들이었다. 나라 전체로 보면 극소수의 엘리트인 그들은 제국기에 많은 땅을 대량으로 사들여서 대토지 소유자가 되었다. 부동산 매매 계약, 노예 매매 계약, 보리와 은의 대출 계약, 노동 계약, 결혼 계약, 양자 결연 계약, 유언 등을 기록한 점토판 문서는 사람들의 재산 관리와 가족 경영 실태를 알려준다. 계약은 그 관계자, 토지의 유력자, 행정관 등이 증인이 되어 맺으며 계쟁 사건은 신전이나 왕궁이 관리하는 법정에서 중재했다.

　전쟁 포로나 채무 불이행 때문에 노예의 지위로 떨어진 사람들이 아니더라도 수많은 민중은 각지에 개척된 촌락에 살며 밭에서 보리 등의 곡물을 재배하고 텃밭이나 과수원에서 채소와 과일을 키우고

돼지, 소, 염소 등의 가축을 기르며 검소하게 생활했다. 통치자에게 영지로 받은 땅을 소유한 관리에게 소작이나 노동자로 고용된 사람들은 수확물이나 생산물의 일부를 주인에게 내고 땅을 소유한 사람은 수확물 중에서 보리와 짚 등을 정부에 세금으로 냈다. 사람들은 남편과 아내와 자녀들로 이루어진 단혼(일부일처의 결혼–역자) 가족으로 생활하는 것이 일반적이었고 여기에 부모나 노예가 동거하는 경우도 있었다. 그러나 땅이 없는 사람들의 생활은 검소했기에 소작료나 세금을 내고 군사 및 공공사업에서 봉사가 의무화되어 일상을 보내는 민중에게 제국의 행정 경제 시스템은 반드시 친절한 구조라고 할 수 없었을 것이다.

농업 촌락 바깥쪽의 초원 지역에는 양과 염소를 방목하며 물가와 초목을 찾아 이동하는 양치기가 살았다. 그들은 가축을 교배시켜서 무리를 늘리고 젖, 고기, 털, 가죽을 상품으로 팔아서 정착민과 교류하거나 때로는 대립하기도 하며 생활했다.

도시부에서는 왕궁과 신전을 중심으로 각종 직업을 가진 사람들이 구성하는 복잡한 계층 사회가 형성되었다. 궁정 관리, 제사장, 점술가, 주술사, 의사, 예언자, 가수, 악사, 상인, 제빵사, 맥주 양조인, 요리사, 과자 장인, 착유공, 사냥꾼, 정원사, 목수, 대장장이, 석공, 피혁 가공사, 의복 재단사, 가정교사, 서기, 외교관, 군인 등 다양한 직업인이 생활했다. 사람들은 계절마다 신전을 중심으로 열리는 제례에 참가해서 풍작, 건강, 안전을 기원하며 비일상적인 축제를 즐겼다. 기근이나 질병의 위협에 취약한 고대 세계에서 사람들은 기도, 주술, 부적으로 액운과 재앙에 맞서며 조금이라도 평온한 생활을 즐기려고 노력했다.

한편 아시리아 연구는 서구 학계가 주도하여 진행되어 왔으나 최근에는 일본의 연구자도 여러 분야에서 발자취를 남겼다. 특히 본문(제2부 제4장)에서 언급한 북동 시리아의 텔 타반에서 실시한 일본 고쿠시칸대학교의 발굴 조사(1997~2010년)는 대량의 쐐기문자 문서를 포함한 아시리아 시대의 건물 유구를 발굴하여 국제적으로 주목을 받았다. 2016년부터는 이라크, 쿠르디스탄, 술레이마니야주의 야신 테페Yasin Tepe 유적에서 일본 주부中部대학교의 니시야마 신이치西山伸一 씨가 이끄는 발굴단이 신아시리아 시대의 공공건물과 도굴되지 않은 벽돌무덤을 발견해서 아시리아의 거점 유적을 조사하고 있다. 쐐기문자 문서 연구와 부조 예술·원통 인장 등의 도상 연구에서도 성과를 올려서 일본과 미국과 유럽·중동의 연구자가 공동으로 진행하는 여러 가지 연구 프로젝트도 이루어지고 있다. 앞으로 더 큰 진전이 기대된다.

이 책의 기획 초기부터 치쿠마쇼보의 다도코로 겐타로田所健太郎 씨는 늘 신속, 정확, 성실하게 집필을 지원해주셨다. 다도코로 씨와 치쿠마쇼보 편집부의 도움 없었다면 이 책을 이렇게 빨리 완성하지 못했을 것이다. 쓰쿠바대학교의 동료 시바타 다이스케柴田大輔 씨와 사노 가쓰지佐野克司 씨는 교정쇄를 훑어보고 유익한 조언을 많이 해줬다. 아내 게이코는 내 원고의 첫 독자인데 언제나처럼 현명한 수정을 제안했다. 모든 사람에게 진심으로 감사 말씀을 전한다.

* ( ) 안의 숫자는 통치 기간, 〔 〕는 재위 연도(기원전)를 나타낸다.

아무루(아모리) 계통의 부족장 '조상이었던 왕들'(1부 참조)와
아수르/아시리아의 왕들

1-17 '장막에 살았던 17인의 왕들' : 투디야Tudiya, 아다무Adamu, 양기Yangi, 수
흘라무Suhlamu, 하르하루Harharu, 만다루Mandaru, 임수Imsu, 하르수Harsu,
디다누Didanu, 하나Hana, 주아부Zuabu, 누아부Nuabu, 아바주Abazu, 벨루
Belu, 아자라Azarah, 우슈피아Ushpia, 아피아샬Apiashal

18-26 '조상이었던 10인의 왕들' : 할레Hale, 사마니Samani, 하야니Hayani, 일루
메르Ilu-Mer, 야크메시Yakmesi, 야크메니Yakmeni, 야즈쿠르-엘Yazkur-el, 일
라-카브카부Ila-kabkabu, 아미누Aminu

고아시리아 시대

27-32 '치세 중의 림무가 알려지지 않은 6인의 왕들' : 술릴리Sulili, 킥키아Kikkia,
아키야Akiya, 푸주르 아슈르Puzur-Ashur 1세, 샬림 아훔Shallim-ahum, 일루 슈
마Ilu-shuma

33 에리슘Erishum 1세 (40) 〔1974~1935경〕

34 이쿠눔Ikunum (14) 〔1934~1921경〕

35 사르곤Sargon 1세 (40) 〔1920~1881경〕

36 푸주르 아슈르Puzur-Ashur 2세 (8) 〔1880~1873경〕

37 나람 신Naram-Sin (44/54?) 〔1872~1829?경〕

38 에리슘Erishum 2세 (20?) 〔1828~1809경〕

39 샴시 아다드Shamshi-Adad 1세 (33) 〔1808~1776경〕

40 이슈메 다간Ishme-Dagan 1세 (40) 〔1776~1737경〕

41 아슈르 두굴Ashur-dugul (6)

42 아슈르 아플라 이디Ashur-apla-idi

43 나시르 신Nasir-Sin

44 신 나미르Sin-namir

45 입키 이슈타르_{Ipqi-Ishtar}

46 아다드 살룰루_{Adad-salulu}

47 아다시_{Adasi}

48 벨루 바니_{Belu-bani} (10)

49 리바야_{Libaya} (17)

50 샤르마 아다드_{Sharma-Adad} 1세 (12)

51 입타르 신_{Iptar-Sin} (12)

52 바자야_{Bazaya} (28)

53 룰라야_{Lullaya} (6)

54 슈 니누아_{Shu-Ninua} (키딘 니누아_{Kidin-Ninua}) (14)

55 샤르마 아다드_{Sharma-Adad} 2세 (3)

56 에리슘_{Erishum} 3세 (13)

57 샴시 아다드_{Shamshi-Adad} 2세 (6)

58 이슈메 다간_{Ishme-Dagan} 2세 (16)

59 샴시 아다드_{Shamshi-Adad} 3세 (16)

60 아슈르 니라리_{Ashur-nirari} 1세 (26)

61 푸주르 아슈르_{Puzur-Ashur} 3세 (14/24) 〔15세기 전반〕

62 엔릴 나시르_{Enlil-nasir} 1세 (13)

63 누르 일리_{Nur-ili} (12)

64 아슈르 샤두니_{Ashur-shaduni} (1개월)

중아시리아 시대

65 아슈르 라비_{Ashur-rabi} 1세 (?)

66 아슈르 나딘 아헤_{Ahur-nadin-ahhe} 1세 (?)

67 엔릴 나시르_{Enril-nasir} 2세 (6) 〔1420~1415경〕

68 아슈르 니라리_{Ashur-nirari} 2세 (7) 〔1414~1408경〕

69 아슈르 벨 니셰슈_{Ashur-bel-nisheshu} (9) 〔1407~1399경〕

70 아슈르 림 니셰슈_{Ashur-rim-nisheshu} (8) 〔1398~1391경〕

71 아슈르 나딘 아헤_{Ashur-nadin-ahhe} 2세 (10) 〔1390~1381경〕

72 에리바 아다드_{Eriba-Adad} 1세 (27) 〔1380~1354경〕

73 아슈르 우발리트_{Ashur-ubalit} 1세 (36) 〔1353~1318경〕

74 엔릴 니라리_{Enlil-nirari} 1세 (10) 〔1317~1308경〕

75 아리크 덴 일리Arik-den-ili (12) 〔1307~1296경〕

76 아다드 니라리Adad-nirari 1세 (32) 〔1295~1264경〕

77 샬마네세르Shalmaneser (샬마누 아샤리드Salmānu-ašarēd) 1세 (30) 〔1263~1234
경〕

78 투쿨티 니누르타Tukulti-Ninurta 1세 (37) 〔1233~1197경〕

79 아슈르 나딘 아플리Ashur-nadin-apli (4) 〔c.1196~1193경〕

80 아슈르 니라리Ashur-nirari 3세 (6) 〔1192~1187경〕

81 엔릴 쿠두리 우수르Enlil-kudurri-usur 〔1186~1182경〕

82 니누르타 아필 에쿠르Ninurta-apil-Ekur (13) 〔1181~1169경〕

83 아슈르 단Ashur-dan 1세 (36/46) 〔1168~1133경〕

84 니누르타 투쿨티 아슈르Ninurta-tukulti-Ashur 〔1133?경〕

85 무타킬 누스쿠Mutakkil-Nusku 〔1133?경〕

86 아슈르 레쉬 이시Ashur-resh-ishi 1세 (18) 〔1132−1115〕

87 티글라트 필레세르Tiglath-pileser (투쿨티 아필 에샤라Tukultī-apil-Ešarra) 1세 (39)
〔1114~1076〕

88 아샤레드 아필 에쿠르Ashared-apil-Ekur (2) 〔1075~1074〕

89 아슈르 벨 칼라Ashur-bel-kala (18) 〔1073~1056〕

90 에리바 아다드Eriba-Adad 2세 (2) 〔1055~1054〕

91 샴시 아다드Shamshi-Adad 4세 (4) 〔1053~1050〕

92 아슈르나시르팔Ashur-nasir-pal (아슈르 나시르 아플리Aššur-nāṣir-apli) 1세 (19)
〔1049~1031〕

93 샬마네세르Shalmaneser (샬마누 아샤리드Salmānu-ašarēd) 2세 (12) 〔1030~1019〕

94 아슈르 니라리Ashur-nirari 4세 (6) 〔1018~1013〕

95 아슈르 라비Ashur-rabi 2세 (41) 〔1012~972〕

신아시리아 시대

96 아슈르 레쉬 이시Ashur-resh-ishi 2세 (5) 〔971~967〕

97 티글라트 필레세르Tiglath-pileser (투쿨티 아필 에샤라Tukultī-apil-Ešarra) 2세 (32)
〔966~935〕

98 아슈르 단Ashur-dan 2세 (23) 〔934~912〕

99 아다드 니라리Adad-nirari 2세 (21) 〔911~891〕

100 투쿨티 니누르타Tukulti-Ninurta 2세 (7) 〔890~884〕

101 아슈르나시르팔Ashur-nasir-pal (아슈르 나시르 아플리Aššur-nāṣir-apli) 2세 (25)
〔883~859〕

102 샬마네세르Shalmaneser (샬마누 아샤리드Salmānu-ašarēd) 3세 (35) 〔858~824〕

103 샴시 아다드Shamshi-Adad 5세 (13) 〔823~811〕

104 아다드 니라리Adad-nirari 3세 (28) 〔810~783〕

105 샬마네세르Shalmaneser (샬마누 아샤리드Salmānu-ašarēd) 4세 (10) 〔782~773〕

106 아슈르 단Ashur-dan 3세 (18) 〔772~755〕

107 아슈르 니라리Ashur-nirari 5세 (10) 〔754~745〕

108 티글라트 필레세르Tiglath-pileser (투쿨티 아필 에샤라Tukultī-apil-Ešarra) 3세 (18)
〔744~727〕

109 샬마네세르Shalmaneser (샬마누 아샤리드Salmānu-ašarēd) 5세 (5) 〔726~722〕

110 사르곤Sargon 2세 (17) 〔721~705〕

111 센나케리브Sennacherib(신 아헤 에리바Sîn-aḫḫē-erība) (24) 〔704~681〕

112 에사르하돈Esarhaddon(아슈르 아하 이디나Aššur-aḫa-iddina) (12) 〔680~669〕

113 아슈르바니팔Ashurbanipal (아슈르 바니 아플리Aššur-bāni-apli) (38?) 〔668~631?〕

114 아슈르 에텔 이라니Ashur-etel-ilani (4?) 〔630?~627?〕

115 신 슈무 리시르Sin-shumu-lishir 〔627?〕

116 신 샤르 이슈쿤Sin-sharru-ishkun (15?) 〔626?~612〕

117 아슈르 우발리트Ashur-ubalit 2세 (3) 〔611~609〕

지도 1   M. van de Mieroop, *A History of the Ancient Near East*, p. 108을 토대로 작성.

지도 2   E. Frahm (ed.), *A Companion to Assyria*, P. 3, Fig. 0.1을 토대로 작성.

지도 3   E. Frahm (ed.), *A Companion to Assyria*, P. 14, Fig. 1.1을 토대로 작성.

그림 0-1   오시로 미치노리大城道則 편《도설 고대 문자 입문(図説 古代文字入門)》18쪽.

그림 0-2   C. B. F. Walker, *Cuneiform*, Berkeley/Los Angels, 2004, p. 10을 토대로 작성.

그림 0-3   J. Reade, *Assyrian Sculpture*, p. 14.

그림 1-1   《이와나미 강좌 세계 역사 02 고대 서아시아와 그리스~기원전 1세기(岩波講座 世界歴史02 古代西アジアとギリシア ~前一世紀)》219쪽.

그림 1-2   https://www.kayserigezi.net/kayseri-tarihi-yerler/kultepe-kanis-karum-137

그림 1-3   B. 리옹 & C. 미셸《쐐기문자를 읽다(楔形文字をよむ)》35쪽 오른쪽 하단.

그림 1-4   E. Frahm (ed.), *A Companion to Assyria*, p. 61, fig. 3.1을 토대로 작성.

그림 1-5   B. 리옹 & C. 미셸《쐐기문자를 읽다》32쪽 하단.

그림 1-6   https://cdli.ox.ac.uk/wiki/doku.php?id=old_assyrian_limmu_list

그림 1-7   https://www.winserion.org/SCIEM2000/Images/pr05fig01.gif

그림 2-1   M. van de Mieroop, *A History of the Ancient Near East*, p. 160, Map 8.1을 토대로 작성.

그림 2-2   영국박물관 소장. Zunkir에 의한다.
https://en.wikipedia.org/wiki/File:Synchronistic_History_K.4401.jpg

그림 2-3   미국 뉴욕 메트로폴리탄미술관 소장.

그림 2-4   독일 베를린 고대 서남아시아박물관 소장.
https://omnika.org/artifacts/va-08146-stone-altar-of-tukulti-ninurta-i

그림 2-5 튀르키예 이스탄불 고대 오리엔트박물관 소장.
Osama Shukir Muhammed Amin FRCPGlasg에 의한다. https://
en.wikipedia.org/wiki/Ninurta−tukulti−Ashur

그림 2-6 영국박물관 소장.
https://www.britishmuseum.org/collection/object/W_K−1621−a

그림 3-1 J. Oates / D. Oates, *Nimrud*, 2001, London, p. 28.

그림 3-2 https://upload.wikimedia.org/wikipedia/commons/2/2d/Iraq%3B_
Nimrud_−_Assyria%2C_Lamassu%27s_Guarding_Palace_Entrance.jpg

그림 3-3 J. Oates / D. Oates, *Nimrud*, p. 29.

그림 3-4 J. Oates / D. Oates, *Nimrud*, pp. 175, 176 상단.

그림 3-5 J. Reade, *Assyrian Sculpture*, p. 23.

그림 3-6 J. Reade, *Assyrian Sculpture*, p. 62.

그림 3-7 A. Millard, *The Eponyms of the Assyrian Empire 910−612 B.C.*, 1998,
pl. 15, B4.

그림 3-8 튀르키예 카흐라만마라쉬 박물관 소장. Klaus−Peter Simon에 의한다.
https://commons.wikimedia.org/wiki/File:Kahramanmaras_Museum_
Keilschrift_G%C3%B6zl%C3%BCg%C3%B6l.jpg

그림 3-9 슬로베니아 국립미술관 소장.
https://www.ng−slo.si/en/303/semira−mis−fed−by−the−doves−
franc−kavcic−caucig?workId=1597

그림 3-10 튀르키예 이스탄불 고고학박물관 소장. Osama Shukir Muhammed
Amin FRCPGlasg에 의한다.
https://en.m.wikipedia.org/wiki/File:Saba'a_Stele_of_Adad−nirari_Ⅲ_
at_the_Ancient_Orient_Museum,_Istanbul.jpg

그림 3-11 https://www.hittitemonuments.com/tellahmar/tellahmar20.jpg

그림 4-1 영국박물관 소장.
https://upload.wikimedia.org/wikipedia/commons/8/88/Tilglath_
lileser_iii.jpg

그림 4-2 M. van de Mieroop, *A History of the Ancient Near East*, p. 258을 토대로
작성.

그림 4-3 　E. Frahm (ed.), *A Companion to Assyria*, p. 319.

그림 4-4 　W. Röllig, *Die Aramäischen Texte aus Tall Šēḫ Ḥamad/DūrKatlimmu/ Magdalu*, Wiesbaden, 2014, p. 33.

그림 4-5 　영국박물관 소장. J. E. Reade, *Assyrian Sculpture*, p. 42.

그림 4-6 　영국박물관 소장. J. E. Curtis / J. E. Reade, *Art and Empire*, p. 193.

그림 5-1 　E. Frahm (ed.), *A Companion to Assyria*, p. 3, Fig. 0.1을 토대로 작성.

그림 5-2 　G. Frame, RINAP 2, p. 276.

그림 5-3 　영국박물관 소장. J. E. Curtis / J. E. Reade, *Art and Empire*, p. 188, fig. 194.

그림 5-4 　G. Frame, RINAP 2, p. 221.

그림 5-5 　미국 시카고 고대문화연구소 소장, 저자 촬영.

그림 5-6 　D. Kertai, *The Architecture of Late Assyrian Royal Palaces*, Pl. 10A, 13A.

그림 5-7 　튀르키예 이스탄불 고고학박물관 소장. J. D. Hawking, *Corpus of Hieroglyphic Luwian Inscriptions, vol. 1: Inscriptions of the Iron Age*, Part 3. Berlin/New York, 2000, pl. 268.

그림 6-1 　영국박물관 소장. Osama Shukir Muhammed Amin FRCP Glasg에 의한다.
https://commons.wikimedia.org/wiki/File:Assyrian_siege-engine_ attacking_the_city_wall_of_Lachish,_part_of_the_ascending_assaulting_ wave._Detail_of_a_wall_relief_dating_back_to_the_reign_of_ Sennacherib,_700-692_BCE._From_Nineveh,_Iraq,_currently_housed_ in_the_British_Museum.jpg

그림 6-2 　Wilson44691에 의한다.
https://commons.wikimedia.org/wiki/File:LachishFrontGate.jpg

그림 6-3 　D. Kertai, *The Architecture of Late Assyrian Royal Palaces*, pl. 16A, B.

그림 6-4 　미국 시카고 고대 문화연구소 소장, 저자 촬영.

그림 6-5 　영국박물관 소장. Anthony Huan에 의한다.
https://en.wikipedia.org/wiki/Nineveh#/media/File:2018_Ashurbanipal_-_ Nineveh.jpg

그림 6-6 　Omar Siddeeq Yousif에 의한다.
https://upload.wikimedia.org/wikipedia/commons/2/27/Nineveh_-_

Mashki_Gate.jpg

그림 6-7   https://commons.wikimedia.org/wiki/File:Jerwan_archaeological_site,_
part_of_Neo-Assyrian_king_Sennacherib%27s_canal_system_15.jpg

그림 6-8   영국박물관 소장.
https://www.britishmuseum.org/collection/object/W_1851-0902-9

그림 6-9   E. Frahm (ed.), *A Companion to Assyria*, p. 3, Fig. 0.1을 토대로 작성.

그림 7-1   독일 베를린 고대 서남아시아 박물관 소장. Richard Mortel에 의한다.
https://en.wikipedia.org/wiki/Victory_stele_of_Esarhaddon#/media/
File:Victory_stele_of_Esarhaddon.jpg

그림 7-2   와타나베 가즈코 《에사르하돈 왕위 계승 서약 문서(エサルハドン王位
継承誓約文書)》11쪽, 도판 1.

그림 8-1   영국박물관 소장. https://cdli.mpiwg-berlin.mpg.de/dl/photo/
P394610_d.jpg

그림 8-2   Novotny / Jeffers, RINAP 5/1, p. 230, fig. 12.

그림 8-3   영국박물관 소장. J. E. Curtis / J. E. Reade, *Art and Empire*, pp. 76 상
단, 77.

그림 8-4   영국박물관 소장. J. Reade, *Assyrian Sculpture*, p. 88 하단.

그림 8-5   영국박물관 소장. J. Reade, *Assyrian Sculpture*, p. 88 상단.

그림 8-6   J. E. Reade, *Assyrian Sculpture*, pp. 75 하단, 76 상단, 79 상단.

그림 8-7   J. E. Curtis / J. E. Reade, *Art and Empire*, p. 191, fig. 198.

그림 9-1   영국박물관 소장. Zunkir에 의한다.
https://commons.wikimedia.org/wiki/File:Fall_of_Nineveh_Chronicle_
BM_21901.jpg

그림 10-1   튀르키예 아다나 박물관 소장. Klaus-Peter Simon에 의한다.
https://commons.wikimedia.org/wiki/File:AdanaMuseumCinek%C3%B6y.
jpg

그림 10-2   https://en.wikipedia.org/wiki/Assyrian_people#/media/File:Flag_of_
the_Assyrians.svg

그림 10-3   https://commons.wikimedia.org/wiki/File:San_Francisco_Civic_
Center_Historic_District_09.jpg

참고문헌

주요 사료·사료집

쓰키모토 아키오月本昭男《길가메시 서사시(ギルガメシュ叙事詩)》이와나미쇼텐, 1996년.

쓰키모토 아키오《바빌로니아 창세 서사시 에누마 엘리시(バビロニア創世叙事詩 エヌ
　マ・エリシュ)》프네우마샤, 2022년.

역사학연구회 편《세계사 사료 1—고대의 오리엔트와 지중해 세계(世界史史料1—古代
　のオリエントと地中海世界)》이와나미쇼텐, 2012년.

Foster, B. R., *Before the Muses: An Anthology of Akkadian Literature*, 3rd ed., Bethesda, MD,
　2005.

Frame, G. et al., *Royal Inscriptions of Neo-Assyrian Periods*, 8 vols., Winona Lake, IN /
　University Park, PA, 2010-2023(=RINAP).

Frame, G., *Royal Inscriptions of Mesopotamia, Babylonian Periods*, vol. 2: *From the Second
　Dynasry of Isin to the End of Assyrian Domination*(1157-612BC), Toronto / Buffalo /
　London, 1995(=RIMB 2).

Glassner, J.-J., *Mesopotamian Chronicles*, Atlanta, GA, 2004(=MC).

Grayson, A. K., *Assyrian and Babylonian Chronicles*, Locust Valley NY, 1975(=ABC).

Grayson, A. K., *Babylonian Historical-Literary Texts*, Toronto, 1975(=BHLT).

Grayson, A. K., *The Royal Inscriptions of Mesopotamia: Assyrian Periods*, 3 vols., Toronto,
　1987-1996(=RIMA).

Kinnier Wilson, J. V. / J. N. Postgate et al., *Cuneiform Texts from Nimrud*, 6 vols., London,
　1972-2019(=CTN).

Millard, A. R., *The Eponyms of the Assyrian Empire 910-612 BC*, Helsinki, 1998(=EAE).

Parpola, S. et al., State Archives of Assyria, 21 vols., Helsinki, 1987-2023(=SAA).

전체에 관련된 자료

오누키 요시오大貫良夫 / 마에카와 가즈야前川和也 / 와타나베 가즈코渡辺和子 / 야카타 데
　이스케屋形禎亮《세계의 역사 1 인류의 기원과 고대 오리엔트(世界の歴史1 人類の
　起原と古代オリエント)》주오코론신샤(주코문고), 2009년.

고바야시 도시코小林登志子《고대 메소포타미아 전사—수메르, 바빌로니아에서부터
　사산 왕조 페르시아까지(古代メソポタミア全史—シュメル、バビロニアからサーサ
　ーン朝ペルシアまで)》주오코론신샤(주코신서), 2020년.

시바타 다이스케柴田大輔《쐐기문자 문화의 세계—쓰키모토 아키오 선생님 퇴직 기념
　헌정 논문집 제3권(楔形文字文化の世界—月本昭男先生退職記念献呈論文集 第3巻)》
　세이코카이출판, 2014년.

쓰키모토 아키오《고대 메소포타미아의 신화와 의례(古代メソポタミアの神話と儀礼)》이와나미쇼텐, 2010년.

나카타 이치로中田一郎《메소포타미아 문명 입문(メソポタミア文明入門)》이와나미쇼텐(이와나미주니어신서), 2007년.

하세가와 슈이치長谷川修一《성서 고고학―유적이 말하는 사실(聖書考古学―遺跡が語る史実)》주오코론신샤(주오신서), 2013년.

장 보테로Jean Bottero (마쓰시마 에이코松島英子 역)《메소포타미아―문자·이성·신들(メソポタミア―文字·理性·神々 Mésopotamie : l'écriture, la raison et les dieux)》호세이대학출판국, 1998년. (국내 출간.《메소포타미아―사장된 설형문자의 비밀》최경란 역, 시공사, 1999년.)

마에다 도루前田徹 외《역사학의 현재 고대 오리엔트(歴史学の現在 古代オリエント)》야마카와출판사, 2000년.

브리짓 리옹Brigitte Lion / 세실 미셸Cécile Michel (나카타 이치로 감수, 와타이 요코渡井葉子 역)《쐐기문자를 읽다(楔形文字をよむ Les écritures cunéiformes et leur déchiffrement)》야마카와출판사, 2012년.

마이클 로프Michael Roaf (마쓰타니 도시오松谷敏雄 역)《도설 세계문화지리 대백과 고대의 메소포타미아(図説世界文化地理大百科 古代のメソポタミア Cultural atlas of Mesopotamia and the ancient Near East)》아사쿠라쇼텐, 1994년.

야마가 데쓰오山我哲雄《성서 시대사 구약편(聖書時代史 旧約篇)》이와나미쇼텐(이와나미현대문고), 2003년.

야마다 시게오〈쐐기문자―고대 메소포타미아(楔形文字―古代メソポタミア)〉, 오시로 미치노리 편저《도설 고대 문자 입문(図説 古代文字入門)》가와데쇼보신샤(후쿠로노혼), 2018년, 18-26쪽.

야마다 시게오〈아시리아 제국―그 형성과 구조(アッシリア帝国―その形成と構造)〉, 오구로 슌지大黒俊二 / 하야시 가요코林佳世子 편《이와나미강좌 세계 역사 02 고대 서아시아와 그리스~기원전 1세기(岩波講座 世界歴史 02 古代西アジアとギリシア ~前一世紀)》2023년, 217-234쪽.

와타나베 가즈코〈아시리아의 자기동일성과 이문화 이해(アッシリアの自己同一性と異文化理解)〉, 마에카와 가즈야 외《이와나미 강좌 세계 역사 2 오리엔트 세계―7세기(岩波講座 世界歴史 2 オリエント世界―7世紀)》이와나미쇼텐, 1998년, 271-300쪽.

와타나베 지카코渡辺千香子〈신아시리아 제국의 융성과 멸망(新アッシリア帝国の隆盛と滅亡)〉, 마에카와 가즈야 편저《도설 메소포타미아 문명(図説 メソポタミア文明)》가와데쇼보신샤(후루코노혼), 2011년, 102-126쪽.

Cancik-Kirschbaum, E., *Die Assyrer. Geschichte, Gesellschaft, Kultur*, München, 2003.

Beaulieu, P.-A., *A History of Babylon, 2200 BC-AD 75*, Hoboken, NJ, 2011.

Curtis, J. E. / J. E. Reade, *Art and Empire: Treasures from Assyria in the British Museum*,

London, 1995.

Frahm, E., *Assyria: The Rise and Fall of the World's First Empire*, New York, 2023.

Frahm E. (ed.), *A Companion to Assyria*, Hoboken, NJ., 2017.

Holloway, S. W., *Aššur is King! Aššur is King!: Religion in the Exercise of Power in the Neo-Assyrian Empire*, Leiden / Boston / Köln, 2002.

Lanfranchi, G. B. / R. Mattila / R. Rollinger (eds.), *Writing Neo-Assyrian History: Sources, Problems, and Approaches*, Helsinki, 2019.

Liverani, M., *Assyria: The Imperial Mission*, Winona Lake, IN, 2017.

Parpola, S. (ed.), *Assyria 1995: Proceedings of the 10th Anniversary Symposium of the Neo-Assyrian Text Corpus Project, Helsinki, September 7–11, 1995*, Helsinki, 1997.

Pedersén, O., *Archives and Libraries in the Ancient Near East 1500–300 B.C.*, Bethesda, MD, 1998.

Pongratz-Leisten, B., *Religion and Ideology in Assyria*, Boston / Berlin, 2015.

Postgate, N., *The Land of Assur & the Yoke of Assur. Studies on Assyria: 1971–2005*, Oxford, 2007.

Radner, K., *Ancient Assyria: A Very Short Introduction*, Oxford, 2015.

Radner, K. / N. Moeller / D. T. Potts (eds.), *The Oxford History of the Ancient Near East*, Ⅲ: *From the Hyksos to the Late Second Millennium BC*, Oxford, 2022.

Radner, K. / N. Moeller / D. T. Potts (eds.), *The Oxford History of the ancient Near Eastm* Ⅳ: *The Age of Assyria*, Oxford, 2023.

Radner, K. / E. Robson (eds.), *The Oxford Handbook of Cuneiform culture*, Oxford, 2011.

Renger, J. (ed.), *Assur – Gott, Stadt und Land*, Colloquium der Deutschen Orient-Gesellschaft 5, Wiesbaden, 2011.

Shibata, D. / S. Yamada (eds.), *Calendars and Festivals in Mesopotamia in the Third and Second Millennia BC*, Wiesbaden, 2021.

Yamada, S. (ed.), *Neo-Assyrian Sources in Context: Thematic Studies of Texts, History, and culture*, Helsinki, 2018.

사전

일본 오리엔트학회 편《고대 오리엔트 사전(古代オリエント事典)》이와나미쇼텐, 2004년.

표트르 비엔코우스키Piotr Bienkowski / 앨런 밀라드Alan Ralph Millard 편저 (이케다 유타카 池田裕 / 야마다 시게오 번역 감수)《영국박물관판 도설 고대 오리엔트 사전(大英博物館版 図説 古代オリエント事典 *British Museum dictionary of the ancient Near East*)》도요쇼린, 2004년.

Ebeling, E. / B. Meissner / D. O. Edzard / M. P. Streck (eds.), *Reallexikon der Assyriologie und Borderasiatischen Archäologie*(=RIA), 15 vols., Berlin / Boston, 1932–2018.

Radner, K. / H. Baker, *The Prosopography of the Neo-Assyrian Empire*, vols. 1–4, 1998–2017.

웹사이트

Assyrian Empire Builders   https://www.ucl.ac.uk/sargon/
Cuneiform Digital Library Initiative   https://cdli.mpiwg-berlin.mpg.de/
Livius: Assyria   https://www.livius.org/category/assyria/
The Munich Open-access Cuneiform Corpus Initiative
   https://www.en.ag.geschichte.uni-muenchen.de/research/mocci/index.html
Nimrud: Materialities of Assyrian Knowledge Production
   https://oracc.museum.upenn.edu/nimrud/
The Royal Inscriptions of Assyria Online(RIAo)   https://oracc.museum.upenn.edu/riao/
The Royal Inscriptions of the Neo-Assyrian Period   https://oracc.museum.upenn.edu/rinap/
State Archives of Assyria Online   https://oracc.museum.upenn.edu/saao/

제1부

호르스트 클렝겔Horst Klengel (에가미 나미오江上波夫 / 고미 도루五味亨 역)《고대 오리엔
   트 상인의 세계(古代オリエント商人の世界 Handel und Händler im alten Orient)》야
   마카와출판사, 1983년.
세실 미셸Cécile Michel (가라하시 후미唐橋文 역) 〈카네시(아나톨리아)의 고아시리아 시
   대 상인과 문서〉,《주오대학교 문학부 기요 사학(中央大学文学部紀要 史学)》제60
   호, 2015년, 17-46쪽.
Çeçen S. / K. Hecker, "ina mātīka eblum, Zu einem neuen Text zum Wegerecht in der Kültepe-
   Zeit," in: M. Dietrich / O. Loretz (eds.), Festschrift für W. von Soden zum 85. Geburtstag
   am 19. Juni 1993, Münster, 1995, pp. 31-41.
Larsen, M. T., The Old Assyrian City-State and its Colonies, Copenhagen, 1976.
Larsen, M. T., Ancient Kanesh: A Merchant Colony in Bronze Age Anatolia, Cambridge, 2015.
Michel, C., Women of Assur and Kanesh: Texts from the Archives of Assyrian Merchants,
   Baltimore, 2020.
Veenhof, K. R., Aspects of Old Assyrian Trade and Its Terminology, Leiden, 1972.
Veenhof, K. R. / J. Eidem, Mesopotamia: The Old Assyrian Period, Fribourg / Göttingen, 2008.
Yamada, S., "The Editorial History of the Assyrian King List," Zeitschrift für Assyriologie
   84(1994), pp. 11-37.
Yamada, S., "The Transition Period(17th to 15th Century BCE)," in: E. Frahm, A Companion
   to Assyria (2017), pp. 108-116.

제2부

Düring, B. S., The Imperialisation of Assyria: An Archaeological Approach, Cambridge, 2020.
Jakob, S., Mittelassyrische Verwaltung und Sozialstruktur, Leiden / Boston, 2003.

Moran, W. L., *The Amarna Letters*, Baltimore / London, 1992.

Numoto, H. / D. Shibata / S. Yamada, "Excavations at Tell Taban: Continuity and Transition in Local Traditions at Ṭābatum / Ṭābetu during the second Millennium BC," in: D. Bonatz / L. Martin (eds.), *100 Jahre archäologische Feldforschungen in Nordost-Syrien-eine Bilanz*, Wiesbaden, 2013, pp. 167–179.

Postgate, J. N., *Bronze Age Bureaucracy: Writing and the Practice of Government in Assyria*, Cambridge, 2014.

Reculeau, H., "Assyria in the Late Bronze Age," in: K. Radner et al. (eds.), *The Oxford History of the Ancient Near East, III* (2022), pp. 707–800.

Shibata, D., "Assyria from Tiglath-pileser I to Ashurnasirpal II," in: K. Radner et al. (eds.), *The Oxford History of the Ancient Near East, IV* (2023), pp. 161–256.

von Dassow, E., "Mittani and Its Empire," in: K. Radner et al. (eds.), *The Oxford History of the Ancient Near East, III* (2022), pp. 455–528.

제3부

Frahm, E., "From Sammu-ramat to Semiramis and Beyond: Metamorphoses of an Assyrian Queen," in: A. W. Lassen / K. Wagensonner (eds.), *Women at the Dawn of History*, New Haven, CT, 2020, pp. 46–53.

Fuchs, A., "Der Turtān Šamšī-ilu und die große Zeit der assyrischen Großen (830–746)", *Die Welt des Orients* 38 (2008), pp. 61–145.

Liverani, M., "Assyria in the Ninth Century: Continuity or Change?" in: G. Frame (ed.), *From the Upper Sea to the Lower Sea: Studies on the History of Assyria and Babylonian in Honour of A. K. Grayson*, Leiden, 2004, pp. 213–226.

Mallowan, M. E. L., *Nimrud and its Remains*, 2 vols., London, 1966.

Mattila, R., *The King's Magnates: A Study of the Highest Officials of the Neo-Assyrian Empire*, Helsinki, 2000.

Oates, J. / D. Oates, *Nimrud: An Assyrian Imperial City Revealed*, London, 2001.

Siddall, L. R., *The Reign of Adad-nirari III: An Historical and Ideological Analysis of an Assyrian King and His Times*, Leiden, 2013.

Yamada, S., *The Construction of the Assyrian Empire: A Historical Study of the Inscriptions of Shalmaneser III (859–824 BC) Relating to His Campaigns to the West*, Leiden, 2000.

제4부

Deller, K., "The Assyrian Eunuchs and Their Predecessors," in: K. Watanabe (ed.), *Priests and Officials in the Ancient Near East*, Heidelberg, 1999, pp. 303–312.

Dezső, T., *The Assyrian Army*, 2 vols., Budapest, 2012.

Foster, B. R., *The Age of Agade. Inventing Empire in Ancient Mesopotamia*, London / New York, 2016.

Radner, K., "Provinz, C. Assyrien," RlA 11, pp. 42–68.

Sano, K., *Die Deportationspraxis in neuassyrischer Zeit*, Münster, 2020.

Tadmor, H., *The Inscriptions of Tiglath-pileser III, King of Assyria*, Jerusalem, 1994.

Tadmor, H / S. Yamada, *The Royal Inscriptions of Tiglath-pileser III (744–727 BC) and Shalmaneser V, Kings of Assyria (726–722 BC)*, RINAP 1, University Park, PA, 2011.

Yamada, S., "Qurdi-Assur-lamur: His Letters and Career," in: M. Cogan / D. Kahn (eds.), *Treasures on Camels' Humps: Historical and Literary Studies from the Ancient Near East Presented to Israel Eph'al*, Jerusalem, 2008, pp. 296–311.

Yamada, S., "Ulluba and its Surroundings: Tiglath-pileser III's Province Organization Facing the Urartian Border," in: S. Yamada(ed.), *NeoAssyrian Sources in Context* (2018), pp. 11–40.

Yamada, K. / S. Yamada, "Shalmaneser V and his Era, Revisited," in: A. Baruchi-Unna et al. (eds.), "Now it Happened in Those Days" FS M. Cogan, Winona Lake, IN, 2017, pp. 387–442.

제5부

Baker, H., "The Assyrian Empire, A View from Within," in: K. Radner et al. (eds.), *The Oxford History of the Ancient Near East, IV* (2023), pp. 257–351.

Frahm E., "Nabû-zuqup-kēnu, das Gilgameš-Epos und der Tod Sargons II.," *Journal of Cuneiform Studies* 51 (1999), pp. 73–90.

Frame, G., *The Royal Inscriptions of Sargon II, King of Assyria (721–705 BC)*, RINAP 2, University Park, PA, 2021.

George, A. R., *Babylonian Topographical Texts*, Leuven, 1992.

Loud, G., *Khorsabad*, Parts 1–2, Chicago, IL, 1939–1940.

Neumann, J., "The Winds in the World of the Ancient Mesopotamian Civilizations," *Bulletin of the American Meteorological Society* 58 (1977), pp. 1050–1055.

Radner, K., "Money in the Neo-Assyrian Empire," in: J. G. Dercksen (ed.), *Trade and Finance in Ancient Mesopotamia*, Leiden, 1999, pp. 127–157.

Radner, K. (ed.), *State Correspondence in the Ancient World: From New Kingdom Egypt to the Roman Empire*, Oxford, 2014.

Radner, K., "Royal Pen Pals," in: S. Procházka et al. (eds.), *Official Epistolography and the Languages of Power*, Wien, 2015, pp. 61–72.

Yamada, S., "Names of Walls, Gates, and Palatial Structures of Assyrian Royal Cities: Contents, Styles, and Ideology," *Orient* 55 (2020), pp. 87–104.

Yamada, S., "Creation of Renovative Imperial Cities: Kalḫu and DūrŠarrukīn," in: S. Yamada (ed.), *Cities in West Asia and North Africa through the Ages, II: The Shapes and Functions of Cities in Ancient Mesopotamia and Its Surroundings* (forthcoming).

제6부

Brinkman, J. A., *Prelude to Empire: Babylonian Society and Politics, 747–626 B.C.,* Philadelphia, 1984.

Frahm, E., *Einleitung in die Sanherib-Inschriften,* Vienna, 1997.

Frahm, E., "Sanherib (Sîn-aḫḫē-erība), König von Assyrien (705–681)," *RlA* 12, pp. 12–22.

Frahm, E., "Family Matters: Psychohistorical Reflections on Sennacherib and His Times, in: Kalimi, I. / S. Richardson (eds.), *Sennacherib at the Gates of Jerusalem: Story, History and Historiography,* Leiden, 2014, pp. 163–222.

Novotny, J. / J. Jeffers / G. Frame, *The Royal Inscriptions of Sennacherib, King of Assyria (704–681 BC),* RINAP 3/1–3, Winona Lake, IN, 2012–2014.

Parpola, S., "The Murderer of Sennacherib," in: B. Alster (ed.), *Death in Mesopotamia,* Copenhagen, 1980, pp. 171–182.

Petit, L. P. / D. Morandi Bonacossi (eds.), *Nineveh, the Great City: Symbol of Beauty and Power,* Leiden, 2017.

Reade, J. E., "Ninive Nineveh," in: *RlA* 9, pp. 388–433.

Yamada, S., "The City of Togarma in Neo–Assyrian Sources," *Altorientalische Forschungen* 33 (2006), pp. 223–236.

제7부

와타나베 가즈코 《에사르하돈 왕위 계승 서약 문서(エサルハドン王位継承誓約文書)》 LITHON, 2017년.

Fales, F. M., "After Taʻyinat: The New Status of Esarhaddon's adê for Assyrian Political History," *Revue d'Assyriologie* 106 (2012), 133–158.

Frahm, E., "Hochverrat in Assur," in: S. M. Maul / N. P. Heeßel (eds.), *Assur–Forschungen,* Wiesbaden, 2010, pp. 89–137.

Leichty, E., *The Royal Inscriptions of Esarhaddon, King of Assyria (680–669 BC),* RINAP 4, Winona Lake, IN, 2011.

Maul, S. M., *Die Wahrsagekunst im Alten Orient: Zeichen des Himmels und der Erde,* München, 2013.

Nissinen, M., *References to Prophecy in Neo–Assyrian Sources,* SAA 7, Helsinki, 1998.

Tadmor, H. / B. Landsberger / S. Parpola, "The Sin of Sargon and Sennacherib's Last Will," *State Archives of Assyria Bulletin* 3 (1989), pp. 3–52.

Parpola, S., *Letters from Assyrian Scholars to the Kings Esarhaddon and Assurbanipal,* Parts

1–2, Kevelaer / Neukirchen–Vluyn, 1970–1983.

Yamada, S., "Neo–Assyrian Trading Posts on the East Mediterranean Coast and 'Ionians': An Aspect of Assyro–Greek Contact," in: I. Nakata et al. (eds.), *Prince of the Orient: Ancient Near Eastern Studies in Memory of H. I. H. Prince Takahito Mikasa*, Tokyo, 2019, pp. 221–235.

제8부

Brereton, G. (ed.), *The BP Exhibition: I am Ashurbanipal, King of the World, King of Assyria*, London, 2018.

Fincke, J., "Assyrian Scholarship and Scribal Culture in Kalḫu and Nineveh," in: E. Frahm (ed.), *A Companion to Assyria* (2017), pp. 378–397.

Finkel, I., "Assurbanipal's Library: An Overview," in: K. Ryholt et al. (eds.), *Libraries before Alexandria: Ancient Near Eastern Traditions*, Oxford, 2019, pp. 267–389.

Frame, G., *Babylonia 689–627 B.C.: A Political History*, Leiden / Istanbul, 1992.

Frame, G. / A. George, "The Royal Libraries of Nineveh: New Evidence for King Ashurbanipal's Tablet Collecting," *Iraq* 67 (2005), pp. 265–284.

Fuchs, A., "Die unglaubliche Geburt des neubabylonischen Reiches oder: Die Vernichtung einer Weltmacht durch den Sohn eines Niemand," in: M. Krebernik / H. Neumann (eds.), *Babylonien und seine Nachbarn in neuund spätbabylonischer Zeit*, Münster, 2014, pp. 25–71.

Ito, S., *Royal Image and Political Thinking in the Letters of Assurbanipal*, Helsinki, 2015.

Novotny, J. / J. Jeffers / G. Frame, *The Royal Inscriptions of Ashurbanipal (668–631 BC), Aššur-etel-ilāni (630–627 BC), and Sîn-šarra-iškun (626–612 BC), Kings of Assyria, Parts 1–3*, RINAP 5/1–3, University Park, PA, 2018–2023.

Yamada, S., "The Šulgi Prophecy in the Kassite and Neo–Assyrian Periods: A Consideration of the Original Composition and its Later Reception," in: R. Mattila / R. Rollinger / S. Fink (eds.), *Deciphering Assyria: A Tribute to Simo Parpola on the Occasion of his 80th Birthday*, Münster, 2023, pp. 407–434.

제9부

야마다 시게오 《네부카드네자르 2세 — 바빌론의 재건자(ネブカドネザル 2 世 —バビロンの再建者)》 야마카와출판사 (세계사 리브레토 人003), 2017년.

야마다 시게오 〈'세계 최고의 제국'을 멸망시킨 요인 네 가지 — 아시리아 제국의 붕괴(「世界最古の帝国」を滅ぼした四つの要因 —アッシリア帝国の崩壊)〉, 스즈키 다다시鈴木董《제국의 붕괴 상(帝国の崩壊 上)》 야마카와출판사, 2022년, 113–151쪽.

Beaulieu, P.–A., "The Cult of AN.ŠAR / Aššur in Babylonia after the Fall of the Assyrian

Empire," *State Archives of Assyria Bulletin* 11 (1997), pp. 55–73.

Butts, A. M., "Assyrian Christians," in: E. Frahm (ed.), *A Companion to Assyria* (2017), pp. 599–612.

Liverani, M., "The Fall of the Assyrian Empire: Ancient and Modern Interpretations," in: S. E. Alcock et al. (eds.), *Empires: Perspectives from Archaeology and History*, Cambridge, 2001, pp. 374–391.

Marcato, E., *Personal Names in the Aramaic Inscriptions of Hatra*, Venezia, 2018.

Miglus, P., "Das letzte Staatsarchiv der Assyrer," in: B. Hrouda / S. Kroll / P. Z. Spanos (eds.), *Von Uruk nach Tuttul: Eine Festschrift für Eva Strommenger*, Munich, 1992, pp. 135–142.

Parpola, S., "National and Ethnic Identity in the Neo–Assyrian Empire and Assyrian Identity in Post–Empire Times," *Journal of Assyrian Academic Studies* 18 (2004), pp. 5–49.

Parpola, S., "Cuneiform Texts from Ziyaret Tepe Tušḫan, 2002–2003," *State Archives of Assyria Bulletin* 17 (2008), pp. 1–114.

Radner, K., *Die neuassyrischen Texte aus Tall Šēḫ Ḥamad*, Berlin, 2002.

Rollinger, R., "The Terms 'Assyria' and 'Syria' Again," *Journal of Near Eastern Studies* 65 (2006), pp. 283–287.

Toptaş, K. and F. Akyüz, "A Neo–Assyrian Sale Contract from the Province of the Chief Cupbearer (rab–šāqê) kept at the Hasankeyf Museum (Batman)," *Zeitschrift für Assyriologie* 111 (2021), pp. 77–87.

옮긴이 박재영

번역 에이전시 엔터스코리아 출판기획 및 일본어 전문 번역가. 서경대학교를 졸업하고, 번역을 통해 새로운 지식을 알아가는 것에 재미를 느껴 번역가의 길로 들어서게 되었다. 분야를 가리지 않는 호기심으로 다양한 장르의 책을 번역·소개하기 위해 힘쓰고 있다. 옮긴 책으로 《재밌어서 밤새 읽는 천문학 이야기》《무섭지만 재밌어서 밤새 읽는 천문학 이야기》《삼국지 경영학 수업》 《'서조선'부터 '비단잉어'까지 신조어로 읽는 요즘 중국》 등이 있다.

아시리아 제국의 역사

1판 1쇄 인쇄 | 2026년 4월 3일
1판 1쇄 발행 | 2026년 4월 10일

지은이 | 야마다 시게오
옮긴이 | 박재영
감수자 | 이희철
발행인 | 김기중
펴낸곳 | 도서출판 더숲
주소 | 서울특별시 영등포구 당산로41길 11, E동 1410호 (07217)
전화 | 02-3141-8301
팩스 | 02-3141-8303
이메일 | info@theforestbook.co.kr
페이스북 | @forestbookwithu
인스타그램 | @theforest_book
출판신고 | 2009년 3월 30일 제2025-000114호

ISBN | 979-11-94273-38-7 (03910)